国家出版基金项目
NATIONAL PUBLICATION FOUNDATION

网 络 强 国 建 设

物联网在中国

物联网与新一代智能交通系统

Internet of Things and New Generation Intelligent Transportation System

主 编 岑晏青

副主编 宋向辉 李宏海 王东柱

电子工業出版社
Publishing House of Electronics Industry
北京 · BEIJING

内 容 简 介

物联网技术和产业的发展正在引发新一轮的信息技术革命和产业革命，已成为新一代智能交通发展的重要推动力。同时，《交通强国建设纲要》等国家政策对我国智能交通下一阶段的发展提出了更高要求。本书以此为契机，从智能交通系统的发展历程与趋势、物联网环境下新一代智能交通系统的特征分析、智能交通系统中的物联网关键技术、智能交通系统的网联化智能基础设施、智能交通系统的网联化智能载运工具、基于物联网的智能交通管理与服务、新一代智能交通典型应用与示范工程等方面，较为全面、系统地阐述了智能交通系统在物联网时代下所发生的巨大变革和创新，引导读者从战略和创新的角度了解我国智能交通技术的发展和应用。

图书在版编目（CIP）数据

物联网与新一代智能交通系统 / 岑晏青主编. —北京：电子工业出版社，2021.6（2024.6 重印）
（物联网在中国）
ISBN 978-7-121-41461-9

Ⅰ. ①物… Ⅱ. ①岑… Ⅲ. ①智能系统－应用－交通运输发展－研究－中国
Ⅳ. ①F512.3-39

中国版本图书馆 CIP 数据核字（2021）第 124722 号

责任编辑：米俊萍
印　　刷：固安县铭成印刷有限公司
装　　订：固安县铭成印刷有限公司
出版发行：电子工业出版社
　　　　　北京市海淀区万寿路 173 信箱　　邮编：100036
开　　本：720×1 000　1/16　印张：15.25　字数：293 千字
版　　次：2021 年 6 月第 1 版
印　　次：2024 年 6 月第 3 次印刷
定　　价：88.00 元

《物联网在中国》（二期）
编委会

专家委员会委员（按姓氏笔画排序）：

于　全　中国工程院院士

王　越　中国科学院院士、中国工程院院士

王小谟　中国工程院院士

王少萍　"长江学者奖励计划"特聘教授

王建民　清华大学软件学院院长

王哲荣　中国工程院院士

尤肖虎　"长江学者奖励计划"特聘教授

邓玉林　国际宇航科学院院士

邓宗全　中国工程院院士

甘晓华　中国工程院院士

叶培建　人民科学家、中国科学院院士

朱英富　中国工程院院士

朵英贤　中国工程院院士

邬贺铨　中国工程院院士

刘大响　中国工程院院士

刘辛军　"长江学者奖励计划"特聘教授

刘怡昕　中国工程院院士

刘韵洁　中国工程院院士

孙逢春　中国工程院院士

苏东林　中国工程院院士

苏彦庆　"长江学者奖励计划"特聘教授

苏哲子　中国工程院院士

李寿平　国际宇航科学院院士

李伯虎	中国工程院院士
李应红	中国科学院院士
李春明	中国兵器工业集团首席专家
李莹辉	国际宇航科学院院士
李得天	国际宇航科学院院士
李新亚	国家制造强国建设战略咨询委员会委员、 中国机械工业联合会副会长
杨绍卿	中国工程院院士
杨德森	中国工程院院士
吴伟仁	中国工程院院士
宋爱国	国家杰出青年科学基金获得者
张　彦	电气电子工程师学会会士、英国工程技术 学会会士
张宏科	北京交通大学下一代互联网互联设备国家 工程实验室主任
陆　军	中国工程院院士
陆建勋	中国工程院院士
陆燕荪	国家制造强国建设战略咨询委员会委员、 原机械工业部副部长
陈　谋	国家杰出青年科学基金获得者
陈一坚	中国工程院院士
陈懋章	中国工程院院士
金东寒	中国工程院院士
周立伟	中国工程院院士

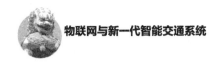
郑纬民　　中国工程院院士

郑建华　　中国科学院院士

屈贤明　　国家制造强国建设战略咨询委员会委员、工业

　　　　　和信息化部智能制造专家咨询委员会副主任

项昌乐　　中国工程院院士

赵沁平　　中国工程院院士

郝　跃　　中国科学院院士

柳百成　　中国工程院院士

段海滨　　"长江学者奖励计划"特聘教授

侯增广　　国家杰出青年科学基金获得者

闻雪友　　中国工程院院士

姜会林　　中国工程院院士

徐德民　　中国工程院院士

唐长红　　中国工程院院士

黄　维　　中国科学院院士

黄卫东　　"长江学者奖励计划"特聘教授

黄先祥　　中国工程院院士

康　锐　　"长江学者奖励计划"特聘教授

董景辰　　工业和信息化部智能制造专家咨询委员会委员

焦宗夏　　"长江学者奖励计划"特聘教授

谭春林　　航天系统开发总师

前 言

　　《交通强国建设纲要》对智能交通的发展提出了更高的要求，面对新的发展环境和条件，迫切需要以新的理念和视角来审视与筹划我国智能交通下一阶段的发展。物联网概念的提出与我国新一代智能交通发展的迫切需求相吻合，既是历史机遇的巧合，也是智能交通发展的必然。

　　把物联网与智能交通放在一起，很有挑战性也很有前景。构建一个"物物相连的互联网"——物联网，首先需要采用各类信息传感设备，按约定的协议把各种物品与互联网连接起来，进行通信和信息交换，以实现智能化识别、定位、跟踪、监控和管理。在交通运输领域，载运工具的移动特性，有时甚至是高速和超高速移动运行的特性，以及交通运输"安全"的本质诉求，对支撑交通要素互联的技术能力和设备指标有了更高的要求，毫无疑问，这种要求给产业界提出的是涉及技术的跨代演进和产品的变革升级的挑战。但是，不可否认，交通是物联网所有应用场景中最具有前景的应用之一，把物联网概念所刻画的物理形态映射到交通运输领域，实际上就是形成人、车、路等交通全要素联网的物理形态。它可以支撑实现全新的交通服务、管理、控制能力，能够在保障交通安全、提高通行效率和实现绿色环保等方面发挥重要的作用，进而推进智能交通领域的技术进步。

　　目前，我国处于经济发展的转型期，交通运输面临经济发展的新需求，物联网已经成为新一代智能交通发展的重要推动力。为了使交通行业的科研技术人员、管理人员了解物联网及其在交通领域应用的基本知识，使物联网相关技术领域的人员掌握物联网在交通领域的需求和发展动态，本书从智能交通系统的发展历程与趋势、物联网环境下新一代智能交通系统的特征分析、智能交通系统中的物联网关键技术、智能交通系统的网联化智能基础设施、智能交通系统的网联化智能载运工具、基于物联网的智能交通管理与服务、新一代智能交通典型应用与示范工程七个方面进行了介绍，力求较为全面地反映物联网环境下我国智能交通的最新动态和趋势，引导读者从战略和创新的角度了解我国智能交通技术的发展和应用。

为了充分反映物联网与新一代智能交通系统在公路、水路、民航、城市交通中的应用和发展现状，我们成立了由行业内相关研究人员组成的编写小组，具体各章分工如下：第1章由岑晏青、宋向辉、王祺、李宏海、王萍萍编写；第2章由岑晏青、宋向辉、王东柱、李宏海编写；第3章由宋向辉、赵佳海、刘冬梅、王萍萍、刘楠、黄子超、孙玲、张金金、黄烨然、常征、刘禹卿编写；第4章由王东柱、张卓敏、刘楠、谌仪、赵佳海、齐志峰、王萍萍编写；第5章由岑晏青、宋向辉、黄子超、蔡翠、叶静、李思聪、谢征宇、马枫编写；第6章由李宏海、王东柱、张晓亮、卢立阳、孙玲、黄子超、郭宇奇编写；第7章由岑晏青、李宏海、王萍萍、尹升、刘冬梅、孙玲、蔡翠、叶静、李思聪编写。

由于编者水平有限，加之时间仓促，书中难免有不妥之处，敬请读者不吝指正。

岑晏青

2021 年 3 月

目 录

第 1 章

智能交通系统的发展历程与趋势

内容提要

　　智能交通系统（Intelligent Transportation System，ITS）是集成应用现代信息、通信、控制和系统工程等技术，刈由基础设施、载运工具和交通参与者共同组成的交通运输系统进行协调及控制，以优化资源配置，实现安全高效运行，充分满足多样化运输服务需求的新型交通运输运行形态和组织方式。智能交通是当前及未来交通运输发展的重要方向，能够提高交通运行效率和交通安全水平，并减少污染排放。本章重点介绍了智能交通系统的内涵、智能交通系统的发展历程和智能交通系统的发展趋势。

1.1　ITS 的内涵

　　ITS 代表着一种较高层次的交通系统管理形式，其目标是以较低的造价和较短的时间来有效地解决由于社会进步而引发的效率、拥堵、污染、资源等方面的问题。当先进的信息技术、通信技术、传感技术、控制技术及计算机处理技术发展到一个新阶段，且这些现代技术推动智能交通体系进入一个新阶段，并建立起一种在更大范围内全方位发挥作用的实时、准确、高效的综合运输和管理系统时，新一代 ITS 也随之产生了。以我国 ITS 为例，其研究起源于 20 世纪 70 年代，经过 40 多年的发展取得了较大进步，但随着经济的迅速发展，交通客运/货运安全、城市交通拥堵、航道堵航、船舶过闸滞留等问题日趋严重，这对智能交通发展提出了新的、更高的要求。例如，针对机动车、非机动车出行，交通管理部门所需的信息需要进一步提升为动态、实时、分布的数据，因

此需要一个实时、准确、可靠的信息采集、处理和发布系统，以便将采集自底层的跨时空、大量、实时的数据收集起来，准确、迅速地通过高速信息传输网络送交后台进行分析和处理，并及时下达处理结果及执行监控指令，从而满足政府和行业监管，以及公众出行服务的更高需求。

从技术层面上来说，ITS 是运用以计算机、通信和控制技术为代表的现代科学技术对交通系统进行控制与管理的集成应用的统称，是一个基于现代电子信息技术面向交通运输的服务系统。目前，智能交通应用服务主要涉及智能化交通控制与管理、智能化交通安全保障、综合交通信息服务、智能化公共交通运营与服务、先进的货运组织管理、综合交通电子支付等方面。当然，随着我国经济、技术和理念的不断发展，人们对智能交通的认识也在不断完善。总体而言，智能交通体现的是信息技术在交通运输领域的深度应用，是交通运输信息化的发展方向和交通运输现代化的重要标志。

1.2 ITS 的发展历程

ITS 具有良好的社会效益和经济效益，自提出以来便得到了越来越广泛的关注。美国、欧洲、日本等发达国家和地区成立了专门的研究机构，对其开展了大量的科学技术研究和工程建设实践，积极推进 ITS 应用。ITS 从提出至今，已有 60 多年，大致可以分为以下 3 个阶段。

（1）概念孕育和功能集成期（20 世纪 50—80 年代）：建立了 ITS 基本框架；建成的 ITS 结构相对简单、松散，以实现分散控制为主；系统信息通信量较少，控制实时性较低。

（2）规模应用和系统集成期（20 世纪 80 年代—21 世纪）：形成了支撑规模应用的 ITS 技术体系；建设的 ITS 结构复杂、集成度高、动态性强。

（3）协同管控和服务集成期（21 世纪以来）：提出了包括人、车、路等在内的协同管控体系；借助信息技术，实现了交通信息的全时空融合及交互。

1.2.1 美国 ITS 的发展

20 世纪 60 年代，美国就开展了对电子路径诱导系统（Electronic Route Guidance System，ERGS）的研究；80 年代，美国在加州成功开展 PATHFINDER 系统研究项目；随后，美国实施了智能化车辆道路系统（Intelligent Vehicle-Highway System，IVHS）项目。1990 年，美国运输部（DOT）成立了 IVHS 组织。1992 年，美国制订了智能交通发展战略计划。1993 年，美国 DOT 启动了智能交通体系框架开发计划，并于 1994 年将 IVHS 组织更名为 ITS America（Intelligent Transportation Society of America，美国智能交通协会），该协会目前是世界三大 ITS 组织之一。

1995 年，美国 DOT 启动了 ITS 体系框架研究；1997 年，美国 ITS 体系框架出台，之后美国 DOT 分别于 1998 年、1999 年、2002 年公布了第二、三、四版的 ITS 体系框架。2002 年，美国 DOT 和 ITS America 协会合作启动了国家 ITS 发展战略计划（National ITS Development Strategy Project），在美国推动 ITS 应用。

2004 年，美国开展了车路集成（Vehicle Infrastructure Integration，VII）系统研究。2010 年，美国 DOT 发布了《智能交通系统战略计划（2010—2014）》，提出了 IntelliDrive 计划。2012 年，美国 DOT 对 ITS 战略五年计划做了调整，采用 Connected Vehicle 作为车路协同相关研究的总称。2015 年，美国 DOT 发布了《智能交通系统战略计划（2015—2019）》，明确了实现车辆网联化、加速汽车智能化两大核心战略，并提出了五项发展战略目标：使车辆和道路更安全、加强机动性、降低环境影响、促进改革创新、支持交通系统信息共享。

随着通信技术、信息技术和人工智能的发展，在智能交通领域，美国更加注重科学技术的发展，鼓励产业自由创新，开展了面向运营管理的智慧通道建设和面向车路合作的互联车辆计划。智慧通道建设主要是面向区域通道的高速公路开展主动交通管理，面向运输车辆提供车队管理、车辆信息服务等。互联车辆计划主要是利用短程通信技术或其他通信技术实现车路、车车的交互与协同，确保车辆在高速公路上自组织、高效、安全行驶，并开展大量实证试验。同时，美国升级和演进了指导 ITS 发展的顶层架构——ITS 体系框架。美国最初提出它的 ITS 体系框架的出发点是为 ITS 的规划及集成提供一个结构化的方法。2017 年，美国提出网联车辆 ITS 参考体系结构，就是考虑到未来 10～20 年，80% 的机动车将搭载相关的网联设备，在网联功能整合的过程中会产生大量新的应用，为此美国 ITS 联合计划办公室开始制定相关的参考框架。2018 年，美国发布了协作式智能交通参考框架（ARC-IT），这个框架是对美国 ITS 体系框架的重大升级，涵盖了美国 ITS 体系框架 7.1 版和网联车辆 ITS 参考体系结构 2.2 版的所有范围及内容，并把美国 ITS 体系框架中的 8 个服务领域调整成了 12 个服务领域，以此强化对自动驾驶的思考。

2020 年 3 月，美国 ITS 联合计划办公室发布了《智能交通系统战略规划（2020—2025）》，描述了未来五年美国智能交通领域的重点任务和关键举措。该文件着重提出了 6 项重点计划，从新兴技术评估研发到具体技术应用部署，

从数据权限共享到网络安全保障，从自动驾驶持续推广到完整出行的全人群全链条出行服务，力求实现 ITS 技术的全生命周期发展。

1.2.2 欧洲 ITS 的发展

欧洲 ITS 的发展与欧盟交通一体化进程紧密相连。1969 年，欧共体委员会提出要在成员国之间开发交通控制电子技术；1985 年，欧洲制订了"尤里卡"高科技研究与开发计划，将交通技术列为其九大重点领域之一；1986 年，以奔驰汽车为主的欧洲 11 家汽车公司启动了以车辆研发为主体的 PROMETHEUS（Programme for European Traffic with Highest Efficiency and Unprecedented Safety）项目，该项目于 1994 年成功完成；1989—1991 年，欧洲实施了以欧盟成员国政府为主导、以道路基础设施研发为主体的 DRIVE（Dedicated Road Infrastructure for Vehicle Safety in Europe）计划。DRIVE 计划以基础研究和标准化为主要研究内容，分模型和一般问题、安全和人的行为分析、交通控制及其他 4 个研究领域、72 个研究题目。随后，欧洲又于 1992—1994 年完成了 DRIVE II 计划，该计划主要包括交通需求管理、城市内综合交通管理、城市间综合交通管理、货车管理、公共交通管理，以及交通旅游信息、驾驶支援系统等内容。1995 年，欧洲启动了 PROMOTE（Programme for Mobility in Transportation in Europe）计划，旨在实现道路交通基础设施的智能化。1994—1998 年，欧洲实施了相当于 DRIVE III 计划的 T-TAP（Transport-Telematics Application Programme）计划，研究涉及全交通方式。1995—1999 年，欧盟委员会开展了 TEN-T 计划，推进覆盖欧洲的交通信息服务网络建设。

在欧盟交通一体化进程中，为了推进电信技术与交通运输的结合，建设泛欧交通信息网络，1991 年，欧洲多国相关产业和部门共同组建了 ERTICO（European Road Transport Telematics Implementation Coordination Organization）；2003 年，ERTICO 提出了电子安全的概念，开发了自主式车载安全装置，强调车、路之间的协同。

2008 年，欧洲发布了 ITS 行动计划，具体包括道路、交通和出行数据的优化利用，交通和货运管理的连贯，道路安全和保障，车辆和运输基础设施的整合，以及数据保障。当前，欧洲 ITS 发展战略的重点逐步转移到交通安全上，重点研究道路交通安全体系框架、交通通信标准化和综合运输协同技术等。在面向安全和效率的车路协同领域，欧洲启动了 8 个计划，包括 CVIS、SafeSpot、COMeSafety、Drive C2X、CAR2CAR 等。发展到现在，欧洲更加注重跨国联合创新，开展了以主动式交通管理为主要特征的 Easyway 项目和合作式 ITS 走廊应用示范。Easyway 项目以欧洲跨国高速公路的信息共享和协同调度为主要目标，开展区域出行者信息服务、主动交通管理服务及货运和物流服务。欧盟的"地平线 2020"计划（Horizon 2020）主要包括三大战略优先领域和四大资助计划。在优先的"社会挑战"领域，其计划在 2014—2020 年投入 63.39 亿欧元用于"智能、绿色、综合交通"板块的研究，以期开发智能设备、新型基础设施和服务，研究道路运输自动化，发展货运和物流新概念（如货运车辆编队），从而改善交通及出行条件，降低交通事故率，提高安全性，减少运输系统对气候和环境的影响。荷兰、德国、奥地利的合作式 ITS 走廊项目旨在开展基于 V2X 的行车安全预警示范，提供车路协同 ITS 的国际合作及应用，开展车辆组成的车队运行示范；2016 年 4 月，欧洲六大卡车制造商（沃尔沃、戴姆勒、达夫、依维柯、曼恩、斯堪尼亚）组建了一支由 12 辆货车组成的车队，从瑞典出发，途径丹麦、德国及比利时，抵达荷兰鹿特丹港，共计行程 2000km，测试后得出结论：智能化的道路基础设施能够有效地支撑货运车辆编队行驶等自动驾驶应用。随后，欧洲提出构建信息互联的道路基础设施，支持道路运输向自动化方向发展。

1.2.3　日本 ITS 的发展

日本 ITS 研发及应用多由政府部门主导。其最早的 ITS 项目是 1973 年由通产省牵头开发的"汽车综合（交通）控制系统"（Comprehensive Automobile Control System，CACS）。1984 年，日本建设省主持开发了"路车间通信系统"（Road/Automobile Communication System，RACS）；1987 年，日本警察厅主持开发了"先进的车辆交通信息与通信系统"（Advanced Mobile Tra Information & Communication System，AMTICS）；1989 年，日本建设省将 RACS 升级为"先进的道路交通系统"（Advanced Road Transportation System，ARTS）；1991 年，日本运输省主导开发了"先进的安全汽车"（Advanced Safety Vehicle，ASV），通产省组织研究了"超智能车辆系统"（Super Smart Vehicle System，SSVS），同年日本政府开发并投运了"车辆信息与通信系统"（Vehicle Information & Communication System，VICS）。

1994 年，日本成立了道路-交通-车辆智能化推进协会（VERTIS）。1995 年，VERTIS 制订了日本 ITS 研发基本计划，将 ITS 划分为 9 个领域：出行信息系统、自动收费系统、安全驾驶支持系统、交通管理最优化、道路管理高效化、先进的公共交通系统、运营车辆高效化、行人诱导系统、紧急车辆支援系统。1996 年，日本在高速公路上进行了"先进道路支援系统"（Advancecruise-assist Highway System，AHS）试验，随后又开展了"驾驶安全支持系统"（Driving Safety Support System，DSSS）项目。随着 VICS、ETC（Electronic Toll Collection，电子不停车收费）、AHS/ASV 的推进，2006 年，日本启动了国家计划——"下一代 Smartway"，旨在整合 ITS 各类功能，建立全国性的车载集成平台，并借助以专用短程通信为主的多模式通信将道路和车辆连成一个整体。目前，ITS-Spot 网络已覆盖日本全部高速公路。

2014 年，日本启动了"战略性创新项目"（SIP），提出了自动驾驶系统研究开发计划，以推进政府和民间协作开展车路协同式的系统开发与实用化研究。2017 年，日本发布了《2017 官民 ITS 构想及路线图》，其中也提出了自动驾驶汽车的发展目标。

纵观日本的 ITS 发展历程，政府的主导作用很强，也很重视基础设施智能化建设。日本依托其成熟的 ETC 技术和导航系统技术，构建了面向安全、管理和服务的 ITS 体系。在日本国土交通省于 2004 年提出智慧公路的概念后，其通过在高速公路上设置路侧热点，实现了高速公路智能路侧设施与具备收费、信息服务和车路交互功能的综合车载终端的交互服务，可以向车辆提供包括 ETC、安全避碰、动态路径导航等在内的服务，并支持物流配送、非现金交易、自动驾驶等应用，从而推动建设面向安全、管理和服务的开放共用平台，使日本逐步进入 ETC 2.0 时代。

1.2.4　我国 ITS 的发展

与美国、日本、欧洲等发达国家和地区相比，我国工业化起步较晚。改革开放初期，我国交通拥堵问题并不十分突出。但是，随着工业化、城镇化的加速发展，消费结构持续升级，特别是小轿车进入家庭后，汽车保有量急剧增长。我国短时间内经历了发达国家几十年甚至近百年的发展历程，交通安全、交通拥堵、交通污染等矛盾在短时间内集中显现，已经影响到经济和社会的可持续发展。

20 世纪 70 年代末，我国就开始在交通运输和管理中应用电子信息与自动控制技术，在北京、上海、广州等大城市开始了交通信号控制的研究与开发，在全国主要的大城市使用了单点定周期交通信号控制器和线协调交通信号控制系统。1978 年，北京试验了自主开发的城市交通控制系统；"七五"期间，我国在南京试验了自行研发的自适应交通信号控制系统，其后，广州、天津、深圳、大连等 20 个城市建成了交通信号控制系统；从 20 世纪 80 年代开始，我国又陆续引进了 SCOOT 系统、SCATS 等。

我国 ITS 经过 40 多年的建设，已经取得了积极进展，出行信息服务不断丰富，交通管理智能化水平逐渐提升，智能交通产业初具规模。

1. 政策规划层面

1998 年，我国完成了"智能交通系统发展战略研究"，提出了 ITS 发展的近期、中期、远期目标，以及相关保障措施。

2000 年，科学技术部（以下简称科技部）会同原国家计划委员会、原国家经济贸易委员会、公安部、原交通部、原铁道部、原建设部、原信息产业部等部门，成立了发展中国 ITS 的政府协调领导机构——全国智能交通系统协调指导小组及办公室，并成立了 ITS 专家咨询委员会。同年，科技部在"九五"科技攻关项目中安排了"中国智能交通系统体系框架"研究项目，由国家智能交通系统工程技术研究中心（ITSC）牵头。该项目组分析了我国 ITS 的总体需求，以用户服务为基础，从物理结构、逻辑结构等方面提出了 ITS 体系框架（2001年），确定了 8 个服务领域、34 项服务、138 个子服务。同时，在科技部的领导下，济南、青岛、广州、深圳、成都等城市根据其社会经济和交通运输特点，分别开展了地方 ITS 体系框架研究和地方 ITS 总体规划工作。

"十五"中后期，ITSC 专家团队在自行开发的定制化网络软件环境下，针对 2001 年的 ITS 体系框架中用户服务中存在的问题，借鉴发达国家和地区 ITS 用户服务的可取之处，纳入 ITS 发展过程中出现的新需求、新内容，采取更贴近各类用户的服务划分方式等，修订形成了国家 ITS 体系框架第二版（2005 年）。

经过十余年的探索，"十一五"期间，我国针对具体国情，积极开展 ITS 研发和应用。"十二五"时期是我国交通运输发展最快的 5 年，交通运输行业把智能交通、绿色交通作为转变发展方式的主要方向，大数据、云计算、物联网、移动互联网、人工智能等现代信息技术在行业内得到广泛应用，线上线下结合的商业模式蓬勃发展，ITS 服务水平有了质的提升。

进入"十三五"时期，为了促进交通运输与"互联网+"理念深度融合，以及推动交通智能化发展，2016 年，国家发展和改革委员会（以下简称国家发改委）、交通运输部联合发布了《推进"互联网+"便捷交通 促进智能交通发展的实施方案》，这是未来一段时间我国 ITS 发展的纲领性文件。该方案明确了建设"三系统""两支撑""一环境"的工作任务，并面向产业提出了 27 项重点示范项目，主要围绕基础设施能力提升、功能应用、线上线下对接、政企合作、新业态发展、典型城市试点等，进一步推动智能交通发展。

2. 技术研发方面

"十五"期间，科技部设立了"十五"国家科技攻关重大专项——"智能交通系统（ITS）关键技术开发和示范工程"，该专项包括 16 个课题，如表 1-1 所示。以此为标志，我国 ITS 进入了加速发展期。

表 1-1　"十五"国家科技攻关重大专项"智能交通系统（ITS）关键技术开发和示范工程"课题

序号	课题名称
课题 1	智能交通系统项目评价方法
课题 2	快速路系统通行能力
课题 3	基础交通信息采集与融合技术
课题 4	城市公共交通系统优化技术
课题 5	智能交通系统数据管理技术
课题 6	智能交通系统应用试点示范工程
课题 7	北京"科技奥运"智能交通系统技术开发与应用
课题 8	跨省市和国道主干线电子（收费）支付研究与应用
课题 9	具有我国自主知识产权的面向 ITS 领域的应用软件开发
课题 10	汽车安全辅助装置开发
课题 11	车载信息装置开发
课题 12	专用短程通信设备开发
课题 13	交通信息采集设备开发
课题 14	智能交通系统发展战略和标准规范
课题 15	智能交通系统体系框架支持系统开发和技术跟踪
课题 16	智能交通系统社会环境体系建设

"十一五"期间，智能交通技术研发进入了高速发展期。科技部积极探索运用新技术改变交通运输的组织和管理，在科技支撑计划中安排了重大项目——"国家综合智能交通技术集成运用示范"，部署了北京奥运智能交通管理与服务综合系统示范、上海世博智能交通技术综合集成系统示范、上海虹桥综合交通运输枢纽智能交通系统、上海世博会全国重点营运车辆联网联控等子项目。国家高技术研究发展计划（863 计划）首次安排了综合智能交通专题，主要支持

以下几方面的工作：

（1）围绕中国东南经济快速发展中的交通需求，在北京、上海和广州进行城市智能交通的集成系统开发，并进行运用示范，在长江三角洲和渤海湾地区实施区域联网电子不停车收费；

（2）注重智能交通在安全方面的开发利用，重点开发能促进交通安全性能的技术和产品；

（3）安排资金支持智能交通领域的研究和产品开发，为智能交通产业的形成提供帮助，包括鼓励采用新技术，为新技术和新产品的运用提供金融上的支持和税收优惠；

（4）加强和加快有关标准与规范的制定，形成完整的标准体系。

"十二五"期间，智能交通领域更加注重对要素的网联及要素间的协同问题的研究与突破，与车路协同技术相关的物联网及其在交通系统中的应用——车联网，均作为重大专项列入《国家"十二五"科学和技术发展规划》。科技部 863 计划立项研究的项目包括"大城市区域交通协同联动控制关键技术""智能车路协同关键技术""车联网技术研究""交通状态感知与交互处理关键技术""城市地面公交网络协同与环境友好型交通控制技术""基于信息感知的机场飞行区设施安全保障技术与集成示范"等；国家科技支撑计划部署安排了"道路交通安全智能化管控关键技术与集成示范""中等城市道路交通智能联网联控技术集成及示范""大城市道路交通实时主动防控技术集成示范""机场终端区协同控制与安全技术示范""特种运输规划组织与监控技术研究""大跨连续桥梁智能监测和诊断评价技术""长江水运安全风险防控技术与示范"等项目研究；国家重大科技专项开展的芯片、传感器、宽带移动通信等核心产品为交通运输智能化提供了基础支撑；行业重大科技行动支持了船联网、车联网、城市物联网提升等专项研究。

"十三五"期间，产业界将载运工具的智能化、网联化推进到一个崭新的发展时期，基于云架构的智能管控技术、人工智能技术的发展，在智能交通领域，自动驾驶测试、交通自主管控、路网运行云控制等成了研究重点，而且产业界十分重视数字化、网联化与智能化的一体化发展。

（1）国务院发布的《新一代人工智能发展规划》明确了自动驾驶等智能载运工具、交通智能感知、复杂场景下的多维交通信息综合大数据应用平台等重点任务。

（2）工业和信息化部（以下简称工信部）等部门推动的"基于宽带移动互联网的智能汽车与智慧交通示范应用"快速发展，目前已初步在北京、上海、重庆、杭州、武汉、长春等地形成智能网联汽车与智慧交通示范区。

（3）交通运输部启动了自动驾驶专题研究工作，开展了车路协同自动驾驶封闭测试场认定，截至 2019 年 12 月，已在全国完成了交通运输部公路科学研究院通州测试场、重庆车检院测试场等 5 个测试场的认定，并推动了京津冀、长三角等地区开展自动驾驶先导示范工程。

（4）科技部启动了国家重点研发计划"综合交通运输与智能交通"专项。"综合交通运输与智能交通"专项遵循"基础研究、重大共性关键技术、典型应用示范"的全链条创新设计、一体化组织实施原则，按照交通基础设施智能化、载运工具智能协同、交通运行监管与协调、大型交通枢纽协同运行、多方式综合运输一体化、综合运输安全风险防控与应急救援 6 个创新链（技术方向），共部署了 15 个重点研究任务。该专项实施周期为 5 年（2018—2022年）。2018—2020 年，该专项已在 6 个技术方向启动了 31 个项目，其正式发布的具体方向及项目名称如表 1-2 所示。

表 1-2 "综合交通运输与智能交通"专项正式发布的方向及项目名称

序号	方向及项目名称	项目类型
	2020 年重点专项	
1	交通基础设施智能化	
1.1	机场飞行区设施智能监测与互联	共性关键技术类
1.2	超大跨径缆索承重桥梁智能化设计软件与核心技术标准研发	共性关键技术类
2	载运工具智能协同	
2.1	智能新能源汽车车载控制基础软硬件系统关键技术研究	共性关键技术类
2.2	路车智能融合控制与安全保障技术研发	共性关键技术类
3	交通运行监管与协调	
3.1	自主式交通复杂系统体系架构研究	基础研究类
3.2	基于城市高强度出行的道路空间组织关键技术	共性关键技术类
4	综合运输安全风险防控与应急救援	
4.1	新能源汽车运行安全性能检验技术与装备研究	共性关键技术类
	2019 年重点专项	
1	载运工具智能协同	
1.1	高速公路智能车路协同系统集成应用	
2	交通运行监管与协调	
2.1	城市多模式交通网运行仿真系统平台开发	

序号	方向及项目名称	项目类型
2.2	城市智慧出行服务系统技术集成应用	
3	多方式综合运输一体化	
3.1	多式联运智能集成技术与装备开发	
4	综合运输安全风险防控与应急救援	
4.1	综合运输网运行风险主动防控关键技术及应用	
4.2	在航船舶安全风险辨识与防控平台	
2018 年重点专项		
1	交通基础设施服役能力保持与提升	
1.1	道路基础设施服役性能智能仿真	基础研究类
1.2	道路基础设施智能感知理论与方法	基础研究类
2	交通重大基础设施智能联网监测与预警	
2.1	道路设施状态智能联网监测预警	重大共性关键技术类
2.2	内河航道设施智能化监测预警与信息服务	重大共性关键技术类
3	协同环境下交通要素耦合特性与群体智能控制	
3.1	车路协同系统要素耦合机理与协同优化方法	基础研究类
3.2	车路协同环境下车辆群体智能控制理论与测试验证	基础研究类
4	车辆智能联网联控	
4.1	大规模网联车辆协同服务平台	重大共性关键技术类
5	协同式智能车路系统集成与示范	
5.1	封闭和半开放条件下智能车路系统测试评估与示范应用	应用示范类
6	多模式交通系统供需平衡与动态协同	
6.1	城市多模式交通供需平衡机理与仿真系统	基础研究类
7	城市交通系统智能化协同管控与服务	
7.1	城市多模式交通系统协同控制关键技术与系统集成	重大共性关键技术类
8	面向城市交通治理的数据智能集成与示范	
8.1	城市交通大数据智能计算平台	应用示范类
9	大型交通枢纽协同运行	
9.1	综合客运枢纽高效运行与智能服务关键技术及示范应用	应用示范类
10	城市群智慧客运系统	
10.1	京津冀城市群多模式客运枢纽一体化运行关键技术	重大共性关键技术类

序号	方向及项目名称	项目类型
11	高效货物运输与智能物流	
11.1	智慧物流管理与智能服务关键技术	重大共性关键技术类
12	基于船岸协同的航运安全与应急搜救	
12.1	基于船岸协同的船舶智能航行与控制关键技术	重大共性关键技术类
13	区域交通与城市安全协同防控	
13.1	冬奥会交通与安保协同管控体系	应用示范类

3. 小结

总体来看，我国 ITS 发展历程可以概括为起步、研究与试点、集成与应用、新一代 ITS 发展 4 个阶段。4 个阶段的代表性成果如下：

（1）起步阶段：提出了我国智能交通的发展战略及体系框架等；

（2）研究与试点阶段：开展科技攻关等重大科研项目及示范工程；

（3）集成与应用阶段：开展北京奥运会、上海世博会、亚太论坛等场合的智能交通应用，以及高速公路不停车收费、高速公路管理系统等的集成与应用；

（4）新一代 ITS 发展阶段：自动驾驶、车路协同等新一代 ITS 技术研发有了长足的发展，智能交通产业结构进入新形态，载运工具智能化、网联化，基础设施数字化、网联化，以及基于全时空数据的精细服务与精准管控成了智能交通的新主题。

简言之，ITS 在我国经过 40 多年的发展，已经在交通运输行业的各方面引起了革命性的变化，推动了通信、电子信息、控制等高新技术在交通运输行业的融合和应用，提升了我国交通运输的供给和服务能力，使交通基础设施的利用效率最大化，让交通出行者实现安全、快捷、舒适出行，从而改善了交通运输环境，实现了资源和环境的最优配置，改变了交通发展模式，推动了交通服务效率的提高和服务品质的改善。

1.3 ITS 的发展趋势

ITS 是个复杂的系统，以道路交通系统为例，道路交通系统参与主体多元、运行环境开放，是典型的复杂系统。ITS 在发展早期，主要面向道路交通运输管理，通过集成交通监控、信号控制、公交调度等系统，实现城市交通运行的优化管理。

随着社会经济的发展，交通运输面临的问题越来越复杂。一方面，道路拥堵有常态化趋势，特别是在大中城市的高峰时段；同时，机动化出行比例的提升，使得交通安全比以往更加重要。另一方面，在发达国家普遍完成工业化、部分发展中国家正在经历工业化后期向后工业化时期转变的阶段，交通运输作为全社会能源消费大户之一，低碳化、绿色化转型的压力日渐凸显。此外，出行者不再满足于简单的物理位移，对出行的便捷性、舒适性提出了更高的要求，出行服务质量需求逐渐提升。

传统 ITS 更多从加强局部交通管理出发，其智能化主要停留在"点""线"层面。值得注意的是，"智能"本身不是一个静态的概念，是动态发展的，它是技术发展的前沿，处于不断演化过程中。站在当前看，传统的交通信号控制、出行信息服务、电子收费等业务逐渐成熟和普及，不再属于前沿性的智能技术。以物联网、大数据、云计算、人工智能等新一代信息技术为依托，ITS 正在向协同控制、综合智能方向发展。从美国的 VII 和 Connected Vehicle、V2X，欧洲的 CVIS、C-ITS，以及日本的 Smartway、ITS-Spot、ETC2.0 等 ITS 项目可以看出，ITS 正在由单体智能转向系统智能、由局部管理转向协同优化，智能化正从"点""线"向"面"层级快速提升。特别是最近几年，以自动驾驶和车联网为代表的新一代 ITS 技术，将载运工具自动化、基础设施智能化、运行管理协同化有机融合起来，为实现人、车、路协同理念提供了技术保障，成为当前 ITS 领域的研究热点和发展趋势。

1. 交通运行态势精确感知和智能化调控

从目前的交通运行态势来看，虽然人们可以在百度地图或高德地图上实时查到交通拥堵情况，但实时交通数据的融合和精确感知还远远没有完成，包括手机通信数据、停车数据、收费数据、气象数据等都没有形成有效的大数据支撑。而智能交通技术的进一步提升，会给交通数据的采集带来很大的变革，会使交通运行态势的精确感知和智能化控制逐步实现。

2. 载运工具智能化与人、车、路的协同

依托移动通信、传感器网络、云计算等新一代信息技术，国际上重视基于车路之间面向区域化、个性化的动态交通信息服务的信息交互，以及基于车车、车路间面向安全的信息交互，在设施、工具、环境、人等各交通主体之间

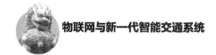

建立广泛、便利的连接，使 ITS 由单个智能化应用系统向更高层次的合作系统演进，提供支持多种运输方式、面向不同人群和货物的无缝运输服务，并实现交通安全的创新与突破。

3. 基于移动互联的综合交通智能化服务

随着移动互联网应用的增多，目前出现了滴滴打车等出租车叫车软件，以及定制化公交等服务，人们的出行模式在逐渐发生变化。社会企业尤其是移动互联网企业以用户需求为中心，以用户体验为途径，以提高用户黏性为目标加入交通运输服务中，利用智能手机、终端和移动互联网开发出越来越多的 ITS 应用，并利用大数据、云计算等精确掌握用户的需求，强调服务与物理网络的无关性。智能手机、终端已成为 ITS 应用中最好的、具有本地智能数据处理功能的人机接口，而移动互联网则成为支撑 ITS 应用的网络平台。

4. 物流交通向协同方向发展

目前来说，物流在我国 GDP 中占的比重很大，车辆集散、运输协调及动态信息共享都会向协同方向发展。目前涉及最多的主动安全防控技术已经实现了 GPS 的实时跟踪，以后会向交通系统运行状态与安全状态辨识、应急响应及快速联动等方向发展。另外，交通状态研判和主动安全保障技术也是未来的发展方向。目前，在科技部、国家发改委、交通运输部和工信部的支撑下，我国已经进行了项目研究和标准化方面的工作，涉及安全、V2X 通信，以及高速公路试验等。

 **本章小结**

本章首先介绍了 ITS 的内涵：智能交通系统代表着一种较高层次的交通系统管理形式，其目标是以较低的造价和较短的时间来有效地解决由于社会进步而引发的效率、拥堵、污染、资源等方面的问题。其次介绍了 ITS 的发展历程，在重点分析了美国、欧洲、日本等主要发达国家和地区的 ITS 发展历程的基础上，系统总结了我国 ITS 的发展历程。最后介绍了 ITS 的发展趋势，载运工具智能化、基础设施智能化、运行管理协同化是未来的发展方向。

第2章

物联网环境下新一代智能交通系统的
特征分析

内容提要

伴随着互联网技术、智能传感技术和人工智能技术的发展，物联网技术应运而生。本章首先介绍了物联网的概念和物联网技术的特征；其次，提出和阐明了新一代 ITS 的技术特征、应用特征及服务功能；最后，针对交通的发展需求，结合物联网技术，提出在物联网环境下新一代智能交通的重点建设内容和体系。

2.1 物联网发展现状及其特征

物联网（Internet of Things，IoT），简单来说就是"物物相连的互联网"。它是通过射频识别（Radio Frequency Identification， RFID）、红外感应器、全球定位系统、激光扫描器等信息传感设备，按约定的协议把各种物品与互联网连接起来进行信息交换和通信，以实现智能化识别、定位、跟踪、监控和管理的一种网络。物联网基于互联网又高于互联网，拓展了实体的感知范围。

物联网的概念最早于 1999 年由美国麻省理工学院提出。同年，在美国召开的移动计算和网络国际会议提出了"传感网是下一个世纪人类面临的又一个发展机遇"的观点。2003 年，美国《技术评论》提出传感网络技术将是未来改变人们生活的十大技术之首。早期的物联网是指依托 RFID 技术和设备，按约定的通信协议与互联网相结合，使物品信息实现智能化识别和管理，从而实现物品信息互联而形成的网络。随着技术和应用的发展，物联网的内涵不断扩

展。现代意义的物联网可以实现对物的感知识别控制、网络化互联和智能处理的有机统一，从而支持形成高智能决策。

2005 年 11 月 17 日，在突尼斯举行的信息社会世界峰会（WSIS）上，国际电信联盟（ITU）发布了《ITU 互联网报告 2005：物联网》，正式提出了物联网的概念。该报告指出，无所不在的物联网通信时代即将来临，世界上所有的物体，从轮胎到牙刷、从房屋到纸巾，都可以通过互联网主动进行交换。RFID 技术、传感器技术、纳米技术、智能嵌入技术将得到更加广泛的应用。根据 ITU 的描述，在物联网时代，通过在各种各样的日常用品上嵌入一种短距离的移动收发器，人类在信息与通信世界中将获得一个新的沟通维度——从任何时间、任何地点的人与人之间的沟通连接扩展到人与物和物与物之间的沟通连接。物联网概念的兴起，很大程度上得益于 ITU 在 2005 年发布的以物联网为标题的年度互联网报告。

物联网是通信网和互联网的网络延伸与拓展应用，它利用感知技术与智能处理对物理世界进行感知识别，通过网络传输互联，进行计算、处理和知识挖掘，实现人与物、物与物的信息交互和无缝链接，达到对物理世界实时控制、精确管理和科学决策的目的。

物联网具体来说有以下 3 个特征：

（1）更透彻的感知：利用任何可以随时随地感知、测量、捕获和传递信息的设备、系统或流程；

（2）更全面的互联互通：先进的系统可按新的方式协同工作；

（3）更深入的智能化：利用先进技术进行更智能的洞察并付诸实践，进而创造新的价值。

欧盟关于物联网的定义是：物联网是未来互联网的一部分，能够被定义为基于标准和交互通信协议的具有自配置能力的动态全球网络设施，在物联网中，物理的和虚拟的"物件"具有身份、物理属性、拟人化等特征，它们能够被一个综合的信息网络所连接。

2.2 新一代智能交通体系特征

把物联网概念所刻画的物理形态映射到交通运输领域，实际上就是交通全要素（这里的要素包括人、车、路等）联网的物理形态，它可以支撑起一个全新的交通服务、管理、控制能力。

物联网给智能交通发展和演进带来了机遇，也带来了挑战。面对新的发展环境和条件，迫切需要以新的理念和视角来审视与筹划我国下一阶段 ITS 的发展。回顾日本 ITS 的发展历程，其阶段划分非常清晰：2004 年之前，是以 VICS 和 ETC 的规模应用与产业发展为标志的"第一阶段 ITS"；自 2004 年起，以 ETC 系统为基础，VICS 和已基本开发成形的 ASV 形成新的智能公路系统——Smartway，标志着日本的 ITS 进入以整合应用为主题、突出整体效益的第二阶段；自 2010 年以来，在 Smartway 开发和试验取得突破性进展的基础上，为了应对金融危机和带动产业发展，在 ETC 和 VICS 普及应用的基础上，日本政府投资建设沿高速公路的 ITS 信息交互设施，产业界则按照统一的标准生产集成化的车载设备，开辟新一代 ITS 的新应用，其目标是实现可持续发展的机动化社会。对照日本 ITS 的阶段划分，界定我国"新一代 ITS"与前期 ITS 的主要标志性特征是什么？与前期 ITS 的发展相比，我国新一代 ITS 的标志性特征主要体现在技术特征和应用特征两个方面。

2.2.1　ITS 的技术特征

ITS 以新一代信息技术为支撑。以下一代移动通信技术、宽带网、传感器网络、云计算等为代表的新一代信息技术，以及高精定位、高精地图等将为 ITS 的应用发展提供强有力的支撑条件。从交通要素互联或连通的角度来看，ITS 将由使用专用通信网（如高速公路光纤网）转向更多地使用公网，由固网转向更多地使用移动通信网；由使用各种交通检测器转向各种传感器、新型获取方法与交通检测器同时使用、互为补充。信息采集、感知和应用正在进入更高阶段，以更为充分和全面的状态采集、交通对象身份和特征的识别与认证为突破点，构建新一代交通信息基础设施，以及综合交通运输网络状态感知和数据服务体系。单看 ITS 连通性的实现，其有以下几个技术特征。

1. ITS 更加注重信息交换和共享

随着各种交通方式由相对独立发展向更加注重一体化融合发展转变，以及以新一代无线通信技术为代表的新技术的发展和应用，从前以道路信息收集和处理为主，以固定设施信息发布和疏导交通的信息交换模式，逐步发展为以车辆、船舶信息接入为主体，行驶中的车辆、船舶可以实现车辆与车辆之间、船舶与船舶之间，以及车辆、船舶与网关之间的连接，从而构成一个高效实时的通信网络，满足了 ITS 中系统与个体信息交换的需求。

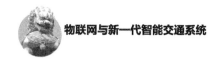

2. 智能交通更加注重各项技术的综合应用

从各种新技术在智能交通中的应用现状和发展趋势来看，新技术在实现自我发展并逐步完善的同时，必须与其他相关技术相结合，形成综合应用技术才能在智能交通应用中更具生命力。2019 年 9 月发布的《交通强国建设纲要》针对智能交通的发展，明确要推动大数据、互联网、人工智能、区块链、超级计算等新技术与交通行业深度融合。推进数据资源赋能交通发展，加速交通基础设施网、运输服务网、能源网与信息网络融合发展，构建泛在先进的交通信息基础设施。构建综合交通大数据中心体系，深化交通公共服务和电子政务发展。推进北斗卫星导航系统应用。未来智能交通一定是更加注重各项新技术的综合集成应用。

3. 专用短程通信技术被广泛用于 ITS

专用短程通信（Dedicated Short Range Communication，DSRC）技术作为一种为 ITS 提供区域化应用服务的通信技术，目前已经在美国、欧洲、日本及我国获得了广泛应用和快速的发展。它不仅是 ETC 的核心技术，而且可以应用于先进的公共运输系统、商用车辆营运系统、先进的交通信息系统和先进的交通管理系统中的运输车队管理、交通控制、停车场管理、紧急报警等场景，并服务于公共安全、智能交通管理、特种车辆管理和紧急救援、信息服务、车辆监管、防盗、防撞等，特别是在车联网发展背景下，应用于车辆与车辆（V2V）及车辆与基础设施（V2I）等方面。

目前，从国际车联网的发展形态来看，DSRC 技术依然也必然是智能交通持续发展的核心信息交互通信技术。无论是美国的 IntelliDrive，还是日本的 Smartway 及 ITS-Spot，都普遍关注安全、机动性和环境等问题。在探索新一代交通信息服务模式上，各国也把目光转向了公共移动（Public Mobile）及智能手机（Smart Phone），将 GPRS、3G、4G 等技术用于解决机动化等问题，同时也将 DSRC 技术重点用于主动安全方面，将 DSRC 技术作为实现 V2V 及 V2I 信息交互的核心技术。同时，DSRC 技术在交通智能化应用领域走出了一条与其他通信技术共存、兼容，特别是技术互补的发展道路。尤其突出的是，国际上越来越重视和强调 DSRC 产业链延伸的相关保障条件。当然，随着近几年 5G 技术的飞速发展，DSRC 技术（如 802.11p 协议）和 5G 技术（PC5）在低时延应用场景上呈竞争态势。由于各国的应用需求有差异，DSRC 技术在政策优先级上也有所不同。在美国，DSRC 技术的应用政策优先级依次为安全/避撞、机动性、环境；在日本，DSRC 技术的应用政策优先级依次为安全/辅助驾驶、环境/机动性；在欧盟，DSRC 技术的应用政策优先级依次为安全/预警、环境、机动性。

以美国的 IntelliDrive 为例，其项目框架框定了它的应用战略方向主要包括安全（V2V、V2I、安全驾驶）、机动性（实时数据获取及管理、动态应用），以及环境和道路气象应用。而安全实现主要依赖 DSRC 技术，基于 DSRC 技术，美国正在研究各项 V2V 和 V2I 应用。

4. 5G 技术为 ITS 的发展提供了新条件和新选择

移动通信技术发展迅速，伴随着 5G 技术的出现及逐步成熟，大带宽的视频业务（如 4K/8K、AR/VR 等）、海量连接的物联网业务、超高可靠低时延的车联网/远程医疗/远程工业控制等业务成为可能。与 4G 技术相比，5G 技术拥有超高移动性、超高流量密度、超高连接数密度等特性。根据 3GPP 组织的定义，5G 技术标准包含 eMBB（增强型移动宽带）、uRLLC（高可靠低时延通信）和 mMTC（大规模机器通信）三大场景。例如，中国联通积极开展基于 5G 技术的智能交通研究和建设，提出"基于 5G 技术的平行交通体系"，将 5G 技术作为端-管-云之间的衔接桥梁，实现车、路、云实时信息交互，这将有助于构建车路云协同的新型交通体系，有助于支持路端实现基础设施的全面信息化、车端实现交通工具网联化，以及云端实现智能交通的一体化管控。

5G 技术会带给物联网一些新能力，智能交通产业链条角色也显现了演变端倪。一方面，在新形成的智能交通产业链中，无线通信运营商们正在积极探索其角色的转变，即从传统的渠道服务向全面服务运营演进；另一方面，道路运营商也正在积极探索新形态下从道路渠道运营商向信息服务商的演变。运营商在关注智能交通网络建设和技术研究的同时，都将持续发力平台建设和网络能力开放，这就为跨界共同参与智能交通的技术标准研究、平台开发、典型业务场景演示与验证，共同探讨智慧交通商业模式，推动智能交通产业的发展营造了新氛围。

与此同时，智能手机是应用开发者们的必争之地，以智能手机为载体的移动终端已经成为一个综合的智能信息终端，这使得车辆、船舶与手机的融合，以及用海量智能手机支持 ITS 的发展和建设成为 ITS 发展的方向之一。

2.2.2　ITS 的应用特征

在行业应用方面，我国新一代 ITS 将为培育发展节能环保、新一代信息技

术等战略性新兴产业，构建综合交通运输体系，全面提高信息化水平，大力发展现代物流业，培育壮大高技术服务业，控制温室气体排放，大力推进节能降耗等战略要求的实现提供有力支撑，其应用特征鲜明。

1. 建设全方位覆盖、全天候监控的交通状态智能感知网络

新一代 ITS 通过对传感、通信、认知、决策等新技术的应用，促进对交通工具、基础设施运行状态的感知和监管，建成全方位覆盖、全天候监控、快速反应的交通安全监管体系和状态实时感知网络，实现对车辆健康状态、车辆运行状态的实时动态监控、全方位感知及智能化监管。

2. 建立国家高速公路网运行云控体系

通过智能化公路基础设施的建设，以及公路传感、通信网络的搭建，实时感知高速公路网的路桥涵基础设施健康状态，以及高速公路网交通流的实时运行状态，逐步建立国家高速公路网云控体系，并实施云-边-端协同管控。

3. 建立客流监测与动态数据服务体系

通过公交车辆智能设备的安装及公交智能站牌等新一代智能交通工具与城市公交智能基础设施的构建，实现对公交运行状态、客流及动态数据的实时感知与采集，建立公交运行状态感知、客流监测与动态数据服务体系。通过智能化轨道交通基础设施的建设及智能车载终端的安装，结合新一代的传感、通信、信息处理技术，实现对轨道交通运行状态的实时感知，建立轨道交通运行监测和安全监管体系。

4. 建立综合交通枢纽信息系统

针对城市客运综合枢纽及城市货运枢纽，通过新一代信息技术、大数据处理技术、云计算技术的广泛应用，实现对综合交通枢纽状态信息的实时感知，建立综合交通枢纽信息系统。

5. 完善水运装备智能化

针对未来水运载运工具与物流装备的信息化需求，基于新一代信息技术，建设智能化水运装备感知与监管体系，实现水路运输载运工具运行动态及货物状态智能化、可视化监管和信息服务。

6. 建设智能化水路基础设施及航运交通环境感知与监管体系

针对水路交通网络运行对交通流信息及周边的气象条件等环境信息状态与情况的需求，建设智能化水路基础设施及航运交通环境感知与监管体系，实现水运、航运交通和环境的全方位感知、智能化监管及人性化综合信息服务。

7. 建设安全、绿色的生态 ITS

新一代智能交通将更加关注如何构建更为安全和绿色的生态 ITS，需要通过推动安全和绿色交通（节能减排）相关项目的实施，加快生态智能交通技术研究的突破，通过一系列示范工程及应用，建设安全、绿色的生态 ITS。

2.2.3　ITS 的服务功能

在公众服务应用方面，我国新一代 ITS 将以"服务更符合人的应用需求"为导向，以"让公众享受到智能交通带来的便利服务"为目标，通过融入以新一代信息网络技术为代表的新技术要素，为智能交通服务提供必要的技术支撑手段，通过规模扩展和应用整合，使公众享受到智能交通带来的便利服务。综合我国未来经济和社会发展及人民群众的需求，以及新一代信息技术的发展对 ITS 发展的冲击，新一代 ITS 的发展需求主要体现为无处不在的信息服务。

新一代 ITS 的发展需要针对公众出行的需求及新一代信息技术的发展，提供无处不在的信息服务，而且使服务向精细化、精准化方向发展。新一代 ITS 应针对个人智能终端的广泛使用、电子不停车收费车载终端的爆发式发展、智能车载信息服务终端的发展，以及未来公众出行新的需求，建立新型出行信息服务方式和运行机制；基于 LTE-V、4G、5G 等移动通信网的发展趋势，建立依托移动通信网的交通信息服务及运行管控服务。

综上所述，新一代 ITS 与前期 ITS 相比，依托新技术、新产业，在服务功能方面有显著的区别：一是从以为小汽车服务为主转变为在进一步提升为小汽车服务水平的同时，更加侧重为乘公交、骑自行车和步行的人服务；二是信息采集、数据管理由为管理者服务转向更多地为出行者服务；三是信息传输由单向信息传输转向交互和互操作（车路协作、车车协作）；四是服务更符合人的应用需求，在信息更加充分的条件下，基于位置的对象精准信息服务，或者说面向人认知的、可信任的和无处不在的应用服务成为发展的重点。

2.3　物联网环境下的新一代智能交通体系

物联网环境下的新一代智能交通是现代交通运输业的重要内容。现代交通运输业是重要的基础产业，是国民经济的命脉，在国家现代化建设事业中具有基础性、全局性、战略性的地位和作用。发展现代交通运输业是一项系统工程，它以"大交通"新理念为指导，发展融入现代科技的现代交通基础设施、现代交通运输装备，大力提高交通运输信息化水平，并构建与之配套的政策法规、体制机制、技术与规范、组织与运行模式、人才与队伍建设等一系列支撑子系统，以适应现代服务业的发展要求，不断拓展交通运输服务领域，走资源节约、环境友好的发展之路，促进综合运输体系发展，提高交通运输现代化水平，为我国经济社会发展提供强有力的运输保障。

发展现代交通运输业的总体要求是：交通发展质量效益要显著提高，运输服务能力和管理水平要显著提升，行业创新能力要显著增强，节约资源、保护环境要有显著成效，达到安全、通畅、便捷、经济、可靠、和谐六项指标要求，为适应全面建成小康社会的需要及构建社会主义和谐社会打下坚实的基础。

物联网是实现现代交通运输业发展总体要求的重要保障，是实现交通运输行业资源优化配置管理、促进交通运输行业由传统行业向服务型行业转变的核心，是保证交通运输"可持续发展"、实现"低碳交通"的关键。利用物联网技术改造、提升基础设施和运输装备，以适应经济社会发展和人民群众对交通运输安全性、快捷性、多样化和个性化的需求，是交通运输现代化的重要标志。

从定义上来看，交通运输是交通对象（人、货物）借用交通工具（汽车、火车、飞机等），在交通基础设施（道路、铁路、航线等）上完成目标运送（人的出行、货物运输）的最优化。因此，交通运输业发展物联网的核心在于为交通要素（交通对象、交通工具、交通基础设施）建立以身份特征信息为核心的、可靠的、唯一对应的"电子镜像"，依托以系列信息技术手段，将这一"电子镜像"真实、可靠、完整、动态地映射到应用系统的数字化平台上。通过对运行于这一数字化平台上的"电子镜像"的监管、服务，可支持或实现对存在于实景现场的交通要素的物理实体的监管和服务。由此可知，交通运输业发展物联网需要从以下3个方面入手。

1. 构建交通要素身份认证体系

发展物联网，需要从"物"做起。交通要素身份识别是构建物联网的基础，是实现交通要素身份化、虚拟化、可唯一寻址的关键，也是目前交通信息化和智能交通发展所不具备的。具体而言，所谓交通要素身份识别，也就是构建交通对象、交通工具、交通基础设施等相关要素的唯一化身份认证体系。

目前，通过已构建的交通地理信息系统，交通基础设施要素的身份认证体系基本上可以满足未来物联网应用对交通基础设施要素的识别需求。另外，目前的公交 IC 卡、一卡通服务系统，虽然暂时只是功能性应用，但通过对后台数据的有效挖掘，将可以实现对交通要素中"人"这一交通对象的联网识别。

在现有的交通信息化和智能交通发展的基础上，接下来需要做的是推动 RFID 技术、无线通信技术、传感技术等在物流管理、运输工具管理及手机支付方面的应用，构建"物流精准管理体系""车联网体系""出行移动支付体系"，从而有效实现交通工具和交通对象这两大交通要素的身份识别和认证。

2. 构建交通要素信息精准获取体系

交通要素的信息获取体系主要可实时获取交通要素的相关状态信息与运行信息。

目前交通运输业已经应用了大量的交通传感器来实时采集交通系统的状态、运行信息。例如，通过感应线圈、摄像头、微波检测器、北斗系统或 GPS 等传感器采集车辆、道路系统的运行信息，通过二维码等采集货物的身份和状态信息。

由于普遍采用"功能-信息"这一发展模式，各交通信息化子系统"采集"的交通要素信息相互独立，而且存在信息重复采集现象；同时，由于各子系统的数据接口标准未统一，导致采集的交通要素信息难以互联共享。

因此，要构建"物物感知""物物协同"的交通运输新体系，势必需要构建互联共享、融合协同的交通要素信息获取新模式。在现有的交通数据采集系统的基础上，接下来需要做以下两方面的工作。

（1）制定交通信息化子系统数据输入/输出接口标准。通过制定各交通信息化子系统应用的交通传感器的数据输入标准，规范所采集的交通要素信息的存储格式；通过制定各交通信息化子系统的数据输出标准，规范各子系统所提供的交通要素信息的接口格式，从而为各交通信息化子系统所采集的交通要素信息融合提供基础，有效构建交通运输信息获取新体系。

（2）研究基于 RFID 身份识别的交通要素信息采集技术。RFID 技术是物联网最重要、最核心的基础技术，未来的交通要素很大一部分需要通过 RFID 技术进行身份识别后唯一化地接入互联网络。因此，有必要研究基于 RFID 身份识别的信息获取、信息处理和信息融合技术体系。

3. 构建交通运输物联网平台

通过构建交通运输物联网平台，从交通对象、交通工具、交通基础设施等交通要素出发，实时再现交通运输系统的运行状态，可实现交通运输系统海量物联信息的分析、管理和显示，为交通对象、交通工具、交通基础设施的互动提供系统决策支持，从而实现系统功能的智能化和系统运行的最优化。

首先，交通运输物联网平台是信息服务平台，可实时掌控各交通要素的功能交互和服务需求；其次，交通运输物联网平台是虚拟再现平台，通过各交通要素的网络接入，可实时更新信息，再现交通系统的运行状况；最后，交通运输物联网平台是海量交通要素的运行监控与管理平台，其交通要素更新机制、交通要素寻址机制、物物关系管理机制、网络语义发现机制、交互语义翻译机制、交互服务定向机制及功能访问安全机制的建立，关系到平台的运行，乃至最终交通物联网络的构建。

综上所述，从以上 3 个方面入手，推动物联网在交通运输业的发展，实现交通运输领域的智能化识别与管理，有效"感知交通"，构建"智慧的交通"，是未来推动交通运输信息化建设和现代交通运输业发展的新切入点，也是有效"感知中国"、实现"智慧地球"所不可或缺的重要组成部分。

 **本章小结**

物联网概念的提出与我国新一代智能交通发展的迫切需求相吻合，既是历史机遇的巧合，也是智能交通发展的必然。物联网技术在交通领域有良好的发展前景，能够在保障交通安全、提高通行效率和实现绿色环保等方面发挥重要的作用，从而推进智能交通领域的技术进步。目前我国处在经济发展的转型期，交通运输面临经济发展的新需求，物联网已经成为新一代智能交通发展的重要推动力。

第3章

智能交通系统中的物联网关键技术

内容提要

新一代 ITS 的发展，离不开物联网技术的发展与应用，同时由于 ITS 的复杂性，只有充分利用信息技术、计算机技术、数据通信技术、传感器技术、电子控制技术、人工智能技术、自动控制理论、运筹学等，才能形成一种保障安全、提高效率、改善环境、节约能源的综合运输系统。本章将选取包括感知技术、网联技术、大数据技术等在内的影响 ITS 发展的共性关键技术，从相关技术的概念、基本原理及发展情况等方面对其进行介绍。

3.1 感知关键技术

利用感知技术构建泛在互联的综合交通感知系统，可用于获取道路交通流信息、基础设施信息和道路交通环境信息，如交通流信息、交通事件信息、桥梁隧道边坡等结构物的运行状态信息，以及雨、雪、雾气象环境信息等。通过通信设施将这些感知信息发送至交通管控平台，可有效支撑交通管理部门的高效决策，提高公众的出行效率。

3.1.1 交通流感知技术

交通流信息是交通规划与交通管控的重要基础信息，全时、全量、准确、实时的交通流信息不但可以让有关人员把握交通运行的现状，而且可以使其对下一时段的交通运行状况进行预测，从而为交通规划、交通管理、公路运营等部门的正确决策提供科学依据。同时，未来 ITS 中交通出行信息服务、动态交

通诱导管控等功能的实现都将以实时的交通流信息为前提，都需要采用先进的交通流感知技术进行信息的采集与检测。因此交通流感知技术是 ITS 最重要的基础和前提。

交通流感知技术主要以车辆为检测目标，可检测车流量、车速、车型、占有率、排队长度、车头时距等交通流参数。近年来，以气压管检测技术、磁感应检测技术、波频检测技术、视频检测技术等为代表的多种交通流感知技术已逐渐发展起来。各类感知技术由于原理差异而各具特点，需要根据实际应用环境和技术要求来选用。

1. 气压管检测技术

气压管检测是接触式检测方法，其在车辆通过的位置安装橡胶气压管并固定，气压管一端封闭，另一端连接计数器。当车轮压过气压管时，管内空气被挤压而触动计数器进行车流量计算。可通过连续布设两条气压管的方式检测车辆的行驶方向和车速。

气压管检测技术主要具有如下优点：

（1）可快速安装，用电量低，运行费用低；

（2）不受光线条件限制。

同时，其存在的主要缺点如下：

（1）当车流量大时，适应性较差；

（2）车辆停在气压管上时，精度变差；

（3）气压管对温度比较敏感，影响精度。

气压管检测技术适用于车流量小的路段，且已逐渐被磁感应检测技术取代。

2. 磁感应检测技术

磁感应检测也属于接触式检测方法，可采用环形线圈检测器或磁阻传感器。环形线圈检测器由埋设在路表下的线圈和能够测量该线圈电感的电子设备组成。车辆通过线圈时将引起线圈磁场的变化，检测器据此计算车流量、车速、占有率和排队长度等交通流参数。利用一个 LC 振荡器和一个通用单片机即可构成感应线圈检测系统。当感应线圈的电感发生变化时，LC 振荡器的振荡频率也随之变化，单片机获取其振荡频率并通过频率变化给出高/低电平信号，以判断是否有车辆通过。磁阻传感器利用的是在铁磁材料中发生的磁阻非均质现象（AMR）。沿着一条长且薄的铁磁合金带的长度方向施加一个电流，在垂直于电流的方向施加一个磁场，则合金带自身的电阻值会发生变化。AMR磁阻传感器成功地将三维方向的单个传感器件集成在同一个芯片上，并将传感器与调节、补偿电路集成，可检测地磁范围内低于 1 高斯的弱磁场，因此其可根据车辆上的发动机、车轴等铁磁物体对地磁的扰动来检测是否存在车辆和车辆的行驶方向。

磁感应检测技术主要具有如下优点：

（1）设备成本低；

（2）不受恶劣天气与气候、日照光线强弱的影响；

（3）性能稳定；

（4）对车速和车流量的检测精度高。

同时，其存在的主要缺点如下：

（1）由于环形线圈检测器和磁阻传感器固定埋设在路面，对路面有破坏，其使用寿命受影响；

（2）埋设安装后，路面可维修性降低；

（3）长期使用后，磁感应传感器，特别是坏形线圈检测器易出现损坏，更换传感器需要封闭车道，影响交通。

磁感应检测技术已经广泛应用在交通数据统计、交通控制和诱导等方面，但由于安装维护较困难，在实际使用中已逐渐被视频检测技术、波频检测技术替代。磁感应检测技术主要用于收费车道、小区、停车场等低速行驶的场景。

3．波频检测技术

波频检测技术是通过向检测区域内的车辆发射微波、超声波和红外线等电磁波，并识别车辆反射的电磁波信号来检测交通流参数的方法。根据发射电磁波的不同，其可分微波检测技术、超声波检测技术和红外线检测技术等。

1）微波检测技术

微波交通检测器是向检测区域内的车辆发射低能量的微波信号，并通过识别车辆反射的微波信号来检测道路交通参数的设备。按安装方式，微波交通检测器可以分为侧装方式和正装方式两类。采用侧装方式时，检测器检测断面的车流量、平均车速、车道车流量、车道平均车速、车头时距、车道占有率等交通流参数；采用正装方式时，检测器检测区域内的交通流参数，除了能检测侧装方式中的所有检测参数，还可检测排队长度等参数。微波交通检测器首先在国外如美国、加拿大、英国等国家得到成熟应用，之后被引进到国内。早期微

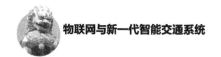

波交通检测器普遍采用侧装方式，其雷达方向对准车流侧面，用来检测一个断面多条车道的交通流参数。近年来，民用雷达技术有了长足的发展，广域雷达开始用于交通流的检测，雷达对准车流方向安装，可覆盖 200m 左右的检测范围，可以检测所覆盖区域的交通流参数，也可跟踪车辆轨迹，进行排队、停车、逆行等交通异常的检测，在城市智慧路口、智慧高速、车路协同中得到广泛的应用。

微波检测技术主要具有如下优点：

（1）微波交通检测器性能比较稳定，可全天候工作，在复杂环境下（如雾、雨、雪、阴影光照等）工作表现较好；

（2）单台检测器可检测多条车道；

（3）安装维护方便，安装维护时不会对路面造成损伤，不需要封闭车道，后期维护成本较低。

同时，其存在的主要缺点如下：

（1）无法准确区分车型，仅能区分车型大小；

（2）须安装在没有障碍物的平坦路段；

（3）采用侧装方式安装时必须满足一定的后置距离和安装高度要求，当道路安装有金属分隔护栏时，对被遮挡车道的检测精度下降；

（4）车型识别主要依靠反射信号的强度，不能识别车辆颜色、车牌等可视特征。

微波检测技术更适合应用在流量大的高速公路、普通干线公路和城市快速路等，既可用于交通流的感知，也可用于交通事件的检测。

2）超声波检测技术

超声波检测器是基于声波的传播和反射原理，通过对发射波和反射波的时差测量来测量距离变化的设备。其由超声波发生器发射一束超声波，再接收从车辆或地面来的反射波，根据反射波返回时间的差别来判断有无车辆通过。

每个车道上的超声波检测器各有前、后两个探头。根据车辆的通过进程，超声波探测结果分为三种形态：①等待车辆；②车辆进入检测区；③车辆到达第二检测点。通过分析这三种形态，即可得到道路上的车流量和车速等信息。

超声波检测技术主要具有如下优点：

（1）体积小，不需要开挖路面或封闭车道，安装维护方便；

（2）不受车辆遮挡的影响，对密集车流适应性好；

（3）对雨、雪、雾的穿透能力强，可在恶劣气象条件下工作。

同时，其存在的主要缺点如下：

（1）反应时间长，误差较大，有效测量距离短；

（2）性能受环境影响，如温度和气流；

（3）不适合在灰尘较大的环境中使用，若灰尘较大，会降低传感器的寿命。

超声波检测技术主要用于交通流量调查和车辆测速等场景。

3）红外线检测技术

红外线检测器是顶置式或路侧式的交通流检测器，一般采用反射式检测技术。反射式检测探头由一个红外线发光管和一个红外线接收管组成。调制脉冲发生器产生调制脉冲，经红外探头向道路上辐射，当有车辆通过时，红外脉冲从车体反射回来，被接收管接收，并经过解调、放大、整流滤波后输出一个检测信号至单片机。

红外线检测技术不受可见光影响，在日间和夜间都可用来检测交通量参数，但道路现场的灰尘、雪等会影响系统的正常工作。

4. 视频检测技术

随着计算机、数字图像处理、人工智能和模式识别等技术的发展，计算机视频技术在交通信息检测中占据了越来越重要的地位。基于视频的车辆检测技术的基本思想是，在视频图片中的每条车道上设置一个固定区域作为虚拟检测线，再对该区域内的图像进行处理，从而完成对车辆信息的获取。

目前常用的基于视频的车辆检测算法主要有背景差法、帧差法、边缘检测法等。背景差法将当前输入帧图像与背景图像进行差值计算，以分离出车辆。但背景图像需要实时刷新，影响因素较多。帧差法则是对相邻两帧图像进行差值计算，但不能消除摄像头抖动引起的干扰，对静止或速度慢（两帧图像中车辆运动位移不明显）的车辆无法有效检测。边缘检测法通过对帧图像进行边缘检测来提取车辆的边缘特征，然后进行识别。该方法可在不同的光线条件下进行，但当车辆边缘不明显或存在道路隔离带等干扰物体时可能造成漏检和误检。针对传统方法的不足，可通过分析光照、车道和阴影等模型间的关系来判断车辆是否存在，这便有了基于彩色虚拟检测线的交通流信息视频检测方法；结合边缘检测法，在算法中采用预估校正、相关性修正等措施对帧差法进行改善，实时自动提取和更新背景边缘，并采用动态开窗的方式，利用边缘信息作为车辆特征，便得到了基于边缘信息的背景差车流量检测方法；结合光流法，根据光流场的信息判断车辆是否通过，便得到了基于虚拟线圈的光流法车流量

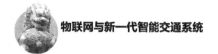

检测方法；利用摄像机标定原理，根据成像模型可得到基于计算机视觉的车流量检测算法。

视频检测技术主要有以下优点：

（1）系统设置灵活，能够提供高质量的图像信息，信息量大，可以同时完成道路交通流感知和交通可视化管理工作；

（2）视频摄像机的安装方便、经济，可利用已经安装的摄像机监控系统；

（3）计算机视觉技术和数字图像处理技术发展迅速，目前可以满足系统准确性、多功能性方面的要求。

同时，其存在的主要缺点如下：

（1）在不良光照条件下，检测精度受现场照明的限制；

（2）易受天气、环境影响，抗干扰性能差；

（3）大型车遮挡、阴影、路面光线反射、昼夜转换会造成检测精度下降。

视频检测技术以其检测区域大、信息量丰富及系统设置灵活等突出特点迅速发展，逐渐成为智能交通领域的一个应用研究热点，逐渐成为交通流感知的主要检测方式。

除以上几种检测方式外，交通状态还可通过电信大数据或互联网大数据获得，但这种方式的准确性和置信度依赖于数据产生端定位的精度和路段中样本数据的规模，并且结果数据需要通过分布式处理海量数据获得，时间上有一定的滞后，虽能满足路网或通道级交通流调控的需求，但难以满足路段/路口级交通管控的需求。

在未来的交通建设中，无论是服务于智慧公路，还是服务于智能网联，首先强调的必然是"精细化""实时性""全天候""无盲点"等特征，对于路上和车上的传感设备，也有同样的需求。为了克服单一交通流感知技术的缺点，视频检测结合微波、红外线等波频检测的融合感知方式也逐渐成为感知技术的研究重点，能满足更多智能交通应用场景的需要。

3.1.2　交通基础设施感知技术

交通基础设施感知主要通过对道路基础设施结构运行状态的智能监测，及时发现基础设施结构状态特征信息的变化，对异常状态信息进行预警/预报，从而有效指导道路管理部门的养护管理工作，预防事故的发生。利用交通基础设施感知技术可实现桥梁、隧道、边坡等基础设施状态信息，收费站、治超站、服务区、停车区等公路附属设施状态信息，以及交通标志、交通标线、护栏、视线诱导设施、隔离栅、防落网、防眩设施、防风栅、防雪（沙）栅、积雪标杆等公路交通安全设施状态信息的监测功能。

1. 桥梁智能监测

桥梁智能监测主要实现对桥梁结构振动、变形、位移、转角等结构稳定性信息的监测功能。各种传感器收集桥梁信息并送到数据库，数据通过网络通信传输到监测中心，然后经过信号处理分析系统和评估系统，最后产生桥梁监测的结果。

目前，桥梁智能监测仪器主要由位移计、加速度计、水平仪、温度计、风速风向仪、车轴车速仪、信息放大处理器及连接介面等构成。这些设施或传感器通过优化布局，结合无线传输技术、健康监测动态功耗管理技术，以及状态监测可视化评估辅助技术等软/硬件，形成桥梁智能监测系统。桥梁智能监测系统能实时测取桥梁的服役状态，从而准确评估桥梁性能。现有的桥梁智能监测系统一般用于单座大型桥梁，下边介绍两种桥梁群智能监测系统。

1）基于北斗的高精度桥梁群智能监测系统

基于北斗的高精度桥梁群智能监测系统结合北斗定位，以及称重、应变、位移、振动、裂缝、温度等方面的监测感知设备，利用数据库、计算机、结构工程技术，对结构超载超限信息实时预警，对桥梁状态和安全性进行评估，以实时展示结构安全服役状态，并为实施有效的预防性养护、维修与加固工作提供辅助支持，保证大桥检查维修策略的制订具有针对性、及时性和高效性，为养护需求、养护措施提供科学的决策依据。

该系统框架（见图 3-1）包括 4 个结构功能层，即信息采集层、数据管理层、评估决策层与应用服务层。其中，信息采集层为底层结构，包括桥梁群结构健康监测子系统和养护管理子系统；数据管理层和评估决策层为中间层，前者包括桥梁数据综合管理子系统，后者包括桥梁结构评估子系统和桥梁养护决策与安全预警子系统；应用服务层为上层结构，包括桥梁、隧道及边坡用户界面子系统（含手机 App）。信息采集层通过有线式的光纤通信方式和直接输入的方式与桥梁数据综合管理子系统按采集制度进行数据交换，后者除进行数据的汇总、归档、存储、管理等工作外，还为评估决策层提供必要的数据支持，同时也为应用服务层提供数据查询服务。评估决策层中的桥梁结构评估子系统为桥梁养护决策与安全预警子系统的决策与预警提供分析结果，并反馈给应用服务层。

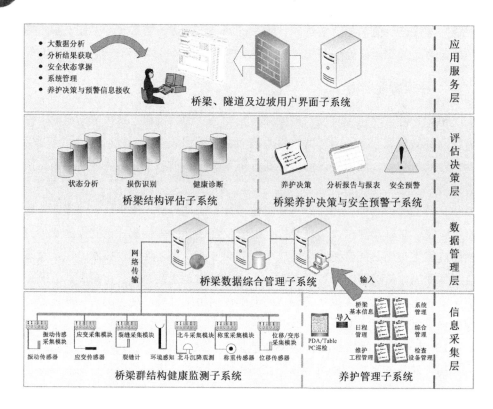

图 3-1 基于北斗的高精度桥梁群智能监测系统框架

基于北斗的高精度桥梁群智能监测系统既能提高桥梁的三维定位监测精确性，更能精准地展示桥梁的健康状况，又能拓展地基增强系统和北斗系统在交通领域的应用。

2）基于"云大物智"的桥梁群智慧管理系统

基于"云大物智"的桥梁群智慧管理系统基于物联网技术、大数据、人工智能、移动互联网、云计算技术，搭建桥梁智慧管理平台，获取桥梁静态信息和动态监测数据，并利用大数据算法对多源异构数据进行处理，实现桥梁结构状态的在线实时自动诊断和一键评估工作，从而快捷响应桥梁病害，实现智慧化的养护和多层次的服务。该系统平台架构（见图3-2）主要包括5个层次——感知层、传输层、存储层、业务处理层、应用服务层，以及1个安全体系。

（1）感知层。感知层运用物联网技术构建监测网络，在感知节点上安装特殊的传感器，前端主控制系统连接各种传感器，获取桥梁的荷载、位移、索力、挠度、应力、风向、温/湿度、振动和倾角等状态信息。

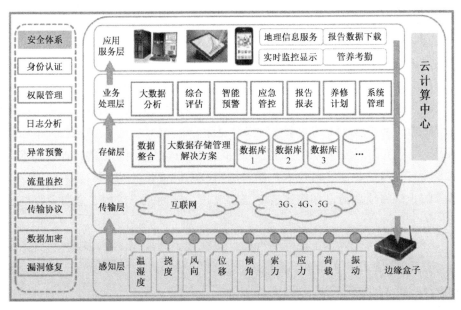

图 3-2　基于"云大物智"的桥梁群智慧管理系统平台架构

（2）传输层。传输层实现感知数据和控制信息的双向高速、可靠传递，是由无线传感器网络、有线局域网络及广域网络组成的。桥梁传感器节点部署分散且有移动需求，可采用无线多跳的方式将数据汇聚到汇聚节点，再通过有线或无线网络将数据传输到云计算中心。随着边缘计算的应用，可采取云边融合的方式来减少网络流量和时延，以减轻云计算中心的存储和计算压力。

（3）存储层。存储层主要负责存储桥梁的相关数据，为上层业务提供数据支持；基于虚拟化引擎，将底层高端的存储设备资源虚拟化成可动态扩展的数据资源池，实现高效安全的镜像存储和数据迁移；搭建桥梁健康监测大数据库，负责存储不同桥梁节点的传感网络数据，支持桥梁集群管理。系统中桥梁的视频监控数据通常采用基于以太网的 SAN 存储架构，这样的架构既能保持 SAN 数据传输的快速性，又能继承以太网易实施、好管理的便捷性。

（4）业务处理层。业务处理层根据具体需求从数据库中读取所需数据，对桥梁状态进行综合判决。其可充分利用多监测点数据，运用机器学习技术进行数据的关联和融合，同时参考桥梁专家给出的桥梁安全经验阈值参数，提高安全评估的准确性；也可将分析方法和决策模型部署在边缘节点，实现安全评估的高实时性。例如，业务处理层根据对温度和位移量的相关分析建立预测模型，对伸缩缝状态进行预警；根据动应变的相关系数预测装配式桥梁的横向损

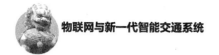

伤程度。

（5）应用服务层。应用服务层主要以 Web、App 应用服务的方式向各类信息需求者提供服务。系统采用面向服务的架构理念、各项服务之间松耦合设计。用户可在权限范围内对系统内容进行操作与管理。

（6）安全体系。安全体系贯穿于系统的各层次，为系统的数据和应用提供安全防护。用户和 API 访问系统时都需要进行统一的身份认证和授权。传输数据时，要提高访问控制和传输的安全性能，安全体系采用先进的防火墙技术、入侵检测技术、数字签名技术、数据加密技术、流量监控技术、病毒防范技术等防止保密信息泄露和系统遭受恶意攻击，从而保障数据安全和系统稳定运行。

桥梁的信息化管养正走向标准化、可视化、智能化。采用物联网、大数据、云计算、人工智能等新信息技术，可实现对桥梁的感知、判断、响应、预测，指导桥梁的运营管理工作。

2. 隧道智能监测

随着隧道设计和施工技术的不断进步，多车道的长/大隧道不断涌现，隧道断面不断增大，导致整体刚性下降，而且通常隧道地质地形复杂，日积月累不可避免地受到地质恶化、环境荷载、腐蚀、疲劳等因素的影响。同时，交通事故、货物易燃品自燃等引发的隧道火灾，以及载货车辆超宽超速进入隧道造成衬砌损坏等现象，都将导致隧道出现不同程度的病害，增大运营的安全风险。因此，需要在不影响交通运行的情况下，对隧道的应变、沉降、压力、渗漏水等进行监测。

隧道智能监测主要利用传感技术及相应设备对隧道内部进行有效监测，通过获取的状态信息、图像等数据进行病害判断。常用的监测手段主要包括三维激光扫描技术、视频监测技术、冲击回波技术、光纤光栅技术等。

1）三维激光扫描技术

三维激光扫描技术根据激光的往返时间、速度和角度判断测点与被测点的矢量距离，对隧道测量单元整体进行全面的坐标测量，从而得到测量目标全面且连续的坐标数据（点云）。三维激光扫描技术对隧道沉降和收敛变形等状态的准确监测，是建立在获取全面点云数据的基础上的。点云数据量庞大，导致后期数据处理较复杂且对数据处理算法要求较高。目前的三维激光扫描技术主要通过不断地搬站来逐站监测，速度相对较慢，可以通过车载激光雷达、机器人携带激光扫描等自动化移动巡检装备来提高监测效率。

2）视频监测技术

视频监测技术运用数据处理算法，通过对隧道内拍摄图像的分析来判断隧道各类病害的类型，实现对病害的监测。其对采集的图像首先进行图像分割（图像彩色空间模型和分割技术），提取运动前景目标，然后利用待识别目标的特征对这些目标加以识别。这个过程用到了图像分割技术、形态学处理和神经网络等算法。整体上，视频监测技术对于裂缝、渗漏水、错台、掉块等病害的监测已达到较高的分辨率且识别相对准确。考虑到识别对图像的质量要求较高，这就对摄像头清晰度及架设角度、隧道光源环境、隧道表面清洁情况等提出了较高的要求。

3）冲击回波技术

冲击回波技术在隧道工程中主要用于检测衬砌混凝土厚度及其内部缺陷。其工作原理是利用小钢球或小锤在混凝土表面敲击产生应力波，应力波在传播中遇到混凝土内部缺陷会产生反射并在结构表面产生微小位移，利用安装在冲击点附近的传感器接收该位移，即可得到频谱图，进而通过分析得到混凝土的材质、厚度、缺陷等信息。冲击回波技术检测精度较高，但能检测的病害种类相对单一，一定程度上还需要利用经验对频谱图进行分析判断，自动化程度不高。

4）光纤光栅技术

光纤传感器具有质量轻、体积小、操作简单、对刺激敏感、可分布式布置等优点，能较好地对隧道结构变形及渗漏水情况进行检测，同时可以对隧道进行实时监测和在线传输，尤其在高风险区域得到了较好的应用。由于光纤对于物理变化具有较高的敏感性，光纤光栅技术在混凝土的健康监测中有很多应用，如用于火灾、变形、裂缝等的监测。目前，该技术对传感器的技术要求较高，且受到隧道的温度及振动等不良情况的影响，其对传感信息的数据处理也较为复杂。针对隧道中的复杂环境，传感器如何有针对性地合理布设仍是一大难题。

总体而言，隧道的固定设备监测项目相对单一，目前可采用三维激光扫描技术、视频监测技术、冲击回波技术和光纤光栅技术等对隧道变形进行自动化、智能化的监测，但还需要探索建立多元监测系统，以实现更多功能的、更全面的监测。相比之下，移动式检测装备通过综合隧道巡检车、机械臂、无人机等，以及相应的视觉系统来对隧道进行检测，更能实现对隧道信息的全面监测。

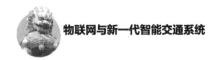

3. 边坡智能监测

按照边坡位置改变信息获取方式的不同，边坡智能监测技术包括 BIM 技术、GNSS 技术、光纤光栅技术和亚像素定位技术等，利用边坡智能监测技术可以实现对边坡岩土体内部位移、地表位移等信息的监测功能。

1）基于 BIM 技术的边坡智能监测

BIM 技术是融合三维激光扫描和逆向建模的信息模型数字化技术。其采用三维激光扫描仪对边坡区域进行数据采集，利用逆向建模法建立高精度挡土墙边坡点云模型和三维表面模型，并基于标靶轮廓点云群的靶心拟合算法确定平面标靶中心点坐标，通过与全站仪免棱镜测量结果对比进行点云模型精度分析，利用重心法从点云模型中提取特征信息，最后通过变形综合分析法获取挡土墙边坡的最大位移和变形趋势。BIM 边坡变形监测技术主要分为地面三维激光扫描、点云数据处理和三维建模 3 个步骤。其中，地面三维激光扫描是基于激光测距原理测量定位的，其通常由激光发射器发射激光脉冲信号，由记录器记录激光在发射和反射过程中的时间，通过已知的光速和激光脉冲往返时间来计算被测目标点和扫描仪之间的距离。扫描仪采集的点云数据经过点云拼接、纹理映射、去噪、简化等一系列处理后，可解决采样点集杂乱无序、无纹理、噪点多等问题，构成空间离散的点集，用于对目标物体表面形状及特征进行整体分析，建立点云之间的拓扑关系，生成三角网格来逼近原始物体表面，完成三维建模，从而实现全面、高精度的挡土墙边坡变形监测。

2）基于 GNSS 技术的边坡智能监测

全球卫星导航系统（Global Navigation Satellite System，GNSS）技术在测量卫星与监测点的距离后通过相关解算程序进行定位，作为一种无线传输技术，其也被应用于边坡变形监测中。GNSS 技术边坡监测系统的设备安装和调试主要分为室外、室内两部分。室外部分的安装，首先要钻测斜孔（也叫内部位移孔），然后完成固定式测斜仪、地表测斜仪、基准站和防雷设施等的安装；室内设备的安装主要包括监测数据信号接收器、监测数据处理与分析系统及一些辅助分析软件的安装。采用 GNSS 技术边坡监测系统进行监测，精度较高，且能自动对边坡位移进行采集并记录，数据通过无线网络传回处理中心，达到对数据自动采集与传输、实时监测的目的。

3）基于光纤光栅技术的边坡智能监测

基于光纤光栅技术可对边坡内部变形进行全方位自动感知。光纤光栅倾角传感器内部有一重力摆锤，通过矩形截面匀质刚性悬臂梁将摆锤与传感器外壁进行固定，悬臂梁两侧各粘贴有光纤光栅（两个光纤光栅具有不同的中心波长），两个光纤光栅再与两根传感光纤连接。测量前将摆锤固定，使其不发生运动，在量测传感器倾角时松开固定，使摆锤能够沿直线方向自由摆动，当摆锤偏离竖直位置时，会使悬臂梁一侧产生拉应变，另一侧产生压应变，应力的作用使得光栅的间距增大或减小，从而引起中心波长的漂移。通过标定试验对光纤光栅倾角传感器的倾斜角度与光栅中心波长的漂移量进行标定，得到与之对应的角度-波长系数。同时利用软件平台开发配套的光纤光栅信号解调及信息处理软件程序，共同构成边坡内部变形光纤光栅实时监测系统，实现对边坡内部变形的运动方向和距离的实时追踪与定量分析。获取边坡变形数据，构建边坡实时三维变形场，对边坡变形的全局信息进行合理表征，进而对边坡的当前稳定状态和未来变形发展趋势做评判与预测，最终实现智能实时边坡内部变形感知，达到边坡安全态势实时分析预警的目的。

4）基于亚像素定位技术的边坡智能监测

亚像素定位技术是数字图像测量的核心技术，它是一种基于目标特性分析图像，然后计算得出该特征的精确位置的技术。基于亚像素定位技术的边坡智能监测系统使用 CCD 摄像机提高测量精度，利用预先知道的目标物特征对目标图像进行分析处理（如提取特征、突出特征、滤除噪声等）并识别，直到确定与目标的吻合度达到最高为止。在整个定位过程中，通过运用浮点计算方法，可以使定位精度高于整像素，即达到亚像素。在被监测的边坡面的水泥护墙上安装一个永久性的测量标志牌，使标志牌的观测面尽可能垂直于大地表面；在恰当的观测点安装永久性的快装式仪器安装平台，使仪器能够随时架设在安装平台上，仪器架设后可对边坡上的任意一个测量标志牌进行观察并拍摄图像，从而实现对边坡位移的实时监测。

3.1.3　交通事件感知技术

1. 概述

交通事件感知技术是指利用道路沿线部署的设施设备进行交通事件检测的技术。利用交通事件感知技术能够检测到不可预测的、非周期性的且使通行能力下降的事件，如车辆碰撞事故、货物散落、车辆排队、车辆逆行、车辆换道、车辆超速等。

1）交通事件检测过程

交通事件检测主要采用运动检测、图像处理、目标识别和目标跟踪等技

术，对道路上突发的交通事件进行实时检测、报警、记录、传输、统计，并将事件发生过程的结构化、非结构化信息及时反馈给管理人员。

交通事件检测系统具备交通事件类型检测、交通事件信息记录、交通事件报警提示和交通事件过程图像记录的能力，可实现对停止事件、逆行事件、行人事件、抛撒物事件、拥堵事件、交通事故、机动车驶离事件等交通异常事件的自动检测，并输出检测结论。交通事件信息记录是指系统检测到交通事件时，能自动生成并记录交通事件信息。交通事件报警提示是指系统生成的事件报警提示信息能实时上传至交通管理信息资源平台，系统可设置报警的优先级。交通事件过程图像记录是指系统自动捕获并存储交通事件发生的过程图像。

2）交通事件检测方法

交通事件检测方法可以分为直接检测法和间接检测法。直接检测法通过道路沿线部署的各类交通事件检测设备前端识别交通事件，该方法的检测精度高、实时性强，但需要比较密集地安装外场设备，并对外场设备的性能要求较高；间接检测法通过道路沿线部署的设备采集交通参数，且通过交通控制平台分析判断是否有事件发生，该方法的误报率较高、实时性不强，但不需要密集安装外场设备。

3）交通事件检测技术

目前国内外常用的交通事件检测技术包括环形线圈检测、视频检测、雷达检测等技术。传统交通事件检测技术以环形线圈检测技术为主，环形线圈检测技术是一种间接检测法，但该检测方法无法对车辆进行跟踪、分类，安装时需要对道路进行挖掘，会造成交通中断，并且该方法的误报率较高、实时性不高，随着新技术的不断发展，其市场占有率逐渐减少。视频检测技术的检测实时性和准确率较高，部署在道路沿线的固定摄像机一般应用于交通事件检测，配合带云台的球形摄像机，能在道路端检测交通事件并进行自动智能验证，可降低交通事件的误报率，提高交通事件检测的实时性，但其极易受周围雨雾、光线等环境的影响。雷达检测技术可以实现大区域检测，且检测精度较高，可以不受雨、雪、雾及黑夜的影响全天候24小时工作，可以检测目标的速度、距离、类型等数据，但检测数据不直观，属于间接检测法。近年来，为了充分利用视频检测技术和雷达检测技术的优势，弥补这两类技术的劣势，产业界将这两类设备合为一体，推出雷达视频一体机。其内置深度学习算法，融合视频和雷达数据，支持智能识别功能，目前该类技术产品已进入工程应用阶段。

2. 视频交通事件检测技术

视频交通事件检测技术广泛应用于高速公路、国省干线、城市快速路、隧道、桥梁、综合枢纽等场景的交通事件检测。其将摄像机采集的视频信号进行数字化处理，采用图像预处理技术、图像背景提取和更新技术、多目标识别与跟踪技术，对得到的数字化图像进行综合分析，对道路上突发的交通事件进行实时检测、报警、记录、传输、统计，并将事件图像及报警区域图像切换到人机交互界面，同时支持实施报警、调度警力等。视频交通事件检测技术架构如图 3-3 所示，包括道路端的视频交通事件检测系统及平台端的交换机、存储系统、分析系统、展示系统。

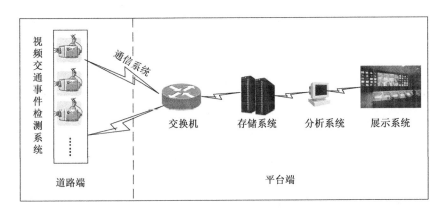

图 3-3　视频交通事件检测技术架构

视频交通事件检测技术通过对所有目标（如车辆）进行锁定、跟踪，描述目标运动轨迹，通过目标运动轨迹得到其运动状态，从而实现对突发交通事件的实时检测、实时报警。以目标对象是车辆为例，该技术所检测的交通事件包括但不限于：交通事故（如车辆碰撞）、突然停车、机动车驶离（如翻出高速公路护栏等）、车辆排队、车辆慢行（如车辆以低于高速公路的最低限速行驶）、车辆逆行、路面遗撒等，并可实时计算交通流量、平均车速、道路占有率、车间距等统计信息。视频交通事件检测示意如图 3-4 所示，其中，h 为视频交通事件检测器的安装高度；L_1 为起始检测距离；L_2 为有效检测范围；L_3 为观察范围。参照《视频交通事件检测器》（GB/T 28789—2012）所得的交通事件检测条件及有效检测范围要求如表 3-1 所示。

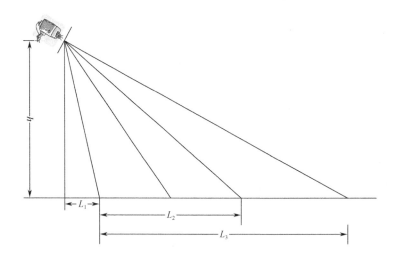

图 3-4　视频交通事件检测示意

表 3-1　交通事件检测条件及有效检测范围要求

检测器安装 高度 h/m	检测器安装位置	有效检测范围 L_2/m					
		车辆停止	车辆逆行	行人	抛撒物	车辆拥堵	车辆驶离
5≤h≤6	隧道	≥150	≥100	≥80	≥80	≥150	—
	路段及大桥	≥150	≥100	≥80	≥80	≥150	≥100
6<h≤8	隧道	≥200	≥100	≥80	≥80	≥200	—
	路段及大桥	≥300	≥150	≥100	≥100	≥300	≥150
8<h≤12	路段及大桥	≥400	≥200	≥150	≥120	≥400	≥200
h>12	路段及大桥	≥500	≥300	≥150	≥120	≥500	≥200
注："—"项不做要求。							

　　视频交通事件检测信息包括车辆停止事件信息、车辆逆行事件信息、行人事件信息、抛撒物事件信息，车辆拥堵事件信息、车辆驶离事件信息，视频设备自动进行交通事件检测并输出检测结论（有报警信息提示）；具有交通参数检测功能的视频交通事件检测设备能检测车流量、平均速度、占有率等交通参数。对表 3-1 中的有效检测范围的要求是，视频交通事件检测率不小于 96%，漏报率不大于 2%，系统处于正常检测状态时，检测的每路视频 24 小时虚报次数不超过 1 次，检测报警时间应不大于 8s。当视频交通事件检测具备交通参数辅助检测功能时，交通参数检测精度可分为 I 、 II 、 III 三级，各级交通参数检

测精度应符合《视频交通事件检测器》（GB/T 28789—2012）的要求（见表 3-2）。

表 3-2　交通参数检测精度要求

精度级别	安装位置	精度要求		
		车流量/%	平均速度/%	占有率/%
I	正上	≥92	≥90	≥90
	侧向	≥90	≥85	≥85
II	正上	≥87	≥85	≥85
	侧向	≥83	≥80	≥80
III	正上	≥82	≥80	≥80
	侧向	≥78	≥75	≥75

3. 雷达交通事件检测技术

雷达交通事件检测技术由于使用不受雨、雾、雪等恶劣气象环境的影响，不受白天、黑夜光线的影响，可以实现24小时全时交通事件检测，普遍应用于道路交通事件检测。雷达交通事件检测的基本原理是：采用双天线结构，系统正常工作时，发射天线发射经过系统调制的连续频率信号，当发射波在行进过程中遇到障碍物时，产生具有一定延时的回波信号，雷达接收天线接收回波信号，将发射信号和回波信号通过混频器进行混频处理，用混频后得到的差拍信号的相差来表示雷达与目标的距离，把对应的中频信号经微处理器计算可得距离数值，再根据差频信号相差与相对速度的关系，可计算出目标对雷达的相对速度。雷达交通事件检测技术架构如图 3-5 所示，包括射频模块、中频模块、信号处理模块、数据处理综合显示及用于系统反馈的伺服系统和电源模块。

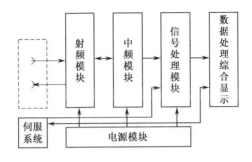

图 3-5　雷达交通事件检测技术架构

雷达交通事件检测技术可在交通运行区域长距离覆盖，对目标进行跟踪检测，检测目标的即时速度、即时位置、类型等信息，输出交通参数和交通事件信息。以道路交通为例，雷达交通事件检测设备可检测交通事件，包括车辆停止事件、车辆逆行事件、车辆拥堵事件、车辆驶离事件、超速事件、低速事件，设备自动进行交通事件检测并输出检测结论，且有报警信息提示；可检测交通参数信息，包括车流量、平均速度、时间占有率等。雷达交通事件检测技术的检测范围示意如图 3-6 和图 3-7 所示，其中，h 为雷达交通事件检测设备的安装高度；L_1 为起始检测距离；L_2 为有效检测范围。

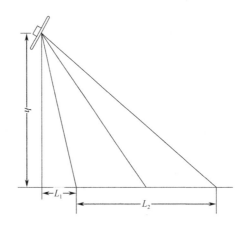

图 3-6　雷达交通事件检测技术的检测范围侧视图

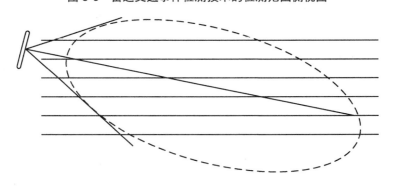

图 3-7　雷达交通事件检测技术的检测范围俯视图

雷达交通事件检测设备安装高度为 5～8m，可检测距离不小于 200m，覆盖车道数不小于 4 道，雷达交通事件检测技术的有效检测范围如表 3-3 所示。

表 3-3　雷达交通事件检测技术的有效检测范围

事件	车辆停止	车辆逆行	车辆拥堵	车辆驶离	超速	低速
有效检测范围/m	≥200	≥150	≥200	≥150	≥150	≥150

3.1.4　交通气象感知技术

1. 概述

交通运输属于对气象高度敏感的行业，不良天气条件是引发交通事故发生的重要因素之一，对交通安全构成了极大的威胁。普通气象监测站由于气象数据不是实时更新上传的，站网空间密度相对交通状况过于稀疏，监测数据难以代表交通线路上的实际天气状况，加之获取不到能见度、路面气象状态等对交通至关重要的气象参数，因此普通气象监测站难以适应交通气象服务行业的实际需求。

下面重点以公路交通领域为例来阐述交通气象感知技术，相关技术描述也可延伸拓展至交通其他业务领域。在公路交通领域，沿公路交通主线建设专用的交通气象监测站，以满足公路特殊路段对气象信息的需求，并重点监测频发、威胁行车安全的恶劣天气条件和路面状况。通过交通气象监测站，实时采集道路沿线的气象数据，获知道路沿线的气象预测信息，可为异常天气条件下的各种应对措施工作提供支持，为道路运行管理（恶劣天气条件下及时清理路面、确保通行安全等）和面向出行者的道路出行提供气象信息支持。公路交通气象监测具备对周边大气温度、相对湿度、风速、风向、降水量、路面温度、路面状态（干燥、潮湿、冰雪）和能见度（雾、霾、沙尘、雨、雪等天气下）的全天候实时监测功能。

2. 公路交通气象监测要素及性能指标

参照《公路交通气象观测站网建设暂行技术要求》，公路交通气象监测主要包括能见度监测、路面气象条件监测、气象环境监测、视频实景监测 4 个主要方面，具体公路交通气象监测要素及传感器推荐选型如表 3-4 所示。

表 3-4　公路交通气象监测要素及传感器推荐选型

序号	气象监测要素	气象要素描述	传感器推荐选型
1	能见度	指观测目标物时，能从背景上分辨出目标物轮廓的最大距离	前向散射式能见度仪
2	路面气象条件	主要指与路面相关的气象要素	路面传感器
2.1	路温	公路表面温度和公路表面以下 10cm 处的温度	具有测温功能的路面传感器
2.2	路面状况	泛指路面处于干燥、（潮）湿、积水、积雪（霜）、结冰等状态，也包括水层、雪层、冰层的厚度	具有路面状况观测功能的路面传感器
2.3	冰点温度	指在公路表面的液态水（含有或不含融雪剂）开始结冰的温度	路面传感器
2.4	融雪剂浓度	指路面积水中融雪剂的百分比含量	路面传感器
3	气象环境	主要指与周围大气相关的气象要素	气象传感器
3.1	气温	指空气的温度	集成数字式温（湿）度传感器，或铂电阻温度传感器
3.2	相对湿度	指空气的相对湿度	集成数字式（温）湿度传感器，或湿敏电容湿度传感器
3.3	风速风向	指风速和风的来向，也可用风力等级和方位表示	超声风传感器，或螺旋桨式风传感器，或风杯式风速传感器/单翼风向传感器
3.4	降水	包括雨、雪、雨夹雪、冰雹等	天气现象传感器，或翻斗式雨量传感器
3.5	天气现象	主要指有/无降水、降水类型（雨、雨夹雪、雪等）、降水强度（小、中、大等），以及雾、霾、沙尘等	天气现象传感器
4	视频实景	指通过视频监控监测气象	视频摄像机

注：气温、相对湿度、风速、风向等要素的观测可选用多功能一体化气象传感器

参照《公路交通气象监测设施技术要求》（GB/T 33697—2017），公路交通气象监测站测量性能指标如表 3-5 所示。

表 3-5　公路交通气象监测站测量性能指标

测量要素		测量范围	分辨力	最大允许误差
能见度		10～10000m	1m	±10%（≤1500 m）
				±20%（＞1500 m）
气温		−50～50℃	0.1℃	±0.2℃
相对湿度		5%～100%	1%	±4%（≤80%）
				±8%（＞80%）
风速		0～60m/s	0.1m/s	±（0.5m/s+0.03V）（V 为标准风速值）
风向		0～360°	3°	±5°
降水量		雨强 0～4mm/min	0.1mm	±0.4mm（≤10mm）
				±4%（＞10mm）
路面温度（0cm）		−50～80℃	0.1℃	±0.5℃
路面温度（−10cm）		−40～60℃	0.1℃	±0.4℃
路面状况	路面状态	一般包括干燥、潮湿、积水、积雪、结冰等		
	积水（水膜）深度、积雪层厚度、结冰层厚度等	≥0.1mm	0.1mm	±0.5mm
	冰点温度（仅限埋入式传感器）	−50～0℃	0.1℃	±0.5℃
	融雪剂浓度（仅限埋入式传感器）	0～100%	0.1%	±1%
天气现象		可识别有/无降水、降水类型（雨、雪、雨夹雪）、降水强度（微量、小、中、大、特大等）；可识别雾、大风等天气现象		

3. 公路交通气象监测技术

在公路交通气象监测的诸多要素中，能见度和路面气象条件对道路交通影响最大，也是国内外公路交通气象研究领域的一个重要方向。交通气象监测不仅是单纯监测各项气象要素，更多的是要结合局部道路和小气候环境特征，以及交通管理部门的业务需求，面向交通行业形成更专业化的、精细化的公路交通气象监测能力。

1）能见度监测

能见度监测可有效避免因团雾、雾、霾、沙尘、雨、雪等天气原因引起的能见度下降所带来的行车安全隐患。

能见度的自动观测主要通过能见度仪实现。依据能见度的观测原理，能见度仪主要有散射式能见度仪、透射式能见度仪、视频能见度仪，以及激光雷达式能见度仪等多种类型。当前，散射式能见度仪在公路交通气象领域应用最为广泛；透射式能见度仪由于价格相对较高，在公路交通气象观测中很少应用；视频能见度仪由于更接近人眼观测原理、更符合能见度的基本定义，因此在公路视频监控设施比较完善的公路上应用前景较好；激光雷达式能见度仪不仅能测量水平能见度，而且能测量倾斜能见度和垂直能见度，仪器结构复杂、成本高，主要用于科研和国防领域。

散射式能见度仪按照接收器接收散射光的方向不同，又可以分为三种：侧向散射式、后向散射式和前向散射式。前向散射式能见度仪由于安装维护方便，适合于各种能见度测量，尤其适用于能见度低的情况，因此公路交通气象监测中的散射式能见度仪基本上都为前向散射式。

前向散射式能见度仪（见图 3-8）是基于气溶胶前散射原理设计的，由发射器、接收器及微处理控制器等主要部件组成，其中，发射器与接收器分别安装在支架上成一定角度和一定距离的两处，接收器接收来自发射器的大气前向散射光。通过测量散射光强度，得出散射系数，从而可估算消光系数，再按照经验公式可得出大气中人眼的观测距离。前向散射式能见度仪是继透射式能见度仪发展起来的一类气象能见度监测设备，可广泛用于气象台站、机场、高速公路、航道、大型舰船等场景。

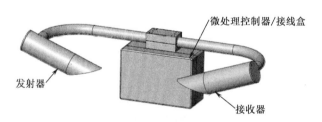

图 3-8　前向散射式能见度仪

仪器测量能见度的核心问题是如何准确探测大气的消光系数。对于散射式能见度仪，当测量得到的散射系数过渡到消光系数时，局部代表整体的反演数学模型的建立将会影响消光系数的测量准确性，对此应建立针对不同大气状况的数学模型。因此，目前能见度仪上通常会加装实时分辨天气的装置，从而根据分辨出的不同天气应用不同的数学模型来完成能见度测量。

能见度测量的误差除了来自光源稳定性、光学器件污染，还包括数学模型带来的算法误差、来自测量装置各部件的误差、天气因素带来的误差等诸多因素。芬兰 Vaisala 公司仅就解决光学器件污染影响这一问题就拥有二十多项专利，其主要是对各种污染进行连续监测，在软件中将实时污染的误差修正进去。

《道路交通气象环境　能见度检测器》（JT/T 714—2008）中对能见度仪的基本技术指标规定如表 3-6 所示。

表 3-6　能见度仪的基本技术指标

测量要求	测量范围 L/m	准确度/%	分辨力/m	时间常数/min	数据上传周期
气象光学视程	5＜L≤50	±10	1	1	在 1min～1h 分级可调
	50＜L≤500	±10			
	500＜L≤5000	±15			

2）路面气象条件监测

路面气象条件是影响公路交通安全的重要因素之一。路面状况检测器作为一种实时监测手段，可快速地识别道路表面状态，为公路运管部门提供重要的道路环境信息。

路面气象条件监测主要包括路温、路面状况、冰点温度，以及融雪剂浓度等方面，其中路面状况又分为干燥、潮湿、积水、积雪、结冰五类。根据传感器的观测原理或安装方式，可将路面状况检测器分为埋入式和非接触式两类。埋入式路面状况检测器安装时需要切割路面，将传感器埋入路面并使其表面与公路表面齐平；非接触式路面状况检测器一般安装于路侧杆柱的适当高度，采用遥感技术，从而避免了因安装引起的交通干扰和道路破坏，但不具有冰点温度和融雪剂浓度监测功能。近年来，非接触式路面状况检测器得到了快速发展，且安装数量已经大幅度超过埋入式路面状况检测器。

国内外生产的路面状况检测器的检测原理大体相同，但埋入式与非接触式路面状况检测器采用的测量原理则完全不同。

（1）埋入式路面状况检测器。埋入式路面状况检测器［见图 3-9（a）］大多采用电导率原理测量路面状态，即通过惠斯通电桥对路面凝结物的导电能力进行判断，进而估计路面状态；采用 Pt100 铂电阻原理测量路面温度，即利用铂电阻传感器中的金属铂在温度变化时其自身电阻值也随之改变的特性来测量温度。

　　埋入式路面状况检测器除了可以测量路温、路面状况，还可测量冰点温度和融雪剂浓度，其测量方法可分为主动式和被动式两种。主动式方法的代表产品是德国 Lufft 公司的 ARS31 传感器，其应用了半导体温控技术，可通过改变传感器表面的溶液温度来测量冰点温度。主动式方法属于较为直接的测量技术，可以较精确地获得冰点温度，并根据盐度对照表反演出溶液含盐量，但其加热及制冷过程较为缓慢且需要消耗较多的电能，因此数据更新频率较低。被动式方法则为电极电导率测量法，典型的产品有芬兰 Vaisala 公司的 FP2000 被动式传感器，其包含的电导率传感器可以通过测量碗形储液槽中溶液的盐含量来推算冰点温度。相较于主动式方法，该传感器的数据更新频率较高，且不会因为半导体制冷或制热问题影响其他类型传感器的测量环境。

　　（2）非接触式路面状况检测器。非接触式路面状况检测器［见图 3-9（b）］根据水、冰、雪的红外光谱特性，通过对比干燥路面反射的光谱信息和有覆盖物的情况下得到的光谱信息，实时检测路面干、潮和湿的状态，测量水、冰、雪的覆盖类型和覆盖厚度，同时具有红外测温功能，能够监测路面温度。

　　非接触式路面状况检测器大多采用三波长激光光束，即用三个不同波长的光束分别来检测水层、冰层和雪层。其均采用特定波长的红外光束的反射信号强度衰减来测量路面水/冰/雪层厚度，即将红外光束射向待检测区域，待检测区域的水/冰/雪层吸收一定能量后，再反射回接收单元，然后根据接收到的反射信号强度来计算水/冰/雪层厚度。

（a）埋入式　　　　　　　　　　　（b）非接触式

图 3-9　路面状况检测器

　　（3）路面状况检测器分类对比及主要技术指标。埋入式与非接触式路面状况检测器的详细对比如表 3-7 所示。在路面水/冰/雪层厚度及路面温度检测范围方面，国内外传感器水平相当，但在检测精度上，国内传感器整体稍落后于国外传感器。

表 3-7　路面状况检测器分类对比及主要技术指标

<table>
<tr><td rowspan="2" colspan="2" align="center">对比项目</td><td colspan="2" align="center">路面状况检测器</td></tr>
<tr><td align="center">埋入式</td><td align="center">非接触式</td></tr>
<tr><td colspan="2">标准规范</td><td>①已有行业标准《道路交通气象环境　埋入式路面状况检测器》（JT/T 715—2008）；
②新修订的《道路交通气象环境埋入式路面状况检测器》（计划号：JT 2019—37）正在批准阶段</td><td>目前无标准规范</td></tr>
<tr><td colspan="2">路面状态测量原理</td><td>电导率原理</td><td>采用不同介质对不同波长的光波反射特性有差异的原理</td></tr>
<tr><td colspan="2">路面温度测量原理</td><td>Pt100 铂电阻原理</td><td>红外技术原理</td></tr>
<tr><td colspan="2">路面状态检测种类</td><td>①路面干燥；②路面潮湿；③路面积水；④路面潮湿且有除冰剂；⑤路面积水且有除冰剂；⑥路面凝霜；⑦路面积雪；⑧路面覆冰</td><td>①路面干燥；②路面潮湿；③路面积水；④路面结冰；⑤路面积雪</td></tr>
<tr><td colspan="2">路面状态检测参数</td><td>①冰点；②路面温度；③路面下 6cm 处的温度；④路面水层厚度；⑤路面冰层厚度；⑥除冰剂浓度</td><td>①路面积水（水膜）深度；②路面冰层厚度；③路面雪层厚度；④路面温度</td></tr>
<tr><td colspan="2">冰点温度监测</td><td>能检测实际路面的冰点及使用除冰剂后路面冰点的变化情况</td><td>不具备此功能</td></tr>
<tr><td colspan="2">除冰剂浓度监测</td><td>能检测路面覆盖物中除冰剂的浓度</td><td>不具备此功能</td></tr>
<tr><td rowspan="10">路面气象状况检测器主要技术指标</td><td rowspan="3">路面水层厚度</td><td>检测范围</td><td>0～6mm</td><td>0～2mm</td></tr>
<tr><td rowspan="2">检测精度</td><td>±0.1mm（水层厚度为 0～1mm）</td><td>±（0.1～0.2mm）（国际）</td></tr>
<tr><td>±0.5mm（水层厚度为 1～6mm）</td><td>±（0.3～0.5mm）（国内）</td></tr>
<tr><td rowspan="3">路面冰层厚度</td><td>检测范围</td><td>—</td><td>0～2mm</td></tr>
<tr><td rowspan="2">检测精度</td><td rowspan="2">—</td><td>±（0.1～0.2mm）（国际）</td></tr>
<tr><td>±（0.3～0.5mm）（国内）</td></tr>
<tr><td rowspan="3">路面雪层厚度</td><td>检测范围</td><td>—</td><td>0～10mm</td></tr>
<tr><td rowspan="2">检测精度</td><td rowspan="2">—</td><td>±0.2mm（国际）</td></tr>
<tr><td>±（0.5～0.8mm）（国内）</td></tr>
</table>

续表

对比项目			路面状况检测器	
			埋入式	非接触式
路面气象状况检测器主要技术指标	路面温度	检测范围	分为 3 级： A 级：-20~80℃ B 级：-30~70℃ C 级：-40~60℃ 可检测路面及路面下 6cm 处的温度	各企业温度范围设定不同，温度范围可调整，通常上限为 60~80℃，下限为-50~-20℃
		检测精度	±0.5℃	±0.8℃（国际） ±1℃（国内）

注：埋入式路面状况检测器的数据指标主要来自《道路交通气象环境　埋入式路面状况检测器》（JT/T 715—2008），其对路面冰/雪层的检测范围和精度未做规定；非接触式路面状况检测器的数据指标主要来自市场调研

3）气象环境监测

公路气象环境监测主要包括气温、相对湿度、风速、风向、降水、天气现象等的监测，其中天气现象监测主要指自动监测并判别：有/无降水、降水类型（雨、雨夹雪、雪等）、降水强度（小、中、大等），以及雾、霾、沙尘等天气现象。公路气象环境监测有助于提高公路交通气象预报的精度与时效，能见度和路面状态的监测、预报也需要上述监测项目的支持。

气象环境监测普遍采用不同类型的传感器集成安装的方式来完成多个气象要素的监测采集。常见的气象监测站有六要素自动气象站（见图 3-10），其可同时监测大气温度、气压、环境湿度、风向、风速、降雨量 6 类气象要素，也可根据客户需求定制为其他的多要素气象站。此外，气象监测站还有集天气现象和能见度监测于一体的气象站，以及包括能见度、路面气象状况和其他气象参数监测的全要素气象站。

普通气象监测站即可完成对气象环境的监测，这方面的技术已成熟，但随着公路交通气象需求的不断增加和观测标准的不断提高，更多的新技术和新方法也在不断研究与应用中。在风速、风向测量方面，传统风向标和风杯的机械结构决定了其系统误差不可避免，且易受恶劣环境影响，而超声波风速仪、横风传感器等固态测风传感器的出现，不仅解决了机械摩擦问题，提高了测量准确度，而且大大提高了环境适应性，在恶劣环境下仍可正常工作，成为风速、风向测量技术发展的主要方向。在降水量测量方面，自动气象站主要利用翻斗式雨量计对降水量进行观测和记录，观测项目单一，其他传感器如光学雨强计、超声波测雪仪、冻雨传感器等，均只能对降水现象中的一个项目进行测量，应用有限，当前的趋势是发展能够对降水量、降水类型和强度等多要素进行测量的技术。

图 3-10　六要素自动气象站

4）视频实景监测

公路沿线视频实景气象观测是交通气象观测的重点内容之一，视频实景观测具有直观、临场感强的突出优势，可用于确认实时交通气象条件，也可用于后期对交通气象预报结果的评估。

我国高速公路视频监控系统建设无论是在布设密度还是在视频质量上都已相当完善，有的路段甚至实现了高清视频无缝全程监控，因此可充分利用现有的视频监控设施实现交通气象视频实景监测。具体设置视频实景监测时，可优先采用具有事件检测及带有红外功能或透雾能力强的视频监控设施，以实现交通气象事件的自动监测，提高全天候条件下的监测能力。

5）新一代智慧交通气象技术

得益于物联网、人工智能、GIS 等信息技术的快速蓬勃发展，交通气象技术不断创新，不仅解决了多年以来困扰交通气象的道路暗冰、团雾监测、少站点道路天气观测等难点问题，而且融合了社会化大数据，构建了车-路-人交互式服务网络，日益形成智慧交通气象发展的新格局。

（1）基于热谱地图的连续路温反演技术。热谱地图是一种识别不同气象条

件下道路网络温度变化模式的手段，主要是将路线或路段上不同位置的路面温度按照相对温度的高低制作成用不同颜色区分的专题图。通过绘制和分析路面热谱地图，优化道路气象监测站的布设，可为合理布设道路气象监测站（位置、数量与配置）提供定量参考，避免"密布式"道路气象监测站浪费资金和能源，从而确定同一气候区域中道路气象监测站合理的布设参数。

制作热谱地图的路面温度数据，其最佳采集时间为00：00-06：00，一般选用冬季夜晚道路路面作为采集对象。采集数据的主要仪器包括移动测量设备、检测车辆、数码摄像机、温度计、环境测试仪和数据处理器。对采集回来的数据，还需要考虑该路段的海拔、地形、路面施工效应、交通流量和是否临近水域等因素。

（2）基于深度学习的雾图像识别技术。为了解决团雾监测问题，可在已有视频图像的基础上，通过深度学习构建昼夜雾识别模型，输出雾分级结果，经过多种订正方法，不断提高识别精度。

目前雾图像识别技术率先实现了可业务化运行的团雾监测。在高速公路上，该技术可依托高速公路视频监控系统收集不同类型、不同角度、不同能见度等级的道路场景图像，建立海量训练样本集；融合大量交通站能见度数据进行交叉验证，结合交通管理部门和气象预报人员不间断的人工订正，不断优化网络结构，提高识别精度。同时通过改进算法，并在视频流源端进行处理，该技术能保证毫秒级的识别速度。

（3）基于车载设备的移动天气识别技术。基于车载设备的移动天气识别技术主要针对少站点地区道路天气观测不足的现实，解决站点稀疏地区的道路天气观测问题。移动观测设备具有成本低、安装简便等优点。通过交互式交通气象移动观测服务模式，将基于车辆位置采集的天气信息经云服务技术处理加工，再通过移动观测设备分发预警信息，可实现交互式监测预警。

3.2　网联关键技术

随着社会经济的迅猛发展、汽车保有量的急剧增长，交通事故频发，给世界各国都造成了巨大的经济损失。20世纪70年代，美国、欧洲、日本等发达国家和地区提出ITS的概念，旨在通过集成先进的感知技术、信息技术、通信技术和控制技术，建立在大范围内发挥作用的、安全高效的道路交通运输系统。为了应对目前严峻的安全问题、效率问题、能源问题、环保问题，发达国家强调道路基础设施和车载系统的协调，使得ITS相关技术的研究重点已从早期的自动公路系统延伸至包含先进传感技术、网络技术、通信技术、计算技术与控制技术等的车路协同技术。

ITS 从诞生之日起，就建立在通信技术基础之上；在欧洲，支撑 ITS 的技术群被定义为"交通运输远程信息处理系统"，可见基于通信的要素互联在 ITS 中的关键性作用。在 ITS 发展的"上半场"中，以基于 IEEE 802.11p 协议的 DSRC 技术和基于蜂窝网络的移动通信技术为代表，各类通信技术支撑了 VII、IntelliDrive、ASV、AHS、Smartway、PReVENT、CVIS 等项目的研究，推动了 ETC、VICS 等系统的部署，一定程度上实现了载运工具和管控中心之间的信息交互，提高了道路交通运输效率。泛在、互联的道路交通运输系统示意如图 3-11 所示。

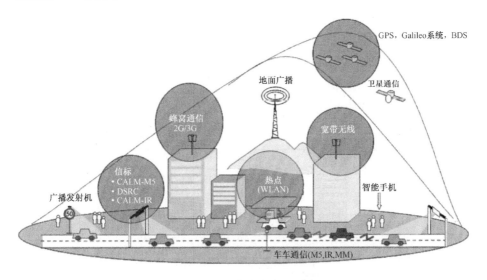

图 3-11　泛在、互联的道路交通运输系统示意

3.2.1　基于 IEEE 802.11p 的 DSRC 技术

1. DSRC 技术概述

DSRC 技术是 ITS 的基础支撑技术之一。为了对车辆进行智能化的实时动态管理，国际上开发了一套适用于 ITS 的短程无线通信协议——DSRC 协议。2000 年 5 月，世界无线电通信大会通过了关于 5.8GHz 频段专用短程通信的 ITU-R M.1453 建议，建议采用 5.8GHz 频段作为全球 DSRC 的共同频段，以实现全球TICS(运输信息和控制系统)兼容。目前，世界上主要存在欧洲、日本、美国、中国 4 个 DSRC 技术体系。在技术模式上，欧洲的 CEN-DSRC、日本的 T75-DSRC 基本遵从 ISO 技术模式，而美国的 DSRC 技术体系稍有不同，它由 IEEE 从无线局域网协议 IEEE 802.11 演变而成，命名为 802.11p，除了在性能指标上远高于欧洲和日本的技术体系，在应用模式上也更加灵活多样。各 DSRC 技术的关键指标对比如表 3-8 所示。

表 3-8　各 DSRC 技术的关键指标对比

指标	美国	欧洲	日本	中国
频段	5850～5925MHz	5795～5815MHz	5770～5850 MHz	信道1： 下行：5.83GHz； 上行：5.79GHz。 信道2： 下行：5.84GHz； 上行：5.8GHz
数据传输速率	3～27Mbit/s	下行：500kbit/s； 上行：250kbit/s	1Mbit/s 或 4Mbit/s	下行：256kbit/s； 上行：512kbit/s
通信模式	主动	被动	主动	主动，带休眠机制
调制方式	OFDM	RSU：2-ASK； OBU：2-PSK	2-ASK； 4-PSK	ASK
车载单元功耗	高	低	高	低
信道	7	4	上行：7； 下行：4	2
带宽	10MHz	5MHz	5MHz	5MHz
覆盖	1000m	10～20m	30m	10～30m
等效全向辐射功率（E.I.R.P）	2W	2W/1W	2W	1W
存储和交易安全性	—	自定义安全机制，安全性较低	采用智能卡和 ESAM，交易安全性高	采用智能卡和 ESAM，交易安全性高

2. DSRC 技术的应用特点

目前，DSRC 技术在国际上已成为一种专门用于 ITS 车车、车路间的无线通信技术，用于路侧基础设施与道路上运动中的车辆，以及路上运动车辆之间在一个有限大小的通信区域内以电磁波为媒介进行实时的、短距离的无线数据通信，以实现更高效、安全、环保的交通目标。

DSRC 技术的应用特点如下：

（1）在较小区域范围内实现数据、语音及图像的传输和交互；

（2）数据传输速率较高，通信链路延时和干扰较低，传输可靠性较高；

（3）为车车、车路及 ITS 提供高速的无线通信服务。

3. DSRC 系统的构成

DSRC 技术应用分为车车通信和车路通信。车路通信主要包括点对点的通信模式和广播模式。其中，点对点的通信模式的典型应用包括目前在各发达国家广泛应用的 ETC 和车辆稽查；广播模式的典型应用包括在日本 Smartway 中使用的路况信息播报系统及其他地区使用的各种出行信息 DSRC 播报系统等。通常，一个基于 DSRC 车路通信网络拓扑结构的 DSRC 系统（见图 3-12）主要包括 3 个部分：车载单元（OBU）、路侧单元（RSU）及支持这两个模块进行协作的 DSRC 协议。

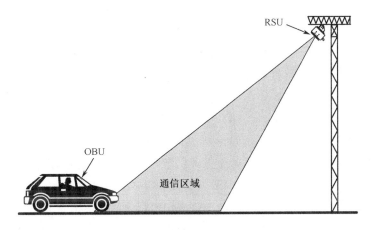

图 3-12　DSRC 系统构成

3.2.2 基于蜂窝网的 C-V2X 技术

1. 基于蜂窝网的 C-V2X 技术概述

LTE-V2X（V2X 包括 V2I、V2N、V2P、V2V）是在 4G 基础上从多个方面进行了增强设计而形成的一种技术。3GPP 面向 LTE-V2X 标准制定工作成立了多个工作组，其中，SA1 工作组负责制定 V2X 业务需求；SA2 工作组负责网络架构；SA3 工作组负责安全；RAN 工作组负责无线接入。在 R13 阶段，3GPP 完成了 TR 22.885，主要整理了面向先进驾驶辅助系统（ADAS）的 27 个 V2X 应用场景和示例性的性能要求，根据不同的场景（如城市、高速公路等），提出了时延和可靠性的要求。随后，在 R14 阶段，3GPP 完成了第一版本的 C-V2X 标准化工作，主要实现了 TR 22.885 中的面向 ADAS 的安全类应用；在 R15 阶段，3GPP 提出了 LTE-eV2X，采用载波聚合、高阶调制、发送分级、低时延和资源池共享等技术，进一步提升 LTE-V2X 的时延、速率及可靠性等性能，以满足更高级的业务需求，即 TR 22.886 中提出的基于车车通信及车路通信辅助驾驶和自动驾驶的部分场景，但更多的是关注车路间的数据信息共享，如路侧设备将感知到的周边行人和车辆信息通过广播的方式发送给车载设备。R16 阶段于 2018 年 6 月启动了 5G-V2X 研究。R16 阶段主要完成基于 5G NR 的标准化工作。5G-V2X 与 LTE-V2X 之间不是替代的关系，而是互补的关系。

2. LTE-V 技术特点

在 4G 基础上，LET-V 从多个方面进行了增强设计，主要表现为 LTE-V2X 支持直连通信和蜂窝网络通信"双传输通道"的增强设计，以及 LTE-V2X 直连通信对先进纠错编码、帧结构设计、多天线支持、基于预测的资源选择等的增强设计，这些增强设计赋予了 LTE-V 以下特性。

1）LTE-V2X 支持直连通信和蜂窝网络通信"双传输通道"的增强设计

（1）实现集中式资源管理，避免多用户干扰，保证业务质量（包括正确率和时延）。

（2）对认证消息等控制数据进行分流和聚合，提高系统的工作效率。

（3）支持基于蜂窝网络通信的高精度定位，可直接实现车道级定位。

（4）"双传输通道"互为备份，以提高系统的可靠性。

（5）灵活进行"双传输通道"切换，保证业务的连续性。

（6）实时上传信息到云端，实现基于大数据的交通规划和管理。

（7）支持传感器数据、视频数据等大数据的大带宽传输，为自动驾驶提供基础。

2）LTE-V2X 直连通信对先进纠错编码、帧结构设计、多天线支持、基于预测的资源选择等的增强设计

（1）使用高性能的 Turbo 纠错码，可以有效扩大覆盖范围和提高可靠性。

（2）使用更加鲁棒的信道估计，在 500km/h 的速度下可以可靠地工作。

（3）支持多天线技术，提高传输速率、可靠性，有效消除干扰。

（4）基于监听、预测的资源选择，避免多用户之间的干扰，支持更高的车密度。

（5）具有灵活可变的资源选择窗口，确保消息的最大传输延迟满足需求。

同时，SA1 工作组在 TR 22.885 中还提出了 7 种 LTE-V2X 业务示例性性能要求，具体如表 3-9 所示。

表 3-9　LTE-V2X 业务示例性性能要求

LTE-V2X 典型场景	有效距离/m	UE 终端支持速度/（km/h）	2UEs 相对速度/（km/h）	最小时延需求/ms	可靠度/%	重复传输可靠度/%
郊区/主干道	200	50	100	100	90	99
快车道	320	160	280	100	80	96
高速公路	320	280	280	100	80	96
城市非视距	150	50	100	100	90	99
城市十字路口	50	50	100	100	95	—
校园/商业区	50	30	30	100	90	99
对向碰撞	20	80	160	20	95	—

3. 5G-V2X 技术特点

TS 22.891 中提出，要实现高级别的自动驾驶，需要全方位的道路覆盖网络（如近 100% 的可用性）和近 100% 的可靠性，以避免事故。在某些情况下，车辆与基础设施之间需要视频信息，车辆之间、车辆与基础设施之间需要更高的数据传输速率，以进一步提高效率和安全性。若想实现完全的车路协同自动驾驶，车路协同通信系统应满足以下要求：

（1）支持非常小的时延（如 1ms 的端到端时延）；

（2）支持非常高的可靠性（如近 100%）；

（3）支持每辆车的高上行链路数据速率，即使在密集环境中（例如，在密集环境中，每个设备的上行链路数据速率达到每秒数十兆比特）；

（4）支持高下行链路数据速率（例如，在密集环境中，每个设备的下行链路数据速率达到每秒数十兆比特）；

（5）支持非常高的机动性（例如，绝对速度超过 200km/h，相对速度超过 400km/h）；

（6）支持从点到多点的数据传输（如多播和/或广播）；

（7）支持高定位精度（如 0.1m）；

（8）支持车辆的高密度连接（例如，在多车道、多级别和多类型道路的情况下，车辆数量可超过 10000 辆）。

在 TR 22.886 中，3GPP 列举了 25 个 5G-V2X 业务场景，主要分为车辆编队行驶（Vehicles Platooning）、传感器扩展（Extended Sensors）、先进驾驶（Advanced Driving）、远程驾驶（Remote Driving）等。3GPP 的 SA1 工作组从无线通信角度定义了上述场景的技术需求，并对上述场景提出了更高的技术要求，如远程驾驶的端到端时延不得超过 5ms，先进驾驶的数据速率要求高达 1000Mbit/s，相关技术能力要求具体如表 3-10 所示。

表 3-10　5G-V2X 业务场景的通信要求

业务场景	通信时延/ms	数据速率/Mbit/s	通信距离/m	通信可靠性/%
车辆编队行驶	10～25	0.012～65	80～350	99.999
传感器扩展	3～100	10～53	360～700	99.999
先进驾驶	3～100	10～1000	50～1000	99.999
远程驾驶	5	上行：25；下行：1	无限制	99.999

4. C-V2X 技术典型应用场景

在 R13 阶段，3GPP 完成了 TR 22.885，重点整理了面向 ADAS 的 V2X 应用场景，主要包括基于路侧的道路安全服务、V2I 紧急停车预警、道路安全服务、弯道限速提醒、自动泊车、UE 类型 RSU 参与的 V2X 应用、排队提醒、前向碰撞预警、控制失效预警、紧急车辆警告等 27 个 V2X 应用场景，并从 V2I、V2V 及 V2N/V2P 3 个维度对这 27 个场景进行了归类，具体如表 3-11 所示。

表 3-11 TR 22.885 中规定的场景

序号	应用	所采用的技术		
		V2I	V2V	V2N/V2P
1	基于路侧的道路安全服务	√		
2	V2I 紧急停车预警	√		
3	道路安全服务	√		
4	弯道限速提醒	√		
5	自动泊车	√		
6	UE 类型 RSU 参与的 V2X 应用	√		
7	排队提醒	√		
8	前向碰撞预警		√	
9	控制失效预警		√	
10	紧急车辆警告		√	
11	V2V 紧急停车预警		√	
12	协作式自适应巡航（CACC）		√	
13	由电信运营商控制的 V2X 消息传输		√	
14	预碰撞感知告警		√	
15	网络覆盖外 V2X 应用		√	
16	错误行驶方向提醒		√	
17	V2V 通信中的隐私		√	
18	行人碰撞预警			√
19	行人穿越马路安全提醒			√
20	弱势群体安全预警（VRU）			√
21	V2N 交通流优化			√
22	V2X 全景图			√
23	高精度定位			√
24	远程诊断和实时修复通知			√
25	漫游时用于 V2X 访问			√
26	交通管理			√
27	V2X 最小 QoS			√

下面以事故多发区车路协同安全预警服务、协作车辆预防碰撞服务为例，描述 C-V2X 典型的应用场景。

1）事故多发区车路协同安全预警服务

车路协同安全预警的应用场景主要是高速公路合流区、分流区、弯道、上/下坡道等事故多发区。通过部署在事故多发区的摄像头、雷达、车路协同等路侧感知设备，可实时感知事故多发区的交通运行状态、交通事件、交通气象等信息。传感器采集的信息通过光纤通信或其他通信方式传输到边缘计算中心，同时车路协同路侧感知设备通过车路通信技术与安装了车载终端的车辆进行交互，将车辆运行及状态信息传输到边缘计算中心。所有感知到的信息在本地边缘计算中心完成数据的处理、融合、备份等基础操作，并生成安全预警和控制决策信息。这些安全预警和控制决策信息通过车路协同路侧感知设备及可变情报板向即将进入危险区域的车辆进行预警，从而避免事故的发生。车路协同安全预警服务示例如图 3-13 所示。

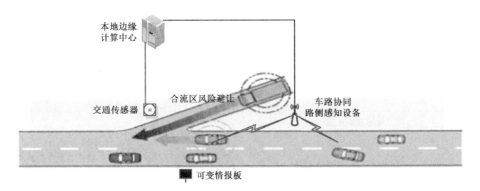

图 3-13　车路协同安全预警服务示例

驾驶人员在即将进入事故多发区前，可以通过车载终端或路侧可变情报板接收到不同的交通安全预警信息，根据预警信息及时调整驾驶行为，避免事故的发生。车路协同安全预警信息主要包括道路前方障碍物提醒、前方事故预警、前方道路施工信息预警、极端天气气象预警、路段限速提醒、侧方车辆碰撞提醒等。

2）协作车辆预防碰撞服务

协作车辆预防碰撞服务通过 V2X 技术感知周边车辆信息，同时采用广播方式将自车信息发送给周边车辆，从而使车辆能够全面分析周边是否存在潜在的安全风险，为一些决策提供参考。协作车辆预防碰撞服务主要包括前向碰撞预警、盲区预警/变道辅助、逆向超车预警（见图 3-14）、紧急制动预警（见图 3-15）、车辆失控预警等。

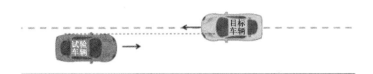

图 3-14 逆向超车预警示例

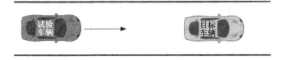

图 3-15 紧急制动预警示例

3.2.3 DSRC 技术与 C-V2X 技术对比

1. DSRC 国际标准进展情况

自 1999 年开始，美国联邦通信委员会（FCC）为基于 IEEE 802.11p 的 ITS 业务划分了 5850～5925MHz 共 75MHz 频率、7 个信道（每个信道 10MHz）的频率资源。

2003 年，美国材料试验学会（ASTM）以 ASTM E2213-03 作为 DSRC 标准。同年，IEEE 协会成立 WAVE（Wireless Access in Vehicle Environments）研究工作组，正式接手 ASTM 的工作，发展 WAVE 体系作为 DSRC 标准。2004 年，美国开始 DSRC 的标准化工作，并于 2010 年正式颁布 IEEE 802.11p 标准。其基本协议族包括车载环境下的无线通信，主要用于车上用户与路边目标之间、汽车之间等的通信。IEEE 802.11p 是一个由 IEEE 802.11 标准扩充的通信协议。

基于 IEEE 802.11p 通信协议，IEEE 汽车技术学会智能运输系统委员会发起制定了 IEEE 1609 这一上层标准，主要是为美国运输部的汽车基础设施活动和智能运输系统项目提供无线通信组件。这些标准也会根据实验结果进行更新升级。IEEE 802.11p 与 IEEE1609 共同构成 WAVE 系列标准，SAE（美国汽车工程师学会）又以 WAVE 为基础相应地设计制定了 SAE J2945、J2735 协议标准，这些标准共同构成了美国运输部推进 DSRC 项目的基础。

2. 基于蜂窝网的 C-V2X 技术国际标准进展情况

3GPP 从 2015 年开始启动基于 LTE 技术的 V2X 技术开发。随后，随着 5G 标准的制定，基于新一代空中接口（NR）的 5G-V2X 系统标准制定工作也启动了。2020 年 7 月 3 日，在 3GPP TSG 第 88 次会议上，R16 版本的标准宣布冻结，标志着第一个 5G-V2X 系统标准落地。R16 版本面向车联网应用，支持 V2V 和 V2I 直连通信，通过引入组播和广播等多种通信方式，以及优化感知、调度、重传与车车间连接质量控制等技术，使 V2X 支持车辆编队、半自动驾驶、外延传感器、远程驾驶等更丰富的车联网应用场景。同时，R17 版本的标准制定工作也启动了。3GPP 标准制定时间表如图 3-16 所示。

图 3-16 3GPP 标准制定时间表

3. DSRC 技术与 C-V2X 技术对比分析

DSRC 技术的优势在于其已有十多年的发展历史，标准体系成熟，已形成大量专利（美国占 57%，中国占 9%），产业链完善，并已经过大规模测试，具备商用条件。美国运输部的新计划要求汽车厂商最早在 2020 年推出预置 DSRC V2X 装备的新车，并强制美国境内行驶的汽车必须分享驾驶信息。但是，DSRC 技术仍存在一定的弊端：一是其底层协议 IEEE 802.11p 基于载波侦听多路访问/冲突避免（Carrier Sense Multiple Access with Collision Avoidance，CSMA/CA）进行网络接入，存在节点隐藏和拥塞问题，无法保证通信性能；二是路边基站的部署不仅花费大，而且存在安全和维护问题；三是基于 DSRC 技术的车路协同系统没有流量收入，将把电信运营商排除在外。

LTE-V2X 技术的优势在于：一是其在容量、时延、可管理性及抗干扰算法等方面相对更为成熟，通信距离更远，非视距通信性能更强，误包率更低，容量更高，拥塞控制更出色；二是其未来可平滑演进到 5G，在未来支持自动驾驶高级应用；三是其可复用蜂窝网的基础设施，不需要重新建立基础网络来支持 LTE-V2X 广域通信模式，减少了基础设施建设改造投入；四是我国在 LTE-V2X 技术上拥有自主知识产权，有利于我国企业规避专利风险，从而保障信息安全。

LTE-V2X 技术与 DSRC（802.11p）技术对比如表 3-12 所示。

表 3-12　LTE-V2X 技术与 DSRC（802.11p）技术对比

项目	LTE-V2X	DSRC	说明
覆盖距离	远	近	LTE-V2X 技术支持"双传输通道"，以及更优的物理信道设计
可靠性	好	好	LTE-V2X 技术使用性能更强的 Turbo 纠错码，支持网络资源调度
高速移动适应性	好	一般	LTE-V2X 技术优化了物理信道参考信号，而 DSRC 技术沿用 WiFi（针对步行速度设计）的物理信道设计
多天线支持	有	无	多天线技术可以提高速率和传输可靠性
用户密集场景支持	好	一般	LTE-V2X 技术使用的频率资源选择机制可以有效避免多用户之间的信号冲突，加上基站的辅助后性能增益更加明显
最大传输时延保证	好	一般	LTE-V2X 技术的时延可控，可以确保最大传输时延满足要求；DSRC 技术的时延拖尾现象严重，无法保证最大时延满足要求
对大数据量传输的支持	好	一般	LTE-V2X 技术通过蜂窝网通信和直连通信的灵活协同，支持传感器数据、视频等大数据量的传输
网络基础设施	成熟	需重新建设	LTE-V2X 技术可利用已有的蜂窝网，DSRC 技术需要新建路边单元
安全性	高	低	LTE-V2X 技术的安全机制采用集中式和分布式相结合的方式，相比 DSRC 技术更实时、更可控、更高效

在各国专利数量方面，国际上，802.11p 专利以美国、日本、韩国为主，仅美国拥有的专利数就占全部专利数的 57%［见图 3-17（a）］；而 LTE-V 专利则以中国和欧洲为主（分别占 30%、27%），美国、日本、韩国分别占 22%、

6%、15%，全球各主要区域呈现均匀分布态势［见图 3-17（b）］。

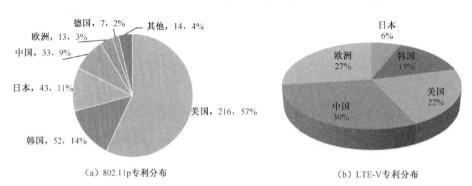

（a）802.11p专利分布　　　　　　　　　　　　　（b）LTE-V专利分布

图 3-17　智能交通领域通信技术专利分布情况

　　值得一提的是，2019 年 12 月 12 日，FCC 批准了由福特、戴姆勒、大众和英特尔等巨头提出的蜂窝车联网（C-V2X）技术行政许可请求（NPRM）——《5.850～5.925GHz 频段的使用建议规则制定的通知》（ET 案卷号：FCC 19-138），这一提案建议重新分配 5.9GHz 频段的 75MHz 频谱，其中一部分将用于 C-V2X 技术。因为在过去的 20 年中，5.9GHz 频段（5.850～5.925GHz）一直被保留给 DSRC 使用，但 DSRC 服务发展缓慢，没有得到广泛部署，FCC 认为需要改变规则。FCC 建议继续保留 5.9GHz 频段中靠上的 30MHz 频段专用于交通运输及车辆安全，特别是将其中的 20MHz（5.905～5.925GHz）频段专用于 C-V2X 技术，以满足当前和未来交通及车辆安全相关通信的需求。业界将该提案的通过称为车联网标准之战的重大转折，说明美国或转向 C-V2X 技术路线。

　　以 5G 技术为代表的新一代通信技术日趋成熟，为 ITS 赋予了新的内涵和外延，正在加速推动 ITS 进入"下半场"。5G 技术在车路协同领域的应用，主要目的是提供更高的可靠性、数据速率和更低的时延，以支持实现车路协同自动驾驶。在低时延、大容量、高可靠的通信技术助力下，交通参与者之间将形成泛在互联、实时在线的信息网络，塑造新型的人-车-路关系，构建载运工具自动化、基础设施智能化、运行管理协同化有机融合的新形态道路交通运输系统，带动交通流由原先的自由无序态转变为受控有序态，在提升驾驶安全性的同时，大幅提高道路资源动态利用率。以 5G 技术为代表的新一代通信技术支撑下的新形态道路交通运输系统构想如图 3-18 所示。

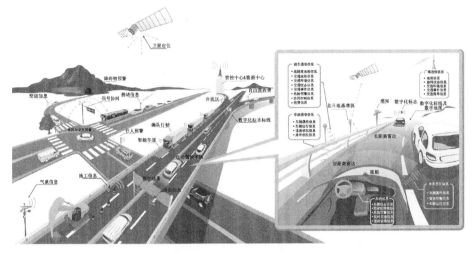

图 3-18　新一代通信技术支撑下的新形态道路交通运输系统构想

　　综合各方因素，在车联网领域，我国政府确定了 LTE-V/5G 的战略路线。国务院、国家发改委、工信部、交通运输部相继发布了《交通强国建设纲要》、《"十三五"现代综合交通运输体系发展规划》、《汽车产业中长期发展规划》、《智能汽车创新发展战略》（征求意见稿）、《国家车联网产业标准体系建设指南（总体要求）》和《车联网（智能网联汽车）产业发展行动计划》等顶层规划，以及《关于加快推进新一代国家交通控制网和智慧公路试点的通知》等应用示范指导文件。文件中提出，车联网通信协议主要包括 LTE-V2X 技术、5G eV2X 技术等，要结合 5G 技术的商用部署，加快 5G 技术与车联网融合创新，开展 5G-V2X 技术示范应用，支持有条件的地区和企业先行先试。同年 11 月，工信部正式划定 5905～5925MHz 频段用于基于 LTE 演进形成的 V2X 智能网联汽车直连通信；12 月，工信部发布《车联网（智能网联汽车）产业发展行动计划》，再次明确提出加快发展 5G-V2X 技术的要求。目前总体来看，发展 LTE-V2X/5G-V2X 技术是推动车辆网，实现智能化、网联化交通的技术选择。

3.3　大数据关键技术

　　数据作为数字经济时代的信息资产，是与能源、材料同等重要的国家战略生产要素和资源。自 2015 年以来，国务院、国家发改委、交通运输部陆续出台了《国务院关于积极推进"互联网+"行动的指导意见》《国务院关于印发促进大数据发展行动纲要的通知》《推进"互联网+"便捷交通 促进智能交通发展的

实施方案》《智慧交通让出行更便捷行动方案（2017—2020年）》等文件，鼓励和推动数据资源共享开放应用，为大数据的研究和大数据的应用提供了非常广泛的领域，从国防、交通、公安到互联网公司，再到金融机构，到处需要大数据来做创新驱动。

3.3.1 大数据的总体架构

大数据（Big Data）是互联网行业的术语，是指无法在一定时间范围内用常规软件工具进行捕捉、管理和处理的数据集合，是需要经新处理模式才能具有更强的决策力、洞察发现力和流程优化能力的海量、高增长率及多样化的信息资产。大数据具有数据量大、数据类型多、处理速度快和价值密度低等特点。大数据这一概念，最早是由美国航空航天局的研究人员于1997年提出的，两位研究人员用这个词来形容20世纪末计算机发展水平下的人类所面对的数据挑战。美国航空航天局的研究人员在研究过程中，面对飞行器周围产生的大量流体数据束手无策，也没有其他手段来呈现这些数据，因此，他们这样描述自己的感受："数据集相当大，对主机内存、本地磁盘甚至远程磁盘都造成挑战，我们称此问题为大数据。"这就是大数据初始概念的由来。

1. 大数据的类型

大数据包括结构化、半结构化和非结构化的数据，非结构化数据越来越成为数据的主要部分。据IDC（互联网数据中心）的调查报告显示：企业中80%的数据都是非结构化数据，这些数据以每年60%的速度增长。大数据是互联网发展到当今时代的一种表象或特征，在以云计算为代表的技术创新背景下，这些原本看起来很难收集和使用的数据开始容易被利用起来。随着各行各业的不断创新，大数据会逐步为人类创造更多的价值。

想要系统地认知大数据，必须要全面、细致地分解它，可从理论、技术、应用3个层面来展开。

第一层面是理论，理论是认知的必要条件，也是大数据被广泛认同和传播的基本。首先，应从大数据的特征定义来理解行业对大数据的整体描绘和定性；然后，应从大数据价值的方面来深入分析大数据的珍贵之处，并从大数据隐私这个特殊且重要的视角审视人和数据之间的长久博弈。

第二层面是技术，技术是大数据价值体现的手段和前进的基础。应分别从云计算技术、分布式处理技术、存储技术和感知技术的发展来说明大数据从采集、处理、存储到形成结果的整个过程。

第三层面是应用，应用是大数据最终价值的体现。应从互联网大数据、政府大数据、企业大数据和个人大数据 4 个方面来描绘大数据已经展现的美好景象及即将实现的蓝图。

2. 大数据系统架构

大数据系统架构因业务的基础架构和需求不同而各不相同，但通常包含以下组件（见图 3-19）。

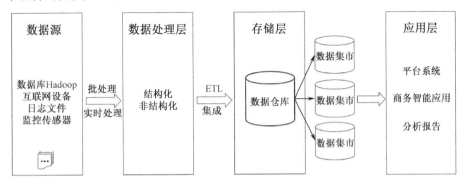

图 3-19　大数据系统架构

（1）数据源。大数据系统架构从数据源开始，数据源包括数据库数据、来自实时源的数据，以及从应用程序生成的静态文件。如果有实时源，那么系统需要在架构中构建一种机制来摄取数据。

（2）数据处理层：批处理和实时处理的组合。因为需要同时处理实时数据和静态数据，所以应在大数据系统架构中内置批处理和实时处理的组合功能。使用批处理可有效地处理大量的数据，而立即处理实时数据可带来价值。批处理涉及长时间运行作业，以过滤、聚合和准备数据来进行过程分析。

（3）存储层：数据存储。将要分析的数据放在一个存储区中，以便对整个数据集进行分析。分析数据存储的重要性在于，所有数据都集中在一个位置，分析全面且可针对分析（而非事务）进行优化。根据具体业务需求，可采取基于云的数据仓库或关系数据库。

（4）应用层。可在各行业开展系统开发或使用商业智能工具等完成应用。

3. 大数据技术平台架构

不同的物联网应用系统中，一定会存在很多内在的共性特征，这些共性特

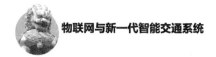

征可以帮助我们从更深层次认识物联网应用系统的结构、功能与原理。

大数据技术平台可分为数据采集、数据处理、数据输出与展示 3 个部分，如图 3-20 所示。

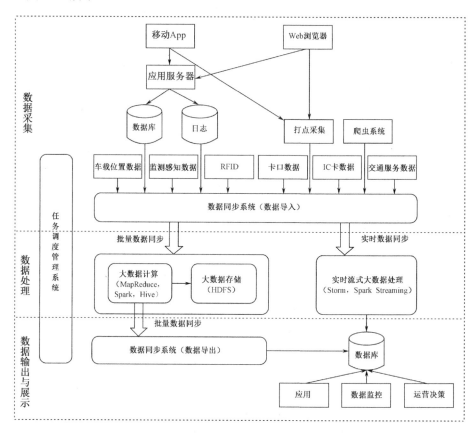

图 3-20　大数据技术平台架构模型

1）数据采集

当将应用程序产生的数据和日志等文件同步到大数据系统中时，由于数据源不同，这里的数据同步系统实际上是多个相关系统的组合。数据库同步通常用 Sqoop；日志同步可以选择 Flume；打点采集的数据经过格式化转换后通过 Kafka 传递。

不同的数据源产生的数据质量差别可能很大。数据库中的数据或许能够直接导入大数据系统，而日志和爬虫产生的数据则需要经过大量的清洗、转化处理才能有效使用。因此，数据同步系统实际上承担着传统数据仓库抽取、转换、加载（Extract-Transform-Load，ETL）的工作。

2）数据处理

数据处理是大数据存储与计算的核心。数据同步系统导入的数据存储在 HDFS（Hadoop 分布式文件系统）中。MapReduce、Hive、Spark 等计算任务读取 HDFS 中的数据进行计算，再将计算结果写入 HDFS。

MapReduce、Hive、Spark 等进行的计算处理称为离线计算，HDFS 存储的数据称为离线数据。相应地，用户实时请求需要计算的数据称为在线数据，这些数据由用户实时产生，实时在线计算，且结果数据实时返回用户。这个计算过程中涉及的数据主要是用户一次请求产生和需要的数据，数据规模非常小，内存中一个线程上下文就可以处理。

在线数据完成和用户的交互后，被数据同步系统导入至大数据系统，这些数据就是离线数据，该系统中进行的计算通常针对某方面的全体数据。例如，针对所有订单进行商品的关联性挖掘，这时数据规模非常大，需要较长的运行时间，这类计算就是离线计算。

除了离线计算，还有一些场景，数据规模也比较大，要求的处理时间却比较短。例如，电商网站要统计每秒产生的订单数，以便进行监控和宣传。这种场景要用到实时大数据流式计算，通常用 Storm、Spark Streaming 等流式大数据引擎来完成，以便在秒级甚至毫秒级完成计算。

3）数据输出与展示

大数据计算产生的数据写入 HDFS 中，而应用程序不会到 HDFS 中读取数据，所以必须要将 HDFS 中的数据导出至数据库。数据同步导出相对比较容易，计算产生的数据都比较规范，对其简单处理就可以用 Sqoop 之类的系统导出至数据库。此时，应用程序就可以直接访问数据库中的数据，实时展示给用户。

除了给用户访问提供数据，平台还需要给运营层和决策层提供各种统计报告，这些数据也会写入数据库，被相应的后台系统访问。运营人员和管理人员可以登录后台数据系统，查看前一天的数据报表，看业务是否正常。如果数据正常或增加，则无须太多处理；如果数据减少，则需要业务人员进行处理。

任务调度管理系统将上面 3 个部分整合起来。例如，不同的数据何时开始同步，各种 MapReduce、Spark 任务如何合理调度才能使资源利用最合理，这些问题都需要任务调度管理系统完成。有时对分析师和工程师开放的作业提交、进度跟踪、数据查看等功能也集成在这个系统中。

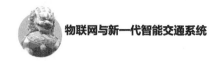

3.3.2 大数据分析技术

1. 数据抽取技术

价值密度低是大数据普遍存在的特点之一，即大数据中的大部分数据都与研究分析的对象没有关系，这一问题在交通大数据中同样存在。在分析数据之前，如果没有对研究对象相关的数据进行抽取，不但会使数据分析的复杂度大大增加，而且会对研究分析的结果造成重大的干扰，这样既会浪费研究者大量的时间和精力，又有可能得到不准确的分析结果，进而导致用户的判断决策失误。因此，当研究目标明确在一定时间、空间范围或包含特定数据时，对数据进行抽取处理会大幅度降低分析研究的复杂度，并有效提升结果的准确度。

数据抽取通常可采用以下几个步骤：

（1）对研究目标进行分析，主要对需要数据的特征属性进行总结，如时间、空间位置或类型等；

（2）对相应的标识位设置特定的标签模板；

（3）设置一定的标签变化阈值范围；

（4）根据相应的标签或模板，与数据集中的数据进行校验；

（5）对于数据差别在可控阈值范围内的数据进行复制，并转移到一个数据集中作为研究分析的目标数据。

需要特别注意，在不同的研究项目中，可能存在数据的交叉使用，所以在进行数据抽取的过程中，必须保证原始数据的完整，以便在进行其他数据研究项目时其仍然可以提供完整的数据支持。

2. 数据预处理技术

因为数据量大，大数据在数据的存储、转移、管理的过程中不可避免地会出现数据丢失、失真或重复等情况，从而造成数据质量下降。数据质量降低会直接对研究结果的准确性产生不利影响，而数据预处理的主要目的就是对数据进行清洗，包括剔除噪声数据、推导数据中的默认值、清除重复数据、完成转换数据类型等工作。

就清除重复数据而言，经常使用的方法是邻近排序算法（SNM）。该方法是基于排序比较的思想进行重复记录检测的，其步骤如下：

（1）创建排序的关键字，抽取数据属性中的一个子集序列或属性数据中的一个子串，从而对数据集中数据的键值进行计算；

（2）根据关键字对数据集中的数据排序，将潜在的、有可能出现重复的数据尽可能调整到邻近的区域，从而可以对特定的记录在一定范围内进行匹配；

（3）在排序完成后的数据集上滑动一个固定大小的窗口，将数据集中的数据每次与窗口中的数据进行比较，假设窗口的大小为 w 条记录，则每条新进入窗口的数据都要与窗口中已存在的 $w-1$ 条数据进行重复性检测，然后将此窗口中的 w 条数据作为下轮的比较对象。

SNM 仍存在一些明显的缺陷：①过于依赖排序关键字的选取；②窗口的大小 w 的取值难以控制。通常采用以下方法对这些缺陷进行针对性的改进：

（1）在排序关键字选取之后、排序之前，采用外部源文件的方法对关键字进行一定的预处理，更正排序关键字中的一些错误，并对格式进行统一；

（2）选择不同的关键字进行多次邻近排序；

（3）选用可伸缩、可控制的窗口，使得窗口的大小和移动速度能够在一定范围内根据数据之间的相似度进行适当的自适应调整。

如果分析者只想完成其负责的分析项目，不需要对原始数据进行改变，那么可以将数据预处理安排在数据抽取之后，只对抽取到的需要使用到的数据进行预处理，从而保证原始数据的完整性，这也是当前数据分析者常常采用的顺序步骤；如果分析者对数据本身有足够的了解，并且有足够清晰的分析思路，那么可将数据预处理安排在数据抽取之前完成，并将预处理之后的数据作为原始数据，再进行数据的抽取。

3.3.3　大数据处理技术

在大数据处理过程中，最核心的是数据分析，其中涉及的处理技术也极为重要。云计算是大数据处理中不可或缺的技术，是大数据处理和分析的支撑技术。底层数据储存的支撑架构由分布式文件系统提供，在此基础上建立分布式数据库，可以高效管理数据，提高访问速度。一个开源的数据实现平台集成不同的数据分析技术，可以对各种各样的数据进行分析并得到有用的知识或模式，并以合理的方式（如可视化技术）呈现给用户，以满足用户的需求。

1. 云计算和 MapReduce

云计算概念由 Google 于 2006 年率先提出，作为全新存储概念的云存储的基础就是云计算。狭义的云计算针对的是基础设施的交付和使用模式，广义的云计算针对的是服务的交付和使用模式。云计算是一种新兴的资源使用和交付

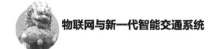

模式，一种新事物要发展，必须要有相应的技术支撑，硬件技术、海量数据管理技术、虚拟化技术、云平台管理技术等在云计算中都有涉及。另外，移动互联网技术的发展与进步使得 Web 技术、无处不在的接入、集约化的数据中心、灵活多样的终端等也延伸到云计算中。因此，云计算是信息时代商业模式上意义重大的创新。

目前，通常认为云计算包含 3 个层次的内容：IaaS（基础设施即服务）、PaaS（平台即服务）、SaaS（软件即服务）。作为一种市场巨大的新兴技术，云计算是 IT 行业的宠儿，当前开发和使用云计算技术较为著名的公司有国外的Intel、IBM 等，以及国内的阿里巴巴（阿里云）、华为（华为云）等。云计算是大数据分析处理与应用的基础平台，二者密不可分，没有云计算，大数据分析处理与应用只能是纸上谈兵。在 Google 内部，MapReduce、分布式文件系统、BigTable 及建立在这些技术基础上的 Hadoop 所基于的都是云计算。

MapReduce 技术自提出至今，已经在数据挖掘、机器学习、统计分析等领域被广泛应用。MapReduce 是一种典型的数据批处理技术，并行式数据处理方式是其重要的特点，MapReduce 已成为大数据处理的关键技术。如图 3-21 所示，从该 MapReduce 数据分析流程可以看出，Map、Reduce 是 MapReduce 系统主要的两部分，同时不难发现，分治策略（或分而治之）是 MapReduce 系统的核心思想。在这个过程中，数据源首先被分为若干部分，并且每个部分均与一个键值对（Key/Value）相对应，由不同的 Map 任务区分别进行处理。处理初始的键值对将产生一系列中间结果键值对，中间过程 Shuffle 会把一个集合传给Reduce，该集合由全部具有相同 Key 值的 Value 值组成，接着 Reduce 将合并这些中间结果中相同的 Value 值，以获得较小 Value 值的集合。MapReduce 技术简化了计算过程，并降低了数据传输时通信的开销，这些优点使得 MapReduce技术自公布之后便受到了极大的关注，其在多种实际问题的解决方案中被广泛应用。

2. 分布式文件系统

由于数据量大、种类繁多且内容复杂，为了适应自身需求，Google 设计并开发了一种面向大规模数据处理的分布式文件系统（Google File System，GFS）。GFS 是一个大型分布式处理系统，为 MapReduce 计算框架提供了底层数据存储和数据可靠性的保障。

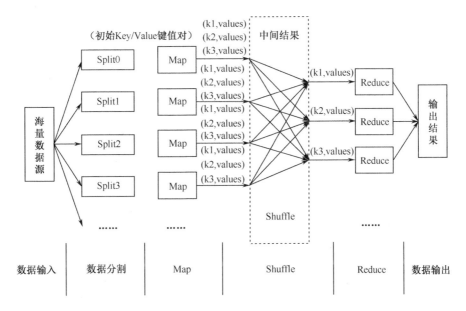

图 3-21　MapReduce 数据分析流程

　　在性能、可用性、可伸缩性等方面，GFS 与传统的分布式文件系统有共同之处。然而，由于对应用负载和技术环境的影响不同，GFS 比传统的分布式系统在大数据时代得到了更加广泛的应用。GFS 采用廉价的组成硬件，将系统某部分出错作为常见情况加以处理，因此具有良好的容错功能。从传统的数据标准来看，GFS 能够处理的文件很大，通常都在 100MB 以上，GB 级的也很常见，而且大文件在 GFS 中可以被有效地管理。另外，GFS 所采用的是 Master-Slave 模式，即主/从模式，一台 Master 服务器和多台 Chunk 服务器构成一个分布式文件系统。当然，GFS 中的服务器在逻辑上是一台，然而在物理上可以是多台，一台用于正常的处理，其余用作特殊情况下的替补。Chunk 服务器和客户端可以放置于同一台机器中。GFS 的体系架构如图 3-22 所示。

　　随着数据源的日益丰富、数据采集获取方式的多样化，数据量在逐渐增加的同时，对应的数据结构更加复杂，最初的 GFS 体系架构不能满足现实应用对数据分析处理的需求，于是 Google 在原有基础上对 GFS 进行了重新设计，将它升级为 Colossus，这个新系统有效解决了单点故障和海量小文件存储问题。除了 GFS 和 Colossus，HDFS、CloudStore、FastDFS 等都是类似于 GFS 的开源实现。

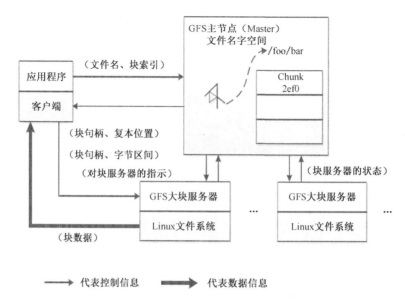

图 3-22　GFS 的体系架构

3. 分布式并行数据库

从以上的数据处理过程中可以发现，从数据源处采集获取的海量数据是被存储于分布式文件系统中的，这也有缺点，毕竟对于大多数用户而言，从数据库中存取文件更为方便。大数据时代对数据存储有新的要求，传统的关系型分布式数据库很难适应，其中的主要原因有以下三点。

1）变大的数据规模

大数据的数据量巨大，所以必须采用分布式存储。对采用纵向扩展方法的传统数据库来说，其性能的增加速度要远远低于所需处理的数据的增长速度，可见其不具备良好的扩展性。毫无疑问，大数据时代真正需要的是具有良好横向拓展性能的分布式并行数据库。

2）增多的数据种类

大数据的数据种类多样。换言之，在大数据时代，数据类型显然已不再局限于结构化数据，半结构化数据及非结构化数据将成为大数据中的主要部分。如何高效处理这些量大、种类各异、价值密度低的数据，是目前必须要考虑的问题之一。

3）差异的设计理念

传统关系型数据库一般会用一种数据库适用所有类型的数据。在大数据时代，不断增多的数据类型、持续扩大的数据应用领域使得对数据处理技术的要求存在较大的差异。

BigTable 数据库系统（由 Google 提出）是解决上述问题较为优越的方案。该方案为用户提供了简单的数据模型，然后主要通过一个多维数据表，利用表中的行、列关键字及时间戳来查询定位，并可以由用户自己动态操控数据的分布和格式。在 BigTable 中，主服务器创建子表，数据均以子表的形式保存在子表服务器上，最终数据将以 GFS 形式存储于 GFS 中；客户端可以和子表服务器直接通信，Chubby 服务器用于监控子表服务器进行的状态；主服务器可以查看 Chubby 服务器以观测子表状态，检查是否存在异常，若有异常则会终止故障的子表服务器并将其任务转移至其余服务器。BigTable 的基本架构如图 3-23 所示。

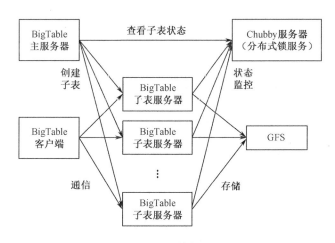

图 3-23　BigTable 的基本架构

除了 Google 的 BigTable，其他一些互联网公司也研发了相应的数据库系统以存储大数据，其中有代表性的有 Amazon 的 Dynamo、Yahoo 的 PNUTS。这些数据库的成功应用带来了开发与运用非关系型数据库的热潮。

4. 开源实现平台 Hadoop

结合大数据的特点可以发现，传统的数据分析技术及其数据库相关技术在现代数据应用中已不适用，大数据时代无论是对数据分析，还是对数据管理，都提出了新的、更高的要求。一个性能更为优越、可靠性更强的平台在大数据分析处理中是十分重要的，Doug Cutting 模仿 GFS，为 MapReduce 开发了一个云计算开源平台——Hadoop，该平台用 Java 编程语言实现，可移植性强。目前，Hadoop 已经发展为一个包括分布式文件系统（HDFS）、分布式数据库（HBase、Cassandra）及数据分析处理算法 MapReduce 等功能模块在内的完整生态系统，已成为最流行的大数据处理平台。Intel 推出的一种 Hadoop 实现结构如图 3-24 所示。

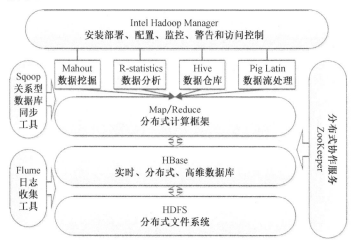

图 3-24　Hadoop 实现结构

在这个系统中，MapReduce 算法是计算框架；HDFS 是一种类似于 GFS 的分布式文件系统，其重要作用是提高大规模服务器集群中文件读/写访问的速度；HBase 是一种与 BigTable 类似的分布式并行数据库系统，不仅可以存储和读/写海量数据，而且对于各种结构化数据或非结构化数据的兼容性良好；Mahout 是 ASF（Apache Software Foundation）旗下的一个开源项目，可实现机器学习、数据挖掘等领域的经典算法，提供一种对海量数据进行分析的方式。

 **本章小结**

新一代 ITS 的发展离不开物联网的发展。本章所介绍的共性关键技术也是构建物联网的关键技术。其中，感知技术负责整个系统的信号输入，是智能交通的"眼"和"鼻"；网联技术或通信技术负责系统各部分的联通，是智能交通的"口"与"耳"；大数据技术负责智能交通的调度，是智能交通的"大脑"，这些都是交通系统形成智能的关键。有了这些技术，包括公路、水路、航空在内的交通系统的"躯干"与"四肢"才能协同运作，才能拥有"智能"。这些技术都是新一代 ITS 发展与应用的重要决定因素。

第4章

智能交通系统的网联化智能基础设施

内容提要

伴随着自动驾驶、车联网、5G、边缘计算、云计算、大数据等新技术的发展应用，智能交通已从探索阶段进入实际开发和应用阶段。《交通强国建设纲要》及新基建等国家重大战略决策均对交通基础设施升级改造，打造新型交通基础设施提出了更高的要求。本章从概念和技术两方面，对物联网与新一代ITS所包含的新型交通基础设施的发展进行深入介绍。

4.1 高精度定位

4.1.1 概述

随着全球卫星导航定位技术的发展与自动驾驶应用的推进，人们对快速高精度位置信息服务的需求日益强烈，高精度定位不仅能支持基于位置的高精准信息服务、精准管控、设施设备管理等，而且可支持高级别的自动驾驶汽车。目前正是 L3 级别自动驾驶乘用车量产的前期阶段，L3 级别自动驾驶的功能范围、产业链各环节的技术路线和性能指标已经初现端倪，高精度定位技术已经成为实现 L3 级别及以上级别自动驾驶的重要支撑技术之一。

L3 级别自动驾驶的定位精度误差需要控制在 30cm 以内。高精度地图的绘制精度要求达到 10cm，定位精度应与地图精度匹配，因此 L3 级别的自动驾驶需要 10~30cm 的定位精度。在技术路线上，业界普遍认为自动驾驶的成熟定位方案应该是以 GNSS+IMU 的紧耦合技术为基础、结合环境特征匹配技术的综合方案。

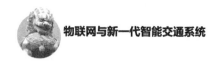

1. 全球卫星导航系统介绍

目前世界上已建成的卫星导航系统有美国的全球定位系统（GPS）、中国的北斗系统（BDS）、欧洲的伽利略（Galileo）系统、俄罗斯的格洛纳斯（GLONASS）、日本的准天顶卫星系统（QZSS）及印度的区域导航卫星系统（IRNSS）。

1）GPS

GPS 是由美国国防部研制建立的一种具有全方位、全天候、全时段、高精度的全球卫星导航系统，能为用户提供低成本、高精度的三维位置、速度和精确定时等导航信息，在民用方面可以提供车辆定位、行驶路线监控及呼叫指挥等功能。

2）BDS

BDS 是由中国自行研制的全球卫星导航系统，由空间段、地面段和用户段三部分组成。其中，空间段包括 5 颗静止轨道卫星、27 颗中地球轨道卫星和 3 颗倾斜同步轨道卫星；地面段包括主控站、注入站和监测站等若干个地面站；用户段包括北斗用户终端及与其他卫星导航系统兼容的终端。BDS 可在全球范围内全天候、全天时为各类用户提供高精度、高可靠的定位、导航、授时服务，并具有短报文通信能力，已经初步具备区域导航、定位和授时能力，定位精度为 10m（亚太地区为 5m），测速精度为 0.2m/s，授时精度为 20ns。2020 年 6 月 23 日，中国成功发射 BDS 第五十五颗导航卫星，暨北斗三号最后一颗全球组网卫星，全面建成北斗全球卫星导航系统。

3）Galileo 系统

Galileo 系统是由欧盟研制和建立的全球卫星导航系统，其研制计划于 1999 年 2 月由欧洲委员会公布。该系统由轨道高度为 23616km 的 30 颗卫星组成，其中包括 27 颗工作星和 3 颗备份星。卫星轨道高度约为 2.4×10^4km，位于 3 个倾角为 56° 的轨道平面内。Galileo 系统本计划于 2020 年初步构成完全运行能力，面向全球提供定位、导航和授时服务，但其目前仍处于初始服务阶段，由 20 颗卫星提供服务。其主要提供 4 种服务，即公开服务、商业服务、公共特许服务、搜救服务等。公开服务定位精度分为 15～20m（单频）和 5～10m（双频）两档；商业服务可在局域增强条件下达到 10cm～1m 的精度；公共特许服务可在局域增强条件下达到 1m 的精度。

4）GLONASS

GLONASS 最早开发于苏联时期，后由俄罗斯继续该计划。1993 年，俄罗斯开始独自建立本国的全球卫星导航系统，并于 2007 年开始运营，当时只开放俄罗斯境内的卫星定位及导航服务，到 2009 年，其服务范围已经拓展到全球。GLONASS 的主要服务内容包括确定陆地、海上及空中目标的坐标与运动速度信息等。

5）QZSS

QZSS 是由日本宇宙航空研究开发机构管理的区域卫星导航系统，是一个 GPS 的补充和增强系统，为日本区域提供通信和定位服务。QZSS 卫星与 GPS 卫星所广播的导航信号能够兼容互操作，可以提高 GPS 的精确度和可用性；QZSS 卫星可广播 GPS 差分修正数据，也可为移动用户提供地震、海啸灾害等广播服务。

6）IRNSS

IRNSS 是由印度空间研究组织（ISRO）推动建设的区域型卫星导航系统，印度政府对这个系统拥有完全的掌控权。该系统主要目标是在印度及其周边地区 1500km 范围内提供可靠的位置、导航和计时服务，下一阶段将从区域导航卫星系统向全球卫星导航系统迈进。IRNSS 提供两种服务，即民用的标准定位服务和军用的限制性服务。

在定位精度上，以上导航系统均有实现民用 10m 定位精度的能力。美国的 GPS 和俄罗斯的 GLONASS 的应用范围及领域非常广，是目前商用普及率较高的导航系统。中国的 BDS 已完成全部组网，在普及的道路上，未来有很大的上升空间。

2. 高精度定位技术在交通中的应用

高精度定位技术对现有智能交通产业多个领域的发展都能产生巨大的推动作用。下面是其在智能交通领域的典型应用。

（1）更精准的先进交通信息系统（ATIS）。采用高精度定位技术，浮动车的路况信息采集将更加准确，路况信息将更好利用，可解决主辅路、高架桥、多岔路等复杂路段由于定位不准确导致的路况信息不确定的问题。

（2）更智能的交通出行。高精度定位技术将极大地提升车载导航设备的导航能力，提高道路匹配、弯道提示、并道导引和基于路况的动态路径规划的准确性和有效性。高精度定位技术对于出行时间规划、到达预测及组团跟车等也将起到基础性的作用。

（3）更有效的先进交通管理系统（ATMS）。由于高精度定位技术可提供亚

米级的定位精度，基于车道的精细交通管理和调度成为可能，其应用形态包括：拥堵场景下的放行自由流车道收费；基于车道的车辆（如危险品运输车辆、重卡等）运行精细化管理；更精准的交通诱导和信号灯控制等。只有基于高精度定位技术，才有可能实现有效的车路协同、车车协同。

（4）更精细的公共服务车辆运营管理。基于车道级的管理，可以对公共服务车辆，如环卫清扫车、渣土车等进行精准监控和管理，准确掌握公共服务车辆的真实作业情况。对城市智能公交信息化而言，亚米级高精度定位技术的应用，使得自动报站更加准确，公交车停靠管理更加科学，对公交车的调度更加有效，也更易实施公交优先的城市交通发展策略。

（5）高等级自动驾驶系统。对交通工具采用高精度定位技术，将极大地提升车辆的安全辅助驾驶能力，实现弯道自动预测减速控制、占道自动提醒、自动驾驶等先进智能功能。

4.1.2　关键技术

智能车辆从起始位置行驶至目标位置的过程中，需要依靠定位技术来实时获取车辆的位置信息。常见的车辆定位技术主要有卫星定位技术、卫星定位增强技术、惯性导航技术等，下面对后两种技术进行介绍。

1. 卫星定位增强技术

随着卫星定位应用场景的拓展深化，民众对导航定位性能的要求也在不断提高，高精度定位正逐渐从专业领域扩展到民用领域。因此，为了提升卫星导航系统的服务性能，辅助 GPS、星基增强系统、地基增强系统等卫星导航增强系统应运而生。

影响卫星定位精度的因素包括星历误差、卫星时钟误差等与卫星有关的误差，电离层延迟、对流层延迟和多径效应等与信号传播有关的误差，以及接收机噪声和模型算法等与接收机有关的误差。高精度卫星定位技术依托卫星导航增强系统，采用差分定位方法对误差进行修正和消除，从而提高定位精度。

差分定位方法利用的是地面参考站与流动站之间的空间相关性。卫星分布在距离地面约 2×10^4 km 的太空，而地面参考站距流动站的距离为几十千米到几百千米。这个距离相对于地面与卫星的距离可忽略不计，可认为地面参考站与流动站周边的空间环境是相同的。根据这一原理，美国联邦航空局（FAA）主持建设了世界上第一个卫星导航增强系统——广域增强系统（WAAS）。WAAS

也是世界上第一个星基增强系统（SBAS）。SBAS 的定位精度已提升至 2～3m，可以满足航空领域的定位要求。

差分定位方法以伪距为主要观测量，只能实现米级到分米级的定位精度，难以满足测绘等高精度领域厘米级甚至毫米级定位精度的要求，因此，以实时动态（Real-Time Kinematic，RTK）为代表的基于载波相位的高精度定位技术得到了广泛研究和迅速发展。

RTK 涉及在地面上建立多个基站，每个基站都知道自身精确的地面位置，但每个基站同时通过 GPS 测量自身的位置，将测出来的位置与自身位置对比得出误差，再将这个误差传给接收设备，以供其调整自身位置。

基于 RTK 原理，世界多国建设了连续运行参考站系统，为特定行业或地区提供标准化的高精度定位服务。

虽然基于 RTK 的定位技术能将车辆的定位精度确定在 10cm 以内，但还存在很多问题，如 GPS 信号会被高楼挡住，或者受天气影响，接收器无法接收到信号。另外，其更新频率很低，大约每秒更新 10 次。

2. 惯性导航技术

惯性导航系统（Inertial Navigation System，INS）集成了陀螺仪、加速度计等惯性传感器和导航解算系统。陀螺仪和加速度计是系统的核心器件，陀螺仪测量物体的角速度，加速度计测量物体的加速度。典型的惯性导航产品包含 3 组陀螺仪和加速度计，分别测量 3 个自由度的角速度和加速度，通过积分获得物体在三维空间的运动速度和轨迹。在实际应用中，需要利用 GPS、BDS 等产生的信号进行初始化，结合惯性导航信号和卫星导航信号进行卡尔曼滤波处理，从而得出最佳推算的定位信息。

相比卫星定位，惯性导航具有自身的技术优势，其测量方法不依赖外界，短期精度高，能稳定高频（达 1kHz）地输出信号。其工作原理是通过感知物体在空间的角速度、线速度来获取物体的姿态、位置和速度等信息，实现对运动物体姿态和运动轨迹的测量，可以实现全天候、全地点地工作。但是，惯性导航也有自身的缺陷，由于采用积分算法，其定位误差随载体运行不断累积。

卫星导航系统和 INS 都存在着自身难以克服的缺点，但两者具有很强的互补性，组合定位可以各取所长。按照信息交换或组合程度的不同，可采用松散组合或紧耦合方式。两种组合方案都需要用到卡尔曼滤波器，区别在于松散组合只是卫星导航系统信息单向对 INS 信号进行反馈校正，而紧耦合是双向信息

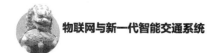

传输，INS 信号也用于计算载体相对于卫星导航系统卫星的伪距和伪距率，来辅助卫星导航系统信号的接收过程，以此提高精度和动态性能。松散组合方案相对于紧耦合方案来说结构简单，当 GPS 工作良好时，松散组合方案输出精度较好；当 GPS 受影响而长期不工作时，松散组合方案输出精度急剧下降。紧耦合方案在动态工作下精度和可靠性更高，即使在 GPS 信号无法跟踪时也可以利用 INS 独立导航，而且利用 INS 可以提高 GPS 信号重新捕获的速度，改进跟踪回路能力，提高抗干扰性和保密性。

4.1.3　发展现状

1. SBAS 现状

世界上第一个 SBAS 是美国的 WAAS。除美国的 WAAS 外，目前全球已建或在建的 SBAS 还包括：欧洲地球静止卫星导航重叠服务系统（EGNOS）、日本准天顶卫星系统（QZSS）、印度 GPS 辅助型对地静止轨道扩增导航系统（GAGAN）、俄罗斯差分校正和监测系统（SDCM）及我国北斗星基增强系统。

各 SBAS 一般属于政府主导行为，需要按照国际民航组织（ICAO）相关标准和规范要求开展建设，并经本国民航主管部门测试认证后才能正式提供民用航空服务。目前，各 SBAS 服务供应商正在 ICAO 导航系统专家组（NSP）及国际 SBAS 互操作工作组框架下联合开展下一代双频多星座星基增强系统（DFMC SBAS）的标准研究与制定工作，以期望实现更好的服务性能。

2. 地基增强系统现状

地基增强系统利用建立在区域范围内的若干地面基准站（相距一般不超过数十千米）构成的参考站网络，基于较长时间的连续跟踪观测，通过这些站点组成的网络进行解算，为覆盖区内的用户提供高精度定位服务，精度一般可达厘米级，后处理精度可达毫米级。其一般分为单基准站和多基准站两种模式，基于多基准站模式的局域精密定位系统又称为连续运行参考站系统（CORS）。

目前，国外 CORS 主要包括美国连续运行参考站系统、加拿大主动控制网系统（CACS）、澳大利亚悉尼网络 RTK 系统（SydNet）、德国卫星定位与导航服务系统（SAPOS）、日本 GPS 连续应变监测系统（COSMOS）及欧洲定位系统（EUPOS）等。

3. 北斗卫星导航增强体系现状

目前，北斗卫星导航增强体系（北斗三号）主要由北斗星基增强系统、北斗地基增强系统及其他商用增强系统组成。

2014 年，我国启动北斗地基增强系统（北斗三号）研制建设工作，其主要由监测站、通信网络系统、国家数据综合处理系统、行业数据处理系统、数据播发系统、用户终端等分系统组成。

北斗星基增强系统与北斗全球系统共用高轨道（GEO）卫星及地面站资源，按照国际标准规范开展设计与建设，满足国际 SBAS 兼容互操作性要求，可为中国及周边地区提供完好性增强服务，兼具米级精度增强功能。其空间段包括 24 颗中轨道（MEO）卫星、3 颗播发 SBAS 增强信号的北斗全球系统 GEO 卫星和 3 颗弥补 GEO 卫星在高纬度地区仰角过低问题的 IGSO 卫星。3 颗 IGSO 卫星已于 2019 年 4 月 20 日、2019 年 6 月 25 日、2019 年 11 月 5 日成功发射。3 颗 GEO 卫星已于 2018 年 11 月 1 日、2019 年 5 月 17 日、2020 年 6 月 23 日成功发射。北斗星基增强系统（北斗三号）星座部署已全面完成。

北斗地基增强系统具备移动通信、数字广播、卫星等多种播发差分增强数据的手段，服务覆盖我国陆地及领海，可实现服务范围内广域米级/分米级、区域厘米级和后处理毫米级的高精度定位。该系统于 2016 年 5 月正式投入运行，于 2017 年 6 月完成北斗地基增强系统第一阶段（150 个框架网基准站、1200 个加强密度网基准站、国家综合数据处理中心和 6 个行业数据处理中心等）的建设任务。2017 年 7 月，该系统的服务性能规范发布，可支持测绘、交通、气象、地震、国土等行业开展多项高精度应用。至 2020 年年底，北斗星基增强系统的全部工程研制建设任务已完成，具备初始运行服务能力，能够为兼容航空无线电技术委员会（RTCA）标准的 SBAS 航空电子设备提供服务。

商业运营方面，中国兵器工业集团公司与阿里巴巴集团于 2015 年联合成立了千寻位置网络有限公司，注册资本为 20 亿元，它是全球最大的地基增强系统运营商，开创了北斗卫星导航应用新的商业模式。基于"互联网+位置（北斗）"的理念，北斗地基增强系统利用云计算和大数据技术，针对具体应用场景推出多种特色产品和服务，在危房监测、精准农业、自动驾驶等领域向各类终端和应用系统提供高精度定位服务。

4.2 高精度地图

随着行业的发展，越来越多的 ADAS 产品开始应用高精度地图来提高超视距感知和规划能力。当前，政府、行业协会、高校、地图提供商、车企等各方均认识到高精度地图和高精度定位对自动驾驶的重要性，但中国高精度地图相关的政策、法规、技术标准面临什么瓶颈，需要如何解决和规划，目前对此仍没有一个系统和完整的答案。本节集合了行业主流的地图提供商、系统方案提供商及车企，整合了众多资源，对一些相关问题进行了梳理和探讨。本节内容既侧重 L3 级别及以上自动驾驶用的高精度地图，又适用于 ADAS 产品用的高精度地图。随着政策环境和技术的飞速发展，对高精度地图的需求会持续涌现，相关行业也会持续不断地变化和发展。

4.2.1 概述

高精度地图的发展与自动驾驶汽车紧密相关，自自动驾驶汽车开始上路公开测试以来，高精度地图产业就应势而生并飞速发展。相比于以往的导航地图，高精度地图是专为自动驾驶而生的，其服务对象并非人类驾驶员，而是自动驾驶汽车。对于 L3 级别以上的自动驾驶汽车而言，高精度地图是必备选项。一方面，高精度地图是为自动驾驶汽车规划行驶路径的重要基础，能够为车辆提供交通动态信息等；另一方面，在自动驾驶汽车传感器出现故障或周围环境较为恶劣时，高精度地图也能确保车辆行驶的基本安全。

根据 SAE International（国际自动机工程师学会）标准 SAEJ3016 的划分，自动驾驶级别分为 L1～L5 级。目前落地量产产品基本上是 L2～L3 级，具有自动驾驶功能的车辆已经在高速公路或城市快速路场景得到应用。虽然近几年自动驾驶技术从硬件到软件都取得了很大的进步，但从具体的技术实现方式看，大多数量产车是依托传感器（摄像头+雷达）、控制系统和执行系统实现自动驾驶功能的。传感器监测周围环境，控制系统处理数据并生成决策，执行系统根据指令控制车辆驾驶动作，但这种技术解决方案存在一定的局限性。短期来看，其具有一定的效果，但长期来看，随着自动驾驶级别的不断提高，道路复杂情况不断增强，数据量不断攀升，其会对自动驾驶实现的整体成本和效果稳定性产生影响。针对这种情况，高精度地图将会发挥明显的作用。高精度地图可以为车辆环境感知提供辅助和超视距路况信息，并帮助车辆进行决策和规划。目前，高精度地图的精度能达到厘米级，除了基础地图的道路形状、坡度、曲率、车道线、路边地标、防护栏、树木、道路边缘类型等数据，还包含动态交通信息。

高精度地图与普通地图在地图数据内容和格式上没有本质区别，主要的区别在于地图的精度量级。目前在用的高精度地图，相对精度可达到厘米级甚至更高，静态地图数据支持区分不同车道。高精度地图最早是基于自动驾驶汽车高精度定位与导航的实际需求提出的，因此高精度地图的主要应用场景是配置于自动驾驶汽车上，为自动驾驶汽车的各种应用提供服务。此外，高精度地图在智慧交通管理和服务中也发挥了不可取代的作用，如车道级交通管控和服务。

高精度地图可以分为两个层级，底层是静态高精度地图，上层是动态高精度地图。静态高精度地图中包含车道模型、道路组成、道路属性和其他的定位图层，这是地图提供商重点做的工作。在静态高精度地图之上，还需要增加动态高精度地图，以提供如道路拥堵情况、施工情况、是否有交通事故、交通管制情况、天气情况等动态交通信息。由于道路设施每天都有变化，如整修、道路标识线重新施划、交通标识改变等，这些变化需要及时反映在高精度地图上，以确保自动驾驶汽车的行驶安全。动态地图需要实时更新，这促使地图提供商以离线授权为主的传统销售商业模式开始转变。为了实现高精度地图的实时更新，当今行业主要分为两类，一类是以传统地图提供商为代表的"专业测绘+人工制图"模式，另一类是以一些初创公司为代表的"数据众包+自动生产"模式。

"专业测绘+人工制图"模式需要地图提供商通过自己的高精度专业采集车、全景 ADAS 采集车上路采集，制图方法与静态高精度地图的制图方法一样；"数据众包+自动生产"模式是一种新的制图方法，越来越得到广泛的应用。在自动驾驶时代，每辆车上的传感器都在实时采集道路信息，采集的这些信息上传云平台，经过激光点云识别技术、基于深度学习方法的图像识别技术、大数据处理技术处理，以及自动化验证和人机交互式验证后，可实现动态高精度地图的实时更新。

4.2.2　关键技术

高精度地图的迅猛发展，是以自动驾驶的迫切需求为推动力的，因此以自动驾驶为目标的高精度地图相关技术标准，代表了该领域最新的技术标准化水

平。目前国际上主要的自动驾驶地图标准组织有 ISO、NDS（Navigation Data Standard）、ADASIS（Advanced Driver Assistant Systems Interface Specifications）等，其已发布了自动驾驶地图相关的各种标准，包含静态数据交换格式、物理格式、动态信息存储格式、位置参考等。

ISO 是一个独立的非政府国际组织，拥有 164 个国家标准机构成员。它通过成员召集专家分享知识，制定自愿的、基于共识的、与市场相关的国际标准，支持创新，并为全球挑战提供解决方案。ISO 成立于 1946 年，当时来自 25 个国家的代表在伦敦的土木工程师协会开会，决定建立一个新的国际组织以"促进国际协调和统一工业标准"。1947 年 2 月 23 日，ISO 正式开始运作，总部设在瑞士日内瓦，拥有 786 个技术委员会和小组委员会以负责标准的制定。从成立至今，ISO 已经发布了超过 2000 个国际标准，涵盖了几乎所有的技术和制造方面，ISO TC22 技术工作组中涉及部分车辆标准，地图、存储、发布等一系列过程对应的标准更多的是在 TC204 技术工作组中。

2005 年，德国宝马、大众等车厂发起并联合导航电子地图数据提供商和导航系统软件提供商成立了 PSI（PSF Standard Initiative）组织，NDS 协会是该组织工作的最终成果。NDS 协会由汽车制造商、应用程序/编译程序开发人员、地图和服务提供商组成。针对每个系统都使用自己的物理格式来存储导航数据，不同导航系统之间无法直接交换地图数据的问题，该组织提出要将汽车导航系统的物理存储格式标准化。

ADASIS 是一个由全球汽车行业的重要参与者组成的开放团体。ADASIS 使 ADAS 和自动驾驶应用程序能够提供来自地图数据库系统或其他数据源的数据，从而向行业提供一个可在全世界使用的、体系完整的技术标准，为所有自动驾驶水平的开发和部署提供一项技术支持。ADASIS 定义了地图在 ADAS 中的数据模型及传输方式——以 CAN 作为传输通道，它是一个标准，也是一个标准组织。ADAS 需要访问和使用地图数据、车辆位置、速度及其他数据来提高应用程序的性能和/或启用新功能，如自动驾驶。高精度数字地图使驾驶员能够预测前方道路情况，有效地将视野扩展到实时可见的范围之外，从而有助于实现更安全、更智能和更快捷的移动。

高精度地图相关标准还包括：SENSORIS 定义的车辆传感器和专用云，以及云之间的信息交换接口；开放式自动驾驶论坛（Open Autodrive Forum，OADF）制定的系统架构与数据接口标准；开源动态定位参考（Open Dynamic Location Referencing，Open LR）体系。另外，国际自动机工程师学会、欧洲电信标准化协会（European Telecommunications Standards Institute，ETSI）等组织也从各自领域定义了部分地图相关的标准。

自动驾驶高精度地图行业在中国还处于发展初期阶段，现阶段行业内还没有完善的高精度地图及定位标准体系。部分团体组织基于现阶段的发展状况，参考 NDS、ADASIS、SENSORIS 及 OADF 等制定的国际标准体系，进行过相关的梳理和预测工作，形成了若干建议标准体系。这些标准体系将在未来逐步与国际其他标准机构研究形成的标准体系实现兼容。鉴于国际和国内高精度地图行业仍然在快速发展中，这项工作将是一个长期持续的过程。

4.2.3　发展现状

1. 产业现状

美国在自动驾驶领域的研究处于世界领先地位。对于自动驾驶所需要的高精度地图，美国自动驾驶相关企业很早就开始了布局与研发。其中主要的参与者除了有 Mapbox 这样的传统导航地图企业，还有 Waymo、Uber、Mobileye 等科技公司或自动驾驶初创公司，通用、福特也在参与自动驾驶地图的测绘与研发。由于美国政策法规对自动驾驶的包容与开放，其自动驾驶汽车的测试很早就开始进行，自动驾驶相关企业可以将研究与实验相互结合，这极大地促进了自动驾驶技术的发展。美国也成为拥有自动驾驶技术、高精度地图初创企业最多的国家。

欧洲的自动驾驶和高精度地图发展以德国为代表。由于互联网行业发展状况的原因，德国并没有像美国和中国一样，拥有大量的高精度地图开发企业。其典型代表 Here 公司的前身为美国地图公司 NAVTEQ，该公司于 2008 年被诺基亚以 81 亿美元收购，并入自己的 Here 地图部门。2015 年 4 月，诺基亚宣布剥离 Here 地图部门，奔驰、宝马、奥迪临时组成的联合体以 28 亿欧元（约 31 亿美元）全资收购该部门，3 家公司各占 1/3 的股权。2016 年年初，3 家公司接管 Here 地图，正式配合无人驾驶技术的研发。为了推进自动驾驶、高精度地图联盟，Here 公司先后引入了 Intel（15%）、博世（5%）、大陆（5%）、先锋（1%）等公司的投资，涵盖了芯片、传感器等解决方案领域。

欧洲其他地区的代表是 Tom Tom。它是一家主营业务为地图、导航和 GPS 设备的荷兰公司，总部位于阿姆斯特丹。Tom Tom 是全球少数拥有数字地图资产的公司之一。目前，从科技公司到社交网络、电子商务提供商，再到汽车制

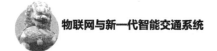

造商，各行各业的公司都在寻求获得数字地图资产。包括 Facebook 和苹果等公司在内，Tom Tom 是很多公司最重要的地图数据提供商。2017 年 7 月，Tom Tom 宣布与百度达成合作协议，共同研发用于自动驾驶技术的高精度地图。

我国有比较严格的地图测绘政策限制。2016 年，原国家测绘地理信息局下发了《关于加强自动驾驶地图生产测试与应用管理的通知》，通知中规定，高精度地图的绘制必须由具有导航电子地图制作测绘资质的单位来承担。根据《测绘资质管理规定》第四条，测绘资质分为甲、乙、丙、丁四级。导航电子地图制作则属于甲级测绘资质。截至 2020 年 1 月，国内共拥有甲级导航电子地图资质企业 22 家。在已获得资质的单位中，除了 4 家事业单位，其他 18 家均为企业单位。在这 18 家企业中，既有四维图新、高德、灵图这样的传统地图提供商，也有中海庭、Momenta、宽凳科技、华为数字技术这样的主机厂和科技公司，甚至还包括丰图科技（顺丰子公司）、京东物流这样的物流领域的企业。

2. 国际主要国家相关政策法规

地理信息作为测绘成果，是国家重要的战略性信息资源，受到世界各国政府的高度重视。一些发达国家通过健全法制、强化监管、加大资金和技术投入的手段，积极促进地理信息资源的广泛应用。以下重点介绍美国、日本、德国和俄罗斯的地理信息相关政策法规情况。

美国《国家安全战略》指出："地理数据是国家基础设施的一部分，自由地获取公共领域的地理数据可以保障经济的持续发展；开放的政策与开放的设施，以及空间数据的方便获取与应用，对于保持美国在全球空间数据技术和市场方面的主导地位十分重要。"目前，美国在测绘地理信息领域颁布了多项政策，包括《美国联邦地理空间数据共享政策》《美国 NASA 遥感数据政策》《美国天基定位、导航与授时政策》《美国国家地理空间数据政策》《美国有关安全访问地理信息的指导方针》等。

日本对地理信息安全实行中央、地方两级行政管理体制，中央行政主管部门是日本交通省国土地理院，地方行政主管部门是分设的九个地方测量部。日本的测绘法律体系以《日本测量法》《日本海道测量法》《日本国土调查法》为主，包括《日本测量法施行规则》《日本地形调查作业规程准则》《日本基准点调查作业规程准则》《日本地籍调查作业规程准则》等。其中，涉及地理信息安全的主要包括 2007 年颁布的《日本测量法》《日本测量法施行规则》《日本海道测量法》，法律规定获准实施海道测量的人员应将其测量成果存储并及时提供给海上保安厅长官，其实就是一种成果汇总上交的规定；同时，法律规定任何人要发行类似于海上保安厅发行的海图、航空图、航路指南或航标表单等刊物，必须经过海上保安厅长官的批准。这些法律实际上成为日本规范海洋测绘地理信息的专门法律。

德国对测绘实行联邦、州、市三级的分级管理，全国的测绘管理职能由各州政府依法进行管理，联邦政府只通过由 14 个州测绘主管部门负责人组成的"地理空间数据基础设施指导委员会"（ADV）负责协调各州的测绘工作。ADV 负责其数据门户的建设和运行工作，组成人员包括分别来自国家总理府、各部委和市政协会的一名代表。主管测绘地理信息工作的测绘部担任主席职务并进行经营管理。州数据保护和信息自由专员会以顾问身份参加 ADV 的会议。ADV 承担以下任务：①为了领导和进一步发展 ADV 数据门户，制定专业和技术准则；②与联邦、州、市政当局和市政协会的有关部门一起，商定专业和技术准则；③作为国家联络点对在欧洲共同体内建立地理空间数据基础设施提供支持；④为公共和私人地理数据处理机构提供建议与支持。

地理信息管理也是俄罗斯政府非常重视的工作。俄罗斯重视信息领域的政策研究和法律规范制定，已经形成了以联邦宪法规定为立法依据、以《信息、信息技术和信息保护法》为基础的信息安全立法体系。俄罗斯已公开出版了1∶20 万比例尺的地形图。出于国家安全考虑，俄罗斯规定公开地图不得表示国防敏感内容。在地名问题上，俄罗斯主要对军事设施和民用敏感内容保密或部分保密，其他地名可公开。

3. 我国相关政策法规

我国现行相关法律法规涉及自动驾驶地图数据采集、要素表达、数据加密、数据更新、审图、发布、成果保密等方面。出于国家安全的考虑，测绘政策对于高精度地图的生产、使用做了诸多规定。现行国家强制标准《导航电子地图安全处理技术基本要求》（GB 20263—2006）规定：导航电子地图在公开出版、销售、传播、展示和使用前，必须进行空间位置技术处理。导航电子地图空间位置技术处理应由国务院测绘行政主管部门指定的机构采用国家规定的方法统一实现。为了补偿地图空间位置加密处理造成的坐标系变化，使导航功能得到应用，车端引入了卫星定位信号加密插件。《关于加强自动驾驶地图生产测试与应用管理的通知》《测绘局关于导航电子地图管理有关规定的通知》中规定，我国自动驾驶地图参照导航电子地图法规进行管理，需按规定加密。

按照《测绘管理工作国家秘密范围的规定》（2003 年印发）、《导航电子地图安全处理技术基本要求》（2006 年印发）、《测绘局关于导航电子地图管理有关规定的通知》（2007 年印发）、《公开地图内容表示补充规定（试行）》（2009 年印发）、《基础地理信息公开表示内容的规定》（2010 年印发）等法规标准的要求，在公开的导航电子地图数据产品中，不得表达道路的最大纵坡、车行桥坡度最大（小）曲率半径、平面坐标、高程等信息（国家正式公布的信息除外）。

《关于加强自动驾驶地图生产测试与应用管理的通知》规定：各单位、企业用于自动驾驶技术试验、道路测试的地图数据（包括在传统导航电子地图基础上增添内容、要素或精度提升的），应当按照涉密测绘成果进行管理，并采取有效措施确保数据安全，未经省级以上测绘地理信息行政主管部门批准，不得向外国的组织和个人以及在我国注册的外商独资和中外合资、合作企业提供、共享地图数据，不得在相关技术试验或道路测试中允许超出范围的人员接触地图数据。

我国对从事测绘活动的单位实行测绘资质管理制度。《中华人民共和国测绘法》第五章第二十七条规定：国家对从事测绘活动的单位实行测绘资质管理制度。第二十九条规定：测绘单位不得超越资质等级许可的范围从事测绘活动，不得以其他测绘单位的名义从事测绘活动，不得允许其他单位以本单位的名义从事测绘活动。《关于加强自动驾驶地图生产测试与应用管理的通知》规定：自动驾驶地图（高精地图）属于导航电子地图的新型种类和重要组成部分，其数据采集、编辑加工和生产制作必须由具有导航电子地图制作测绘资质的单位承担，导航电子地图制作单位在与汽车企业合作开展自动驾驶地图的研发测试时，必须由导航电子地图制作单位单独从事所涉及的测绘活动。因此，根据相关法律法规，没有测绘资质的汽车企业不得采集地理位置和道路标线标牌等信息，不得制作导航电子地图。

4.3　路侧智能基站

交通拥挤、道路阻塞、交通事故频发、空气污染是高速公路交通运输亟待解决的问题。车路协同系统是通过人-车-路信息交互，实现车辆和基础设施之间、车辆与车辆、车辆与人之间的智能协同与配合，从而提升道路交通的组织化程度，对提升高速公路道路交通的安全性、便捷性和可靠性，改善运输效率，减少环境污染具有重要意义。路侧智能基站是车路协同系统的重要组成部分，路侧智能基站技术的发展有力支撑了车路协同技术的发展和推广应用。

4.3.1　概述

继交通运输部提出建设"泛在感知设施"后，工信部也提出将在供给侧、需求侧、使用侧持续发力，为新技术应用提供必要条件，特别是面向典型场景和热点区域部署计算能力，构建低时延、大带宽、高算力的车路协同环境，推动智能网联汽车快速发展。可以说，将边缘计算能力与 V2X 通信能力相融合是车路协同当前重要的发展方向。

路侧智能基站正是在这种背景下产生的。它是一种安装于道路两侧或门架上，连接车辆、感知设备、路侧控制设施、北斗高精度定位系统及云计算平台的重要节点，依托 V2X 通信、人工智能、边缘计算等技术，提供车路通信、路侧控制、位置与同步、传感采集与融合、数据预处理、识别预测、协同控制等功能，实现对自动驾驶及智能网联车辆的安全辅助与路径引导支持，同时可支持交通管理、车辆管理、电子收费、应急响应等应用。

路侧智能基站通过多元异构的传感网络、通信网络，以及在复杂的分析算法和云计算、边缘计算及大数据的支持下，能够感知微观的车辆行驶信息，以及宏观的路网状态和实时的气象条件、能见度、污染情况、路面状态等信息，并通过先进的人工智能分析算法，结合历史数据，建立数学模型，识别并预测路网交通流运行状态及车辆驾驶行为，从而为出行者与管理者提供完备的信息服务，为车辆提供高级别自动驾驶功能支持。

4.3.2　关键技术

1. 路侧智能基站系统构建技术

路侧智能基站系统作为智慧高速系统中的基本单元，衔接传感器、终端、车辆、数据中心、指挥控制系统等部分，是路侧智能数据与通信平台。路侧智能基站由计算单元及 V2X 路侧天线组成。其中，计算单元具备快速、实时目标识别与处理、信息交互、指令执行与控制能力。V2X 路侧天线具备车路协同信息交互能力，能够在车载端与计算单元之间直接建立高实时、高可靠的通信链路；结合外部传感设备及执行设备，具备数据采集、通信控制等组合功能，可实现高速公路数据传感网的高速无线数据交互，实现数据的采集、预处理、打包、分发、接收、存储等。

路侧智能基站系统主要包括主控设备、车路协同通信设备、4G/5G 天线，以及定位、传感设备和其他辅助监控模块（见图 4-1）。

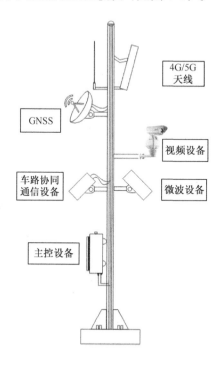

4G/5G 天线

GNSS

视频设备

车路协同通信设备

微波设备

主控设备

图 4-1　路侧智能基站系统示意

车路协同路侧通信设备（RSU）集成了 C-V2X 功能的路侧网联设备，是 ITS 的重要组成部分。目前，RSU 产业结构主要分为通信芯片、通信模组、路侧智能基站、V2X 协议栈及路端 V2X 应用软件。中国移动、大唐、华为等已发布支持 PC5 接口的商用产品并部署应用。

通信芯片：车联网通信设备专用的调制解调芯片对车联网而言必不可少。目前华为 Balong765、高通 9150、大唐 LTE-V2X、Autotalks CRATON2 四款芯片已商用。

通信模组：将应用处理器、基带、射频前端、定位单元、WiFi/BT 单元、SIM/USIM 及电源管理 IC（PMIC）等集成到一块线路板上，并提供标准外部接口的功能单元。通信模组是 C-V2X 产业链的重要一环，下游 RSU/OBU 可借助通信模组直接实现 C-V2X 通信功能。

路侧智能基站：是部署在路侧的通信网关，具有多种形态（有线、无线），汇集路侧交通设施和道路交通参与者的信息，上传至 V2X 平台，并将 V2X 消息广播给道路交通参与者。目前，我国的路侧终端已形成完整的产业链，上下游企业参与积极性较高，支持 C-V2X 的路侧终端产品逐渐成熟。下一步，应加强设备布设规范、应用功能标准、数据接口规范、测试方法的标准化，推动路侧终端的工程化应用与规模化部署。

2. 路侧智能基站可实现的功能

路侧智能基站具备实现基础单元应用或复杂协同控制应用所必需的本地感知、V2X 信息交互及协同决策基本功能。其具体包括以下模块。

（1）采集与传感模块可为用户提供融合 DSRC、LTE-V、4G/5G 等无线通信网的融合网络服务，实现多种方式的接入，实现双向信息的快速传递。

（2）通信汇聚模块可实现采集与传感模块等模块的通信功能，同时具备与中心云平台进行通信管理的功能。

（3）数据管理与智能决策模块能够实现本地采集数据、云端交互数据等各类数据的接入，具备数据预处理、数据存储及数据分发功能。同时，该模块具备双路通信管理功能，既能够与区域云中心通过光纤网进行数据互通，又能够通过公网方式与交通运输云中心进行数据交互。

（4）安全认证模块则用于实现网络和数据的安全监管功能。

4.3.3　发展现状

路侧智能基站与车路协同系统密不可分，是车路协同系统的重要组成部分。世界各主要国家均已将车路协同与自动驾驶技术的研发及应用上升至国家战略层面，积极抢占这一科技发展战略制高点，路侧智能基站成为其中重要的研发内容。针对车路协同系统的研发和推广，美国先后组织实施了智能车辆先导计划（Intelligent Vehicle Initiative，IVI），车辆-基础设施集成计划（VII）、商用车辆安全计划、CICAS、IVBSS 等项目，对路侧智能基站及实现方法进行了研究。2008 年，美国启动了 IntelliDrive 项目，扩展了路侧智能基站的通信接入方式，以确保为车辆提供无缝的通信接入，提升车与车、车与路，以及车与中心之间的联通能力。该项目于 2012 年扩展为 Connected Vehicle（互联车辆），通过低时延、高可靠性的短程通信，解决"车辆互联与协同"问题，确保车辆在高速公路上自组织、高效、安全地行驶。2014 年 8 月，美国国家公路交通安全管理局（NHTSA）公布了车车通信预立法草案；同年，美国运输部发布了《智能交通系统战略规划（2015—2019）》，制定了两个战略重点，即明确实现汽车

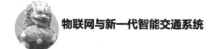

互联技术和推进车辆自动化。该规划主题为"改变社会前进方式"，实现网联汽车应用，加快自动驾驶技术落地。

欧洲在车路协同技术领域起步早，产业链成熟，标准完善，支持了大量的科研项目，并已有相当一部分研究成果投入应用，路侧智能基站是其中的重要内容。同时，欧洲对技术路径的选择仍保持相对中立。欧洲的智能交通技术发展非常重视对基于无线通信的路侧智能基站通信及相关标准的研究工作。2003年，欧盟提出了合作式智能交通（Cooperative Intelligent Transport Systems，C-ITS），在CEN成立了TC 278委员会，在欧洲电信标准化协会（ETSI）成立了ETSI TC ITS委员会，并在欧盟授权法案M/453的要求下，合作制定了ITS相关标准。同时，欧盟相关国家和道路运营管理机构为了协调部署测试活动，建立了C-Roads平台，共同制定和分享技术规范，并完成了跨路侧智能基站站点的互操作测试验证。例如，荷兰、德国、奥地利开展了跨国高速公路示范工程——ITS走廊（ITS Corridor）。荷兰TNO真实测试结果显示，C-ITS试验路段的通过能力相比传统高速公路提高了1.7倍。在法律法规方面，欧盟于2019年3月对道路部署C-ITS出台了具体规则。

日本在车路协同技术方向上，先后实施了如ASV、AHS、DSSS、Smartway、ITS-Spot、ETC 2.0等诸多智能车路项目。Smartway在日本现有ITS（如VICS、ETC、AHS，以及路上检测系统、可变信息板、信标、数字地图、光纤网络和专用短程通信系统等基础设施）的基础上，进行集成再创新，将车载装置一元化并实现与路侧智能基站的车路一体化协同。其核心组成部分ITS-Spot，也就是路侧智能基站，已覆盖全日本高速公路，主要提供3个功能：辅助安全驾驶信息服务、静止图像信息服务及浮动车信息采集信息服务。目前，Smartway项目已发展为ETC 2.0计划，旨在拓展交通信息服务与驾驶辅助功能。而由日本内阁制定的跨部委合作的《SIP（战略性创新创造项目）自动驾驶系统研究开发计划》，设立了4个方向共计32个研究课题，以推进基础技术及协同式系统相关领域的开发与实用化，其中明确提出要通过对车辆自身前进道路上的交通环境的适当把握，实现必要的控制和驾驶辅助，包括获取以信号信息等为代表的动态交通管理信息，通过路侧传感器和车车通信等手段获取高精度、高可靠性的交通状况，通过行人通信终端把握行人动态和静态的状况，实现对行人的移动辅助，以及获取道路交通信息等。

4.4　云控平台

4.4.1　概述

1. 云平台介绍

云平台也称云计算平台，可基于硬件资源和软件资源的服务，提供计算、网络和存储能力。云平台可以划分为 3 类：以数据存储为主的存储型云平台、以数据处理为主的计算型云平台，以及计算和数据存储处理兼顾的综合云平台。交通领域所说的云平台是第三类，即计算和数据存储处理兼顾的综合云平台，交通云平台是交通中重要的信息设施。交通产生的海量数据的处理是智能交通发展面临的主要问题之一，在引入物联网后，产生的数据量会更加庞杂。对海量数据实时、快速、准确地提取和融合是云平台实现其应用功能的关键。

2. 应用需求

传统高速公路管理按照"统一规划、统一标准、联网运行、分级负责"的原则运行，实现省中心、路段（分）中心、基层单元三级分级管理，主要涉及高速公路收费、监控、通信 3 个方面。省中心负责全省高速公路联网运行的行业管理工作，负责全省高速公路收费、监控、通信等系统运行的行业监督、检查、指导工作，统一实施联网运行系统的调控管理；路段中心（或路段分中心）负责所辖路段收费、监控、通信系统的运行管理，及时将相关信息上报上级监控中心，接受上级监控中心的统一调度，执行联动操作，并与基层单元交互相关信息和数据；基层单元包含收费站、隧道管理站、服务区、特大桥梁监控站、监控外场设备等，接受路段（分）中心的统一调度。

随着高速公路的发展，高速公路联网运行系统框架的"竖井式"结构已不能满足公路网的统一智能管控和社会公众对高速公路出行针对性体验好的要求。因此，需要构建新型的智慧高速云控平台，实现对区域范围内智慧高速公路的管理与服务。该平台与传统路段中心或路段分中心相比，能够提升应用系统能力、数据贡献能力、数据处理能力及数据支撑能力，实现高速公路管理者的统一智能化管控，改善社会公共的出行体验，使高速公路具备更全面的感知能力、更智慧的管控能力和更精准的服务能力。

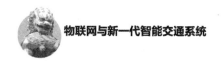

3. 平台功能

智慧高速云控平台建设，应充分考虑智慧基础设施采集信息的接入需求，特殊考虑高速公路紧急事件的应急处置需求，重点考虑高速公路高效精准的管理需求，以及充分考虑与上一级数据平台等相关平台（中心）的有效衔接，全面提升高速公路的协同管控平台业务管理和服务智慧化水平，实现交通运行状态实时监测预警、紧急事件快速响应和高效处置，以及公众出行高精准路径规划与诱导等功能。云控平台功能具体如下。

1）综合分析

实现对交通事件、路网运行状态、紧急事件、气象状态、高速公路运营状况、高速公路养护状况、交通流量、收费数据等的统计分析；针对重大活动、恶劣天气、节假日等情况进行数据的深层挖掘和分析。

2）决策支持

针对高速公路运行管理与服务热点问题，如客货混行行驶安全、违法治理等问题，通过全面整合、处理交通要素感知数据，进行综合分析，对路段交通运行状况进行监测，形成多层次的安全、拥堵评价，并在此基础上为区域乃至省域的高速公路建设、发展及安全、拥堵治理提供支持。

3）综合交通诱导

通过对历史数据、实时数据的分析计算，预测未来各路段的交通运行状况，并根据高速安全防控分析、高速事件感知等综合性研判，提前制定相应的高速诱导策略，并支持各类诱导平台的发布（交通管理发布平台、高速诱导屏、第三方 App 等）。综合交通诱导可为交通部门更好的便民服务提供支持，为用户智慧出行提供信息诱导。

4）运行监测与预警

实现运营车辆（尤其是危化运输车辆）运营线路异常信息的自动报警；对高速公路重点桥梁、隧道、边坡等交通基础设施在各种工作环境下的使用情况、损伤情况等进行实时监测与预警；针对重大活动、重要节假日、恶劣天气等情况，实现对交通流量大、高峰、紧急情况等的监测和预警。

5）协调联动

实现公安、消防、医疗急救、安全生产紧急救援、常设的减灾防灾机构等应急处置力量之间的联动，完成高速公路突发事件及相关信息的处理、分析、发布等工作；实现应急处置各相关单位或部门与高速公路管理分中心之间的精细化协调联动。

6）应急指挥调度

应急处置系统的应急处置业务按照前、中、后 3 个环节，形成 7 个子系统，即应急信息接报子系统、应急辅助决策子系统、应急指挥调度子系统、应急信息服务子系统、应急统计分析子系统、应急预案数字化子系统和应急资源管理子系统，从而提高应急指挥调度的实时性、准确性。

4.4.2 关键技术

1. 平台架构

云控平台是智慧高速公路的"大脑"，采用"云-边-端"协同控制的逻辑架构（见图 4-2），可实现感知信息处理、决策分析和实施管控等功能。

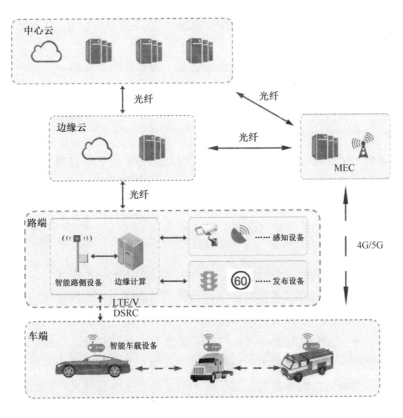

图 4-2 云-边-端协同控制的逻辑架构

1）"端"——智能终端

高速公路云控平台的端，是指高速公路上的智能终端。智能终端主要包括

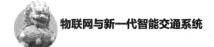

以下两类。

一类是沿线布设的具有 I2X（Infrastructure to Everything）直连通信与发布功能、信息采集功能、本地决策与控制功能的智能路侧设备（RSU），设备间隔200～500m。RSU 的核心功能是计算处理涉及交通安全、时延要求高（如100ms以内）的感知信息，并利用 I2X 直连通信进行广播式发布。RSU 配置的计算处理单元一般采用单片机、FPGA 等微处理器或微控制器，其计算处理速度快，但功能有限，通常不承担数据存储功能。RSU 还具备将感知信息和所发布的控制信息利用无线/有线通信链路上传至边缘云的功能。

另一类是高速公路上行驶的具有 V2X 直连通信与发布功能的智能网联汽车。从给高速公路云控平台提供信息的角度看，智能网联汽车要提供位置、车速等行驶动态信息和车辆基本情况等静态信息；从接受云控平台所提供的信息服务的角度看，智能网联汽车要能接受 RSU、边缘云和中心云（区域云）发送的信息。

高速公路云控平台的智能终端数量众多，需要针对不同场景（如合流区、弯道、隧道等），拟定具体交通诱导和管控策略，并据此确定场景中各终端的信息采集、分析和发布功能。

2）"边"——边缘云/边缘控制节点

高速公路云控平台的边，是指高速公路沿线部署的云平台架构的边缘控制节点（简称边缘云）。根据实际功能需求，在一定长度的高速公路路段部署一个边缘云，一般部署在路段管理处机房，且与路段上的 RSU 和各类感知、管控和发布设备实现光纤连接或 5G 通信连接，同时与区域云或中心云实现足够带宽的专线连接。

边缘云部署在高速公路路段旁边，接近本路段上的智能终端。边缘云与智能终端形成了一个边缘监测控制闭环，其核心功能是对本路段智能终端所采集的交通流、交通事件、交通环境等数据进行实时融合感知和边缘洞察计算，实现对路段交通状况的及时动态调整和精确管控（如 1s 以内）。边缘云层面所实施的管控以智能自动管控为主，以人工操作为辅，这就需要设定不同场景下的管控策略，并利用大数据和人工智能技术形成管控策略算法库。具体的管控策略算法需要利用实际交通数据和仿真系统进行测试与训练，成熟有效的算法可列入边缘云的管控策略算法库。

边缘云还有一个重要功能是存储本路段上智能终端采集的海量基础信息（如视频终端采集的图像信息）和智能终端本地计算与控制产生的海量中间数

据，并对海量信息和数据进行有目标的分析处理，然后将形成的处理结果上传至区域云或中心云，从而减少海量信息和数据全部上传至区域云和中心云对通信资源的消耗，并减轻区域云和中心云的计算负担与存储压力。

每个边缘云可视为一个私有云，是一个动态可扩展的虚拟化资源池，包括计算、软件、数据访问和存储等服务，应采用云计算中心的技术架构。云中心的技术架构能够在技术层面确保边缘云与边缘云之间、边缘云与终端设备、区域云和中心云通过 API 直接调度资源池中的数据，避免了传统架构下数据共享方面的技术障碍，解决了"信息孤岛"问题。

可利用现行高速公路管理模式下的路段管理处布局和建设边缘云。例如，若杭绍甬高速公路杭绍段的运营管理公司在 53km 的沿线设置了 3 个路段管理处，原则上就可在这 3 个路段管理处部署 3 个边缘云，具体边缘云的数量和每个边缘云的服务能力，可根据实际边缘监测管控的需求进行设计。

3）"云"——区域云/中心云

高速公路云控平台的云，是指云平台架构的高速公路运行监管和服务中心，所监管的是多条高速公路所形成的一个路网。按照所监管的高速公路网数量的多少、行政区划的不同或高速公路运营管理层级的差别，云中心可分为中心云和区域云。例如，按行政区划进行划分，若建设包含全国高速公路网的中心云，则各省高速公路网就是一个区域云；若建设包含省级高速公路网的中心云，则各地市高速公路网就是一个区域云。再如，按运营管理层级划分，若建设高速公路运营管理公司的中心云，则路段分公司所运营管理的高速公路网就是一个区域云。因此，中心云和区域云是相对的概念。

中心云和区域云一般都由专业公司提供 IaaS、PaaS、SaaS 等云服务（见图 4-3），其提供数据存储和计算能力的物理机房可能是在一起的，中心云和区域云仅是逻辑上的划分，中心云和区域云的使用者仅对数据访问和处理的范围与权限不同，以及选用的 IaaS、PaaS 和 SaaS 等云服务不同。IaaS 整合所有交通信息资源，构建交通大数据资源池，同时存储、预处理交通大数据；PaaS 基于 IaaS，提供大数据管理、分布式并行计算、交通软件运行和开发等服务；SaaS 的服务对象主要为交通管理部门、出行者等。

中心云和区域云的物理机房通常都远离边缘云及高速公路上的智能终端，主要承担对海量数据的存储和对复杂任务的计算处理功能，其时延一般在分钟级别。中心云、区域云、边缘云与智能终端形成了中枢监测控制闭环，其核心功能是对集中存储的海量数据进行大数据分析，实现路网级的交通优化和管控，这类分析和管控一般都需要人工操作来实施。

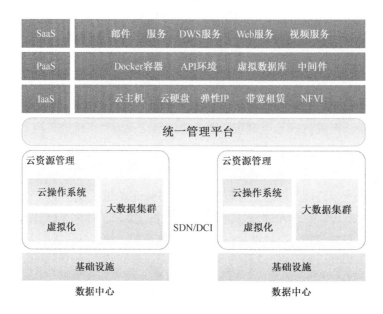

图 4-3　云计算服务架构

借助云中心技术架构所能提供的强大的数据处理和存储能力，以及资源池的易扩容性，中心云和区域云应利用数字孪生技术，建立所管理高速公路网的全域、全量、全时状态监测系统。其中，全量具体包括路网交通状态（准确到每辆车在车道上的行驶轨迹）、交通事件状态、交通环境状态；全时指 7×24 小时中的每时每刻。也就是说，要在中心云和区域云存储一个实际路网运行状态的虚拟映射系统，为路网级交通组织优化和管控策略的实施效果仿真测评提供数据基础。

采用云计算服务系统架构设计，解决了传统路段内部、路段之间及路段与上级管控平台之间数据衔接不利、协同控制能力差的问题，使数据流转更加简捷和顺畅，以及实现跨部门、跨路段的协同管控；同时，实现与行业外部数据交互共享。

2. 控制策略

云-边-端分层控制（云控平台分层控制功能见图 4-4）包括智能终端控制、边缘协同控制节点控制、中心/区域控制。智能终端控制实现的功能主要是单智能终端支持实现的服务，例如，车辆保持或变道等通过车载设备可实现的微观控制，或者弯道预警、分/合流区预警、交通事件预警、紧急车辆优先、可变限速预警、道路施工提醒等通过某个智能路侧设备实施的用户触达服务。边缘协同控制节点主要实现跨设备的协同控制，如节点（交通交织区、事故多发区、湿滑路段）监控、态势分析、协同管控和车辆智能分析等功能；中心/区域控制实现跨边缘的协同控制及服务，如路网层级的监控、态势分析、协同管控和车辆智能分析等功能。

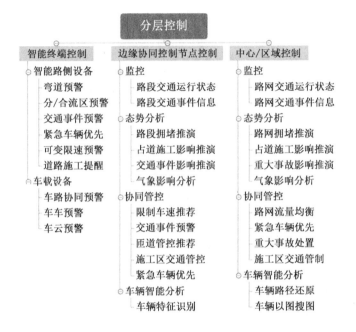

图 4-4　云控平台分层控制功能

1）智能终端控制

下面对智能终端控制的部分功能进行介绍。

弯道预警：高速公路弯道和坡道区域视野受限，高速行驶的车辆容易发生交通事故，尤其是大型客车、货车，在弯道和坡道发生突发状况时，常因难以及时制动而发生重大事故，通过车路协同系统进行动态弯道/坡道提醒，能够有效引起驾驶员的关注，进而提示驾驶员谨慎驾驶，保障弯道/坡道区域的交通安全。

分/合流区预警：高速公路分/合流区是交通冲突多发地，通过车路协同系统提供分/合流区预警，能够有效降低交通冲突发生风险，提高分/合流区的交通安全。车路协同系统对分/合流区附近主路和辅路上所有动态目标的运行状态进行分析，并将相应信息发布至安装有车路协同智能车载终端的车辆和可变情报板。

交通事件预警：高速公路交通事件是导致交通拥堵和二次事故的主要原因之一，通过车路协同的全时空交通感知功能进行交通事件的实时识别与预警，能够对交通事件的上游交通流进行有效疏导，提高交通效率并保障交通安全。车辆在高速公路行驶时，可实时接收车路协同系统提供的交通事件（如异常停车、碰撞等）预警服务。

紧急车辆优先：基于车路协同技术，当紧急车辆将要通过交叉口时，车载设备向路口信号控制机发送特殊车辆通过请求，当信号控制机接收到该请求后，车载设备将结合定位距离和当前车速信息计算预计到达时间并发送给信号控制机，信号控制机根据当前信号的状态，对相位进行红灯早断、绿灯延时等干预操作，以保证特殊车辆顺利通过。

可变限速预警：高速公路动态限速通常根据道路结构及实际交通流特性设置，是保障行车安全的一项重要措施。道路实际运行中经常存在因未及时获取动态限速信息导致超速甚至发生交通事故的问题，通过车路协同系统实时发布动态限速提示，能够有效保障动态限速区域的行车安全。

道路施工提醒：施工区使高速公路连续流受到人工阻隔，容易产生交通瓶颈，并且施工区交通事故多发，施工人员及途经车辆发生碰撞的风险较高，通过车路协同系统提供施工区预警服务，能够有效提高施工区附近的通行效率，降低车辆及施工人员事故风险，保障施工区交通安全。

2）边缘协同控制节点控制

边缘协同控制节点控制通过分析交通运行状态、交通事件信息、施工状况、气象环境等内容，对交通运行态势进行分析，制定相应的管控策略，通过限速、匝道管控等方式提高道路车辆通行效率。以事故发生后的交通形态为例：事故发生后，车辆的堆积是引起拥堵的重要原因，车辆堆积是因为后续车辆对事故情况掌握不及时，不能做出及时的重新规划等操作，一旦有事故或车辆堆积的情况，就无法避免越来越堵。所以及时获取交通路况，通过调整限速等方式，可提高车辆通行效率。

3）中心/区域控制

中心/区域控制除了具备对路网层级的交通运行状态和事件信息进行分析，对整个路网进行路网流量均衡等功能，还具备对重大事故的各种处置功能。因为救援不及时也是造成拥堵严重化的一个重要原因。

当有紧急情况发生时，驾驶员可以通过车内通信设备或通过附近的路侧装置进行车辆紧急救助请求，救援部门可以根据车内的诊断信息判断如何实施救援活动和出动何种救援车辆，并给周围车辆发送信号，显示救援进度。发生事故后，驾驶员通过车辆、终端或路侧设备进行报警及责任认定，路侧设备可以用作初步责任划分的依据，以及作为警方认责的依据，从而提高处理效率，避免后续大规模拥堵的发生。当救援车辆赶赴事故现场时，会对外广播救援车辆靠近的信息，提示附近的驾驶员及时避让。救援中心还可以根据实时路况紧急规划一条相对通畅的路线，同时通过交通管理部门来调整道路通行的方向，引导救援车辆快速到达现场进行救援，提高救援效率，减轻拥堵的严重程度。在紧急救援过程中，如在道路发生损毁、救援时间较长等情况下，救援车辆向后台和路侧设备发送道路变更计划申请，对周边的道路进行重新规划，临时封闭对向车道、匝道等，便于救援车辆尽快到达现场；通过道路的动态变化，加快缓解拥堵车流；通过发送绕行建议及道路封闭和变更计划，使驾驶员提前获知情况，避免发生拥堵情况。

4）云-边-端协同控制案例

高速公路事故发生后，如何快速发现交通事故，减少二次事故，以及如何快速组织救援，尽量减少灾害事故带来的损害，是摆在高速公路管理者面前的一项重要任务，云-边-端协同控制为高速公路事故预警和救援提供了技术支撑。

高速公路交通事故发生后，智能终端通过计算处理路侧摄像头或其他感知设备实时采集的信息，将检测到的事故信息通过 I2X 直连通信进行广播式发布，并将事故信息上传至边缘云。

边缘云收到智能终端上报的事件信息，分析事故发生位置的上、下游车辆OD 关系、实时交通流量等信息，对事故造成的影响进行仿真，生成路段限速和车辆分流控制策略（见图 4-5）。

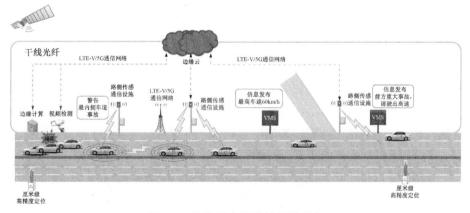

图 4-5　边缘云交通事故预警服务

中心云收到边缘云上报的事故信息，计算事故影响范围，生成事故预案。如果发生重大事故，中心云会将事故信息推送到应急响应部门，应急响应部门接收信息后派出救援车辆，并将救援车辆信息发送给中心云。中心云为救援车辆提供最优的路径，并实时显示救援车辆的位置和救援车辆车载视频的信息。

4.4.3 发展现状

1. 交通行业云平台架构的初步应用

甘肃、贵州等省已建成全省统一的交通运输行业"行业云"，甘肃制定出台了大数据标准和相关要求，梳理形成了省级数据资源目录、省级交通运输管理部门数据开放清单等。贵州开展了云贵川黔陕渝湘"六省一市"的跨区域综合云数据中心建设。江苏省路网中心率先采取"私有云"架构，对原有公路数据进行高效整合，有效提高了数据中心的资源利用率、单位空间计算能力，创新了绿色低碳的数据中心新模式。部分省市通过搭建"行业数据中心+公有云"的方式，将交通运输系统应用与服务迁至"云端"（如阿里云、华为云等），实现了数据的云端存储与应用。

2. 企业云控平台应用

目前，国内一些企业在开展云控平台的架构和应用研发，部分成果正在智能网联汽车示范区开展示范。其中具有代表性的是阿里云控平台和华为云控平台。

1）阿里云控平台

阿里云控平台包含七大核心能力，分别为全域数据融合、智能控流、差异化收费、智能养护、仿真预演（事件/占道影响预演）、地图引擎、视频分析引擎。

全域数据融合功能主要实现高速云控数据中台、统一数据架构、统一路网、统一数据模型、统一指标体系。数据中台可实现一套数据架构、一套路网ID、一套数据模型、一套指标体系、一套质量管控机制、一套安全机制和一套数据架构。统一路网可实现多源路网表达归一，使不同来源的数据得以融合分析，屏蔽原始路网数据变更对应用的影响。

智能控流功能主要实现智能诱导、动态限速、匝道控制等。

差异化收费功能可建立车辆、路况、成本等各种特征数据，通过随机森林等算法训练，预测对应各种车型、行驶里程、时段、成本、服务质量、路况等条件的高速道路收费价格，为合理定价、降低物流成本、提高路网整体运行效率提供支撑。其输入数据包括收费标准数据、车辆数据、减免规则数据、导航数据、路况和服务质量数据，以及运营成本等其他数据。

智能养护功能可实现工作量分析、排班计划制订、资源指派、实时调度等。

仿真预演（事件/占道影响预演）功能可实现对高速占道施工或突发事故可能造成的通行效率降低、排队等影响进行瞬时预演，以支持动态决策。事故发生后，将高速公路路段划分为保护区、控制区和缓冲区，控制区主要进行路段限速，缓冲区主要进行车流分流。

地图引擎功能可实现将高精度地图、3D 地图与 BIM（建筑信息模型）能力结合，可视化展现高速公路、城市、桥梁、隧道的全貌。

视频分析引擎功能可实现以高速侧枪机和球机视频作为数据源的实时分析，可以以不低于 90%的精确度覆盖诸多交通参数和交通事件，包括但不限于：车流量、车速、拥堵情况、机动车排队长度、车道占用率；异常停车、行人闯禁、机动车走应急车道、穿越导流线区、急转弯、快车道慢行、货车走快车道、实线变道、机动车逆行；车牌识别、机动车类型识别和车道识别等。

2）华为云控平台

（1）平台架构：华为所提供的智慧高速公路云控平台方案采用的是端-边-云的体系架构，包括感知层、通信网络层、IT 基础设施虚拟化层、智慧高速使能平台、应用层等。

依托华为云视频服务、CDN（内容分开网络）、云基础服务、EI、IoT 等服务，可实现高速公路场景下的道路监控视频上云，以及实现基于大数据的计费稽查、车路协同等场景应用，进而满足各类高速公路业务智能化应用的需要。

（2）平台方案：利用端-边-云架构，实现海量设备的接入、边缘+云的算法自动更新和自动推送，使算法训练更精准；智能化视频分析支持人脸、车牌、车型、轨迹等方面智能化识别算法，可满足对高速公路上的车辆、人员进行监控的需求。

端-边-云架构节省了智能摄像头的改造投入。基于边缘智能计算设备，可实现将云上训练的智能算法自动推送到边缘侧；基于非智能摄像头的智能化改造，保障了前期投入。

华为云控平台的云上服务可实现业务的快速上线，18 类共 160 多项资源及服务即买即用，可减少初始投资，可在一周内上线大数据稽核等高速公路应用系统。通过华为云控平台，在边缘端就可以对车辆特征进行结构化处理。

4.5 新一代能源设施

4.5.1 概述

1. 新一代能源设施的定义

交通领域的新一代能源设施是指以交通电力需求为中心，以电网为主干和平台，各种能源的生产、传输、使用、存储和转换装置，以及它们的信息、通信、控制和保护装置。新一代能源设施之间能够直接或间接地连接，形成网络化的能源系统。

新一代能源设施将是未来 ITS 的重要技术保障。根据智能交通的技术架构，未来道路沿线将部署大量的机电设施，这些设施需要稳定、可靠的能源供给。以新一代能源设施为基础建设绿色能源网，是保障未来 ITS 运行的关键因素。

未来 ITS 应该是"三网合一"的智能基础设施+智慧云控平台，"三网"指客货运输网、传感通信控制网和绿色能源网。其中，绿色能源网主要包括发电系统与输配电系统。

从发电系统来看，无论是照明系统还是监控系统，都需要大量的能源供给。道路沿线拥有大量的能源可供开发与使用，通过采用新技术实现可再生能源的就近消纳及再生制动能量的回收利用是未来智能交通发电系统的发展趋势。

从输配电系统来看，交通用电的特点是点多线长，无论是隧道还是公路监控，用电设施间隔距离都比较长，在输配电过程中容易损耗大量电能。利用新一代供配电技术降低交通系统输配电过程中的电能损耗是绿色能源网建设的关键。

2. 政策支持

交通运输行业一直遵循建设资源节约型、环境友好型（"两型"）行业，发展绿色交通，建设低碳交通的理念。

2010 年发布的《交通运输"十二五"发展规划》中，专设"绿色交通"篇，包含节能减排、节约集约利用资源、生态环保、防污治污等近10年来探索形成的交通绿色发展的主要领域和框架内容。

在 2014 年全国交通运输工作会议上，时任交通运输部部长杨传堂做了题为《深化改革务实创新 加快推进"四个交通"发展》的报告。报告中，杨传堂对综合交通、智慧交通、绿色交通、平安交通（简称"四个交通"）进行了较为深入的解读。交通运输是国家节能减排和应对气候变化的重点领域之一。发展绿色交通关键是在规划、建设、运营、养护等各环节节约集约利用资源，保护生态环境，更加注重优化交通基础设施结构、运输装备结构、运输组织结构和能源消费结构，更加注重提升行业监管能力和企业组织管理水平，充分挖掘结构性和管理性绿色循环低碳发展潜力，提高交通运输设施装备节能环保水平，提高土地、岸线等资源利用效率，建成以低消耗、低排放、低污染、高效能、高效率、高效益为主要特征的绿色交通系统。

2017 年，交通运输部印发了《关于全面深入推进绿色交通发展的意见》，明确了绿色交通的总体要求和发展目标，提出了全面推进实施绿色交通发展的七大工程和构建绿色交通发展的三大制度保障体系；提出了以交通强国战略为统领，以深化供给侧结构性改革为主线，着力实施七大工程，加快构建三大制度保障体系。

2019 年 9 月，中共中央、国务院印发了《交通强国建设纲要》，旨在构建安全、便捷、高效、绿色、经济的现代化综合交通体系，打造一流设施、一流技术、一流管理、一流服务，建成人民满意、保障有力、世界前列的交通强国。绿色发展节约集约、低碳环保也是其中的目标之一，要求促进资源节约利用，强化节能减排和污染防治，强化交通生态环境保护修复。

在此背景下，研究与应用新一代能源设施是实现绿色交通、建设交通强国的重要技术手段。

4.5.2　关键技术

公路供电系统是为公路沿线机电设备提供电能的基础设施，可满足公路日常运营的服务需求。在我国，公路沿线机电设备的负荷小，比较分散，并且呈带状式分布。通常情况下，公路运营管理者会将变电站设置在管理中心、收费站、服务区、养护工区等场区内，使得公路沿线机电设备的供电间隔达到 1～15km，这种特殊的用电场景会导致一系列的用电问题，如三相供电不平衡、传输损耗大、供电效率低、电能质量差、线缆用量多等。同时，对于一些特殊的应用场景（偏远山区、隧道等），需要配置额外的电力监控设备来实现机电设备的远程监控，因此研究一种经济、高效、高自动化的公路供电方法是公路机

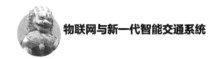

电系统快速发展的重要基础。

1. 传统公路供电方法

为了满足公路沿线机电设备的供电需求，公路电力专家与学者研究设计了多种供电方法。针对不同的供电距离和负载特性，各种供电方法有其特定的优势。

1）低压 380V 供电系统

低压 380V 供电系统通过场区变电站低压配电柜向外场设备直接供电。其优点是建设和维护成本较低，设计施工难度适中，供电电缆和设施要求的耐压等级低，常应用于距离变电站较近的负载。

2）中压 10kV 供电系统

中压 10kV 供电系统采用 10kV 系统供电，在负载相对集中处设置 10/0.4kV 变压器，然后低压供给一定范围内的用电设备。其优点是电能在传输过程中的损耗很低，适用于远距离供电环境。

3）升降压 660V 供电系统

升降压 660V 供电系统在变电站内将三相 380V 升压到三相 660V，然后在设备终端处将电压降至三相 380V 后为设备供电。其优点是，相比中压 10kV 供电系统方案，对供电电缆和设备的耐压等级要求较低，设计和施工难度也较低；相比于低压 380V 供电系统方案，供电距离远，传输损耗低。

上述 3 种供电方法是目前公路上常用的三种供电方案，除此之外，还有风光互补供电方案等。

传统公路供电方法在实际应用的过程中都存在不同的缺点。例如，低压 380V 供电系统的电力传输距离短，供电能力弱；中压 10kV 供电系统对供电电缆和设备的耐压等级要求高，造价成本高，设计和施工难度较大，电缆需要重复敷设；升降压 660V 供电系统的电缆也需要重复敷设，只适用于中距离、中等负载容量的供电，长距离、大容量供电能力不足；风光互补供电系统的供电能力有限，太阳能转化效率低，使用范围受限（年平均风速大于 3.5m/s，同时年度太阳能辐射总量不小于 5000MJ/m² 的地区是风光互补供电系统的推荐使用区），设备造价昂贵，蓄电池寿命极短，维护成本高，太阳能板、蓄电池等设施易被盗。

分析各种传统公路供电方法的优缺点可以看出，这些供电方法的应用存在一定的局限性，均有其特定的使用场景。除此之外，传统供电方法还存在以下共同的、难以避免的问题。

1）三相不平衡

目前公路供电系统大多从场区变电站引电,变电站的输出通常是三相电。在三相四线制的供电系统中,由于公路沿线机电设备多为单相负荷或单相与三相负荷混用,并且负荷大小和用电时间不同,因此电网中三相间的不平衡电流是客观存在的。这种用电不平衡状况无规律性,也无法事先预知,导致公路供电系统三相负载长期不平衡。公路供电系统三相不平衡会增加线路及变压器的铜损,还会增加变压器的铁损,甚至会影响变压器的安全运行,对公路机电系统造成很大的危害。

2）供电效率低

三相不平衡电流的存在增加了供电系统的自身损耗,必然导致供电效率降低,进而降低了整个供电系统的功率因数。

3）电能质量差

公路沿线机电设备主要包括监控摄像机、气象检测器、车辆检测器、调压稳压系统、通信设备、收费车道设备、可变情报板及 LED 照明灯具等,这些电子设备基本上都属于非线性负载。非线性负载的一个重要特点是当对负载施加正弦电压时,电流并不是正弦形的,存在畸变,从而造成电力谐波,降低了供电系统的电能质量,影响了机电设备的正常工作。

4）电缆造价成本高

负载一定时,传输电压越高,传输电流越小,电缆内压降就越小,可传输距离也就越远。但是,电压越高,供电设备的耐压水平就越高,电缆绝缘成本就越高,设备、电缆造价也会越高,并且容易造成线缆的重复敷设,大大提高了线缆的投资成本。

5）自动化程度低

在一些无人值守的偏远地区路段,传统公路供电系统的自动化程度较低,公路机电设备的运营、维护需要设立额外的监控系统,实现电力系统的远程监控,这增加了额外的经济投入。

2. 分布式单相供电系统

分析传统公路供电系统存在的问题可以看出,要解决这些现存的公路供电难点问题,一个重要的切入点就是解决供电系统的三相不平衡,并且在系统中设置电力监控装置,提高其自动化程度。因此,可以设计一种分布式单相的、

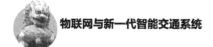

可远程监控的远距离供电方案——公路分布式长距离单相供电系统，以满足实际应用需求。

公路分布式长距离单相供电方法的工作原理如图 4-6 所示，变电站输出的三相电通过三相电转单相电模块变为单相电，然后将其升压，以提高供电系统的供电能力，实现远距离供电。升压后的单相电作为供电母线，沿公路沿线传输电能。在设备端的负载处设置降压模块，将电压降低至负载能使用的范围，为机电设备供给电能。在供电系统的升压处和降压处设置电力信息采集模块，实时获取整个供电系统的电力运行状态信息，并利用控制、通信模块将信息传送至供电系统监控中心。公路运营管理者可以通过供电系统监控中心发出供电系统控制指令，实现供电系统中任意回路的开关控制、调压稳压功能。

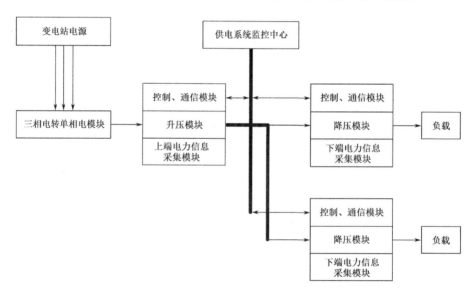

图 4-6 公路分布式长距离单相供电方法的工作原理

根据公路分布式长距离单相供电方法的工作原理，得到公路分布式长距离单相供电系统结构，如图 4-7 所示。

将三相电转单相电模块，上端电力信息采集模块，控制、通信模块，升压模块整合为上端电源柜，实现功率因数补偿、滤波、稳压、谐波抑制等功能，输出单相 3.3kV（660V～10kV 国家标准电压均可选）电压，通过电缆将电力长距离输送到各用电端。在用电端将降压模块，下端电力信息采集模块，控制、通信模块整合为下端电源箱，将母线电压降低至用电设备可用的电压值，实现公路长距离单相供电。

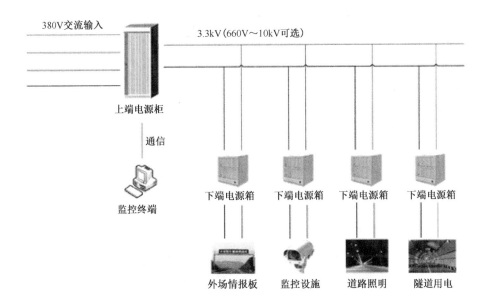

图 4-7　公路分布式长距离单相供电系统结构

由于上端电源柜与下端电源箱都包含电力信息采集模块与控制、通信模块，因此供电系统监控中心能够与各供电回路的供电设备相互通信，完成开关控制与调压稳压指令，实现供电系统的远程监控功能。

分布式单相供电系统具有如下优点。

1）提高电能质量

公路分布式长距离单相供电系统采用了将三相电转换为单相电的无主均流传输方式，从根本上避免了三相不平衡现象的产生，消除了三相不平衡电流，降低了供电系统的自身损耗，大大提高了供电效率。然而，公路沿线机电设备中存在大量的非线性负载，使得供电系统中的电力谐波依然存在。为了降低供电系统中的电力谐波，可以在三相电转单相电模块中添加数字滤波装置来对电力谐波进行抑制。

为了检验公路分布式长距离单相供电系统提高电能质量的能力，以某公路的电子情报板供电回路的电力运行状态为对象进行试验验证。传统供电系统采用三相电进行供电。采用传统供电系统进行供电的电力测试结果如图 4-8 所示。

图 4-8 传统供电系统情报板测试数据

其谐波失真如图 4-9 所示，总谐波失真为 107.8。

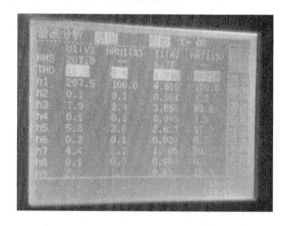

图 4-9 情报板谐波失真

当采用公路分布式长距离单相供电系统进行供电时，电力测量结果如图 4-10 所示。

图 4-10 公路分布式长距离单相供电系统的测试数据

采用传统供电系统与公路分布式长距离单相供电系统进行供电的试验数据对比如表 4-1 所示。

表 4-1　试验数据对比

测试项目	传统供电系统	公路分布式长距离单相供电系统
电压/V	219.1	395.4
电流/A	2.164	1.534
功率因数	0.660	0.958
有功功率/W	939.1	1006
无功功率/Var	1065	300
视在功率/VA	1420	1050
谐波失真	107.8	28.5

从表 4-1 中可以看出，相比于传统供电系统，公路分布式长距离单相供电系统提高了功率因数（由 0.660 提高至 0.958），减少了无功功率，并且减少了谐波失真（由 107.8 降低至 28.5），电能质量得到了显著提升。

2）电力状态监测

公路分布式长距离单相供电系统可以对系统中任意回路的电力状态信息进行监测，如情报板的电力状态信息，包括电流和电压的波形，如图 4-11 所示。除此之外，其还可以对任意站点的电力信息进行监测。

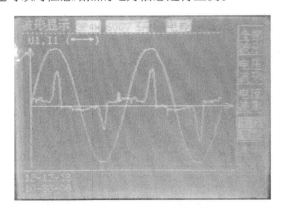

图 4-11　情报板电流和电压的波形图

3）远程电力控制

公路分布式长距离单相供电系统将监控中心作为电力监控管理平台，该平

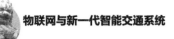

台不仅可以利用控制、通信模块接收电力状态信息,还可以分别给上端电源柜与下端电源箱发送控制指令,实现开关控制、调压稳压功能。监控中心的远程控制平台界面如图 4-12 所示。

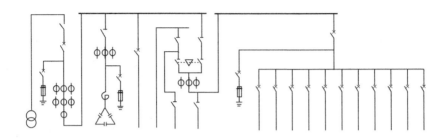

图 4-12　监控中心的远程控制平台界面

4)节约线缆造价

采用公路分布式长距离单相供电系统最显著的经济效益就是大幅度减少了线缆的用量,节约了工程造价。以 4km 隧道照明场景为例,传统三相供电方案从隧道入口变电所通过多个回路引出 380V/220V 电压分别传输至配电箱,再由配电箱分出多个回路给双方向灯具供电,如图 4-13 所示。而公路分布式长距离单相供电方案由隧道入口处上端电源柜引出 2 个 3.3kV 电压回路传输至隧道内的下端电源箱,再由电源箱引出多个回路分别给附近灯具供电,如图 4-14 所示。

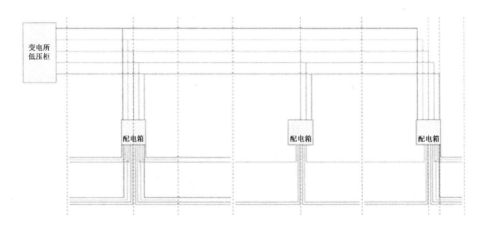

图 4-13　传统三相供电方案电缆敷设图

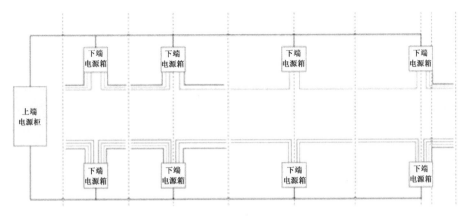

图 4-14　公路分布式长距离单相供电方案电缆敷设图

对比两种供电方案的线缆用量，传统三相供电方案需要采用约 9.6km 的 4 芯 10kV 电压等级的电缆，约 26.5km 的 4 芯 1kV 电压等级的电缆，约 40.2km 的 5 芯 1kV 电压等级的电缆；公路分布式长距离单相供电方案需要采用约 19.2km 的 2 芯 3.3kV 电压等级的电缆，约 50km 的 2 芯 1kV 电压等级的电缆。通过计算，传统公路供电系统制造电缆共需要用铜 26.66t，而公路分布式长距离单相供电系统制造电缆需用铜 7.09t，节约铜比例约为 73.4%。

分布式单相供电系统避免了三相不平衡带来的各种电力难题，并采取相应的电力改善措施提高了供电系统的电能质量和供电效率；由于采用单相电作为供电回路的母线，避免了电缆的重复敷设，大大节约了电缆造价。公路分布式长距离单相供电系统还可以利用监控中心对系统的供电状态进行监控，实现供电回路的远端开关、调压控制，大大提高了整个供电系统的自动化程度。

4.5.3　发展现状

1. 太阳能路面技术现状

太阳能是一种清洁、高效和永不衰竭的绿色能源。21 世纪，世界各国政府都将太阳能资源利用作为国家可持续发展战略的重要内容。而太阳能光伏发电具有安全可靠、无噪声、无污染、故障率低和维护简便等优点，在很多行业都得到了广泛应用。1954 年，科研人员研制了效率达 6% 的单晶硅太阳能电池；1958 年，太阳能电池应用于卫星供电。在 20 世纪 70 年代以前，由于太阳能电池效率低、售价昂贵，主要应用在空间技术领域。20 世纪 70 年代后，科研人员对太阳能电池的材料、结构和工艺进行了广泛研究，在提高效率和降低成本方面取得了较大进展，使太阳能电池的地面应用规模逐渐扩大。目前，太阳能电池的发展重点仍是具有较高转换效率和相对较低成本的多晶硅和非晶硅薄膜电池，其最终会取代单晶硅电池成为市场的主导产品。我国目前先后研制开发了晶体硅（单晶、多晶）电池、非晶硅薄膜电池（组件）、CdTe 电池、CIS 电池、多晶硅薄膜电池和聚光（硅）电池，相关技术水平不断提高，个别项目达到或接近国际领先水平，如表 4-2 所示。

表 4-2　我国研制的地面太阳能电池的效率

电池		技术	效率/%	面积
单晶硅电池	PESC	钝化发射区技术	20.4	（2×2）cm²
	IPSE	倒金字塔织构化及选择性发射区技术	19.79	（2×2）cm²
	MGBC	机械刻槽埋栅技术	18.47	（2×2）cm²
	LGBC	激光刻槽埋栅技术	18.6	（5×5）cm²
	常规电池	常规技术	14.51	（10×10）cm²
多晶硅电池		常规＋吸杂	14.5	（1×1）cm²
			12.5	（10×10）cm²
聚光（硅）电池		密栅	17.0	（2×2）cm²
多晶硅薄膜电池		RTCVD（非活性硅衬底）	14.8	（1×1）cm²
非晶硅薄膜电池		PECVD（单结）	11.2	1mm²
		PECVD（双结）	11.4	1mm²
非晶硅薄膜电池（组件）		PECVD（单结）	8.6	（10×10）cm²
		PECVD（双结）	6.2	（30×30）cm²
CIS 电池		共蒸发	8.0	（1×1）cm²
CdTe 电池		电沉积	5.8	3mm²

　　以国内英利、天合品牌的太阳能电池板为基准，单晶硅太阳能电池一般每瓦售价在 3 元左右，多晶硅电池每瓦售价在 2.5 元左右。太阳能发电系统成本逐年下降，性能逐步完善，应用于工程的性价比逐年提高。

　　公路在承担交通功能的同时，也为可再生能源的开发利用提供了空间和可能。近年来，随着智慧交通和绿色交通的建设发展，更多新型先进技术被用于公路工程领域，尤其是近两年国内外进行了太阳能公路技术应用研究，主要集中在太阳能发电路面方面。

1）美国

太阳能发电路面（Solar Roadway）是用太阳能吸能板铺设在现有的沥青混凝土路面或水泥混凝土路面，从而充分利用路面空间来产生能源的一种新型路面结构形式。太阳能发电路面最早由美国爱达荷州的一对科学家夫妇——Scott Brusaw 和 Julie Brusaw 于 2006 年提出，即用太阳能板代替传统的沥青来建造所谓的"太阳能公路"，并得到了美国联邦公路局的研发资金支持。

2009 年，他们收到了第一笔用于建造太阳能发电路面原型的政府拨款。美国联邦公路局已对其进行了两次共计 85 万美元的资助，其研制的太阳能发电路面由相互咬合的六边形钢化玻璃面板铺设而成，玻璃面板中嵌有光伏电池板，能利用太阳能发电（见图 4-15）。其在自己家后院开铺测试，并着力于太阳能公路表面材料（发电性能和路用性能新材料）的选择与应用，以及整体结构模型的拼装和调试。

图 4-15　太阳能发电路面材料

2016 年 6 月，美国密苏里州的交通运输部门发布计划表示，其计划在 66 号公路的康威接待中心附近铺设一条可以利用太阳能发电的测试路面（见图 4-16），当时计划在 2016 年年底之前完成。报道称，铺设这条公路的每块地砖都内置了太阳能电池、LED 照明灯、加热元件和强度足够支撑一台卡车的钢化玻璃。如果此次测试成功了，那么这些特制的地砖除了能为电网补充电力，还能在雨、雪天气通过内置的加热装置快速蒸发路面残积的雨、雪。

2）加拿大

2011 年，加拿大滑铁卢大学的 Susan Tighe 教授也开展了太阳能发电路面研究，其设计的路面结构模型与美国 Scott 教授提出的相同，具体结构形式如

图 4-17 所示。

图 4-16　美国 66 号公路太阳能路面建设效果图

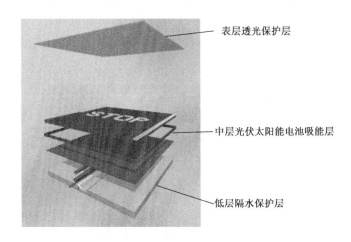

表层透光保护层

中层光伏太阳能电池吸能层

低层隔水保护层

图 4-17　太阳能发电路面结构

3）法国

2016 年，法国宣布将在国内建设总长约为 1000km 的太阳能道路，遍布全国各地，为法国 8%的公民（约 500 万人）提供能源。该项目使用了一种高强度的太阳能电池板，非常坚固，可以直接粘贴在路面上，安装和维护都很方便（见图 4-18）。

4）荷兰

2014 年，荷兰北部城市克罗曼尼建立了世界上首条太阳能电池板道路（见图 4-19）。这条道路是自行车道，总长度约为 70m。它在水泥板里嵌入了晶体硅太阳能电池板，可将太阳能转化成电能，并输送给电网，为路灯、交通信号灯或附近民宅供电。而路面表层是可起到保护作用的玻璃，可承受 12t 的重量。

图 4-18　法国太阳能发电路面

图 4-19　荷兰太阳能电池板道路

　　荷兰建设工程师称，这条 70m 长的太阳能电池板道路年发电量为 3000kW·h，足够一户家庭的全年用电。铺设这条道路的 SolaRoad 组织发言人 Stende Wit 说：“如果我们以全年为标准计算，我们认为其每年每平方米的发电量为 70kW·h。”由此可见其巨大潜力。

　　5）中国

　　我国长沙理工大学科研团队也从结构力学分析、光伏发电材料和路面功能设计等方面进行了初步研究，向美国 Scott 教授提供了透明有机玻璃（PMMA）板和透明树脂（PEEA）板两种面板材料进行示范研究；同时，派团队成员参与加拿大 Susan 教授的相关研究和示范实施工作。

　　以上所述的太阳能发电路面采用了全新的路面材料和全新的路面结构形式，一旦研制成功，将会提供一种多层次、多功能的路面系统，不仅具有公路

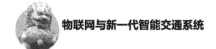

行车功能，而且可实现实时电动汽车无线充电、公路表面自动加热除冰等功能，同时可通过电池板上的 LED 照明灯提供交通信号和交通标线等交通管理信息。

该种路面可实现的功能代表了未来道路技术发展的方向，但目前该种路面造价高，特别是对表层透光保护层的承载能力、耐久性、行车抗滑性及透光性等均有很高的技术要求。从现阶段所采用的材料来看，其行车抗滑性和透光性要求完全矛盾，需要进一步研究。

综上所述，该种路面直接建造于公路上，目前技术还只能示范应用，前期可优先在人行道、广场上示范使用。

2. 太阳能发电路面系统面临的难题

目前，太阳能发电路面技术在国际上均处于刚刚起步阶段，大多仍处于实验室研发阶段，尚存在大量关键核心技术急需攻关。

1）技术体系还不成熟

太阳能发电路面完整的体系应包括发电材料和构件设计理论、发电路面设计理论、发电路面能量收集理论、发电路面施工技术及发电路面运营管理、发电路面经济性评价等。现有针对太阳能发电路面的研究成果只对发电理论和收集理论进行了深入研究，太阳能发电路面完整的技术体系尚未建立。对太阳能发电路面研究的局限，导致现有太阳能发电路面出现发电性能差、耐久性差等问题。

2）材料性能还不满足需求

太阳能发电路面换能材料不仅要具有较高效率的发电性能，更要有较好的路用性能，以确保路面耐久、行车安全，目前在相关材料研究方面，发电性能和路用性能的矛盾仍没有很好地解决。

3）经济效益和性价比不高

一方面，太阳能发电路面材料价格较高，初期投入成本大，据报道，美国 Scott 教授开发的一块太阳能板成本高达 6900 美元；另一方面，其能量收集效能和转换效率还比较低，尚需要在材料选择、系统构型、电路设计等方面加强研究，这些因素导致太阳能发电路面总体上经济效益不高，目前尚不具备推广应用条件。

4.6 信息安全设施

4.6.1 概述

近年来，以物联网为代表的新一代信息技术广泛深入地应用于交通运输各业务领域，深刻改变了传统的交通运输方式，大家熟悉的"聪明的车、智慧的路"这句话，可以认为是物联网技术在 ITS 中的典型应用。

新一代 ITS 由于其天然特性，具有三大方面的网络安全漏洞：一是开放环境的智能化道路基础设施，攻击者非常容易接触到路侧设备，从而劫持或假冒设备发动攻击；二是无线异构的通信网络，攻击者容易实现非法接入、信号干扰或通信协议解析攻击；三是数据集中的管理控制中心，容易造成隐私数据泄露、平台系统受攻击等。新一代 ITS 遭受网络安全攻击会带来严重影响：一是财产损失，包括企业因系统漏洞召回的损失和公众车辆丢失等带来的损失；二是信息泄露的影响，由于未来载运装备的网络化特征，大量的位置、信用等隐私信息将通过网络传输，攻击者可能会通过这些隐私信息实现非法定位、监控甚至身份伪造等；三是人员伤亡，这种损失是难以接受的，却是最可能出现的；四是恐怖袭击，一般这种攻击由有组织背景的攻击者实施。

目前，已出现针对车联网的网络攻击事件，部分案例中攻击者可控制汽车动力系统，导致驾驶员的生命安全遭受威胁。2015 年，安全专家入侵克莱斯勒的 Jeep 车型，获取远程向 CAN 总线发送指令的权限，达到远程控制动力系统和刹车系统的目的，可在用户不知情的情况下降低汽车的行驶速度、关闭汽车引擎、突然制动或让制动失灵。2016 年，来自挪威安全公司 Promon 的专家在入侵用户手机的情况下，获取特斯拉 App 账户用户名和密码，然后通过登录特斯拉车联网服务平台随时对车辆进行定位、追踪，并解锁、起动车辆，最终导致车辆被盗，造成用户的财产损失。

物联网技术在新一代 ITS 的应用必然带来网络安全问题，应该引起我们的重视。

4.6.2 关键技术

1. 可信计算（Trusted Computing，TC）

目前大部分网络安全系统主要由防火墙、入侵检测、病毒防范等组成。这种常规的安全手段只能在网络层、边界层设防，缺少对访问者源端——客户机的控制，加之操作系统的不安全导致应用系统的各种漏洞层出不穷，其防护效果越来越不理想。恶意用户的攻击手段变化多端，防护者只能把防火墙越砌越高、入侵检测越做越复杂、恶意代码库越做越大，误报率也随之增多，使得安全的投入不断增加，维护与管理变得更加复杂和难以实施，信息系统的使用效率大大降低，且对新的攻击毫无防御能力。可信计算正是为了解决计算机和网络结构上的不安全问题，从根本上提高安全性的技术方法。可信计算是逻辑正确验证、计算体系结构和计算模式等方面的技术创新，可使逻辑缺陷不被攻击者利用，形成攻防矛盾的统一体，确保完成计算任务的逻辑组合不被篡改和破坏，从而实现正确计算。可信计算的研究涵盖了硬件、软件及网络等不同的技术层面，其中涉及的关键技术主要有信任链传递技术、安全芯片设计技术、可信 BIOS（Basic Input Output System）技术、可信计算软件栈（TCG Software Stack，TSS）设计实现技术、可信网络连接技术。

可信计算领域的标准目前主要有 TCG（Trusted Computing Group）规范、美国可信计算机安全评价标准（TCSEC）和欧洲信息安全评价标准（ITSEC）。

我国可信计算源于 1992 年立项研制的可信计算综合安全防护系统（智能安全卡），该系统于 1995 年 2 月底通过测评和鉴定。经过长期攻关应用，我国形成了自主创新安全可信体系，开启了可信计算 3.0 时代，即主动免疫可信计算时代。主动免疫可信计算是指在计算的同时进行安全防护，以密码为基因实施身份识别、状态度量、保密存储等功能，及时识别"自己"和"非己"成分，从而破坏与排斥进入机体的有害物质，相当于为网络信息系统培育了免疫能力。通过可信计算环境、可信边界、可信网络通信形成主动免疫的三重防护框，可让攻击者进不去、非授权者拿不到重要信息、窃取的保密信息看不懂、系统和信息改不了、系统工作瘫不成、攻击行为赖不掉，以"确保完成计算任务的逻辑组合不被篡改和破坏，实现正确计算"。

当前，可信计算在数字版权管理、身份盗用保护、软件的数字签名、保护生物识别身份验证数据、核查远程网格计算的计算结果等方面已经得到了一定的应用。

2. 拟态防御（Cyber Mimic Defense，CMD）

拟态防御是国内研究团队首创的主动防御理论，核心实现是一种基于网络空间内生安全（Cyberspace Endogenous Safety and Security，CESS）机理的动态异构冗余（Dynamic Heterogeneous Redundancy，DHR）构造，为应对网络空间中基于未知漏洞、后门或病毒木马等的未知威胁提供具有普适创新意义的防御理论和方法。CMD 针对防范未知漏洞、后门等不确定威胁的前提，基于两个公理（公理 1："给定功能和性能的条件下，往往存在多种实现算法。"公理2："人人都存在这样或那样的缺点，但极少出现在独立完成同样任务时，多数人在同一个地方、同一时间、犯完全一样的错误的情形。"），依据"熵不减系统能稳定抵抗未知攻击"的发现，借鉴可靠性理论与自动控制理论，采用动态异构冗余构造，引入拟态伪装机制，实现测不准效应并获得内生安全功能，达到融合现有安全技术指数量级提升防御增益的效果。

CMD 理论的原型验证系统目前已经通过测试验证和专家评估，已研和在研技术产品有：拟态 Web 服务器（Mimic Web Server）、拟态路由器（Mimic Router）、拟态云（Mimic Cloud）、拟态文件和存储系统（Mimic File and Storage System）、拟态工业控制处理器（Mimic Industrial Control Processor）。目前，中国工商银行已开展了拟态防御技术应用的探索。

3. 移动目标防御（Moving Target Defense，MTD）

移动目标防御是美国国家科学技术委员会提出的基于动态化、随机化、多样化思想改造现有信息系统防御缺陷的理论和方法，其核心思想致力于构建一种动态、异构、不确定的网络空间目标环境来增加攻击者的攻击难度，以系统的随机性和不可预测性来对抗网络攻击。MTD 的主要技术原理是频繁地更改计算机的 IP 地址，导致黑客无法识别攻击对象。该技术被称为"灵活的随机虚拟 IP 多路复用技术"。

MTD 的技术思想为：针对攻击链的创立与维持严重依赖目标环境的静态性、相似性和确定性，利用类似于无线通信跳频抗干扰体制的手段，通过不断变化目标系统环境或资源配置关系，增加攻击者利用漏洞创建和维持攻击链的难度，使基于目标系统已知或未知缺陷的攻击效果失去有效性与可靠性意义，从而显著地提高网络攻击门槛和攻击成本。该思想开创了以变化的内因防御外部攻击的先河，对扭转当前网络空间易攻难守的局面具有十分重要的意义。然而，其仍未脱离"加壳"或附加式防御的传统套路，只是给目标对象内生安全问题包覆了一个动态、多样、随机的外表，以增加攻击表面视在的不确定性，其有效性和无效性之标的都是显而易见的，后门或陷门问题是其"死穴"。

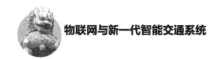

4.6.3 发展现状

从近年来行业信息安全应用的发展情况可以看出，信息安全防护技术体系建设随行业信息化建设不断发展。总体来看，其经历了以下几个阶段。

1. 单点防护

在单点防护阶段，病毒、木马、恶意代码等各类威胁刚出现，针对每一类威胁，都衍生出了针对性的检测应对手段，要求在保障系统可用性的情况下，尽可能地保证安全。本阶段的主要防御方式是对数据包的各类标识进行检查，依靠特征检测威胁，根据入侵者预设置式、特征分析式的工作原理，主要依靠访问控制、特征检测、异常检测、协议分析等核心技术进行防护，以防火墙、入侵检测系统、防病毒系统、反垃圾邮件等产品为代表。单点防护在行业经历了较长的发展期，时间跨度基本从 20 世纪 90 年代至 2010 年。

2. 物理隔离

在单点防护的基础上，物理隔离阶段采用简单的二元安全观在逻辑上将网络划分为内网和外网、专网和公网、涉密网和非涉密网等。物理隔离的核心技术主要有专有安全协议、专用通信设备、加密验证机制、应用层数据提取和鉴别认证，其只对网间的包应用数据进行转发，不建立端到端连接。本阶段的安全防护主要是在防火墙、病毒防范、入侵检测等设备部署的基础上，在网络边界配置网闸、隔离卡等产品。行业专网的建设在这个阶段大力推进，物理隔离、逻辑隔离、内外网隔离等措施主要在此阶段完成。

3. 协同防御和纵深防御

在协同防御阶段，各安全产品多点联动，各安全产品以统一安全策略互补，主要依靠关联分析、安全管理等手段发挥安全产品的价值。纵深防御阶段和协同防御阶段部署的核心产品均为防火墙、入侵检测、病毒防范、安全网关等典型安全产品，但区别在于产品部署的方式不一样，对攻击的阻断效果不同。纵深防御阶段应用了攻击建模、攻防代价分析、风险分析等核心技术，采取自外至内逐层深入、层层检测布防的防御方式。我国这个阶段以 2007 年发布的《信息安全等级保护管理办法》为序章，之后行业开启了网络安全等级保护的合规建设。在此之前，行业网络安全保护工作相对较为滞后。行业大力推进落实等级保护工作，形成了以物理安全、网络安全、主机安全、应用安全、数据安全为保护目标的网络安全建设模式。

2010年后，随着虚拟化、云计算等技术的发展，行业逐步探索在数据中心建设时应用相关技术。"十三五"期间，云计算在行业内广泛应用，部省两级基本都以云计算、虚拟化等技术升级完善了行业数据中心建设，90%以上的地市在信息化建设中优先采用云计算等技术。此外，"十三五"期间，在行业互联网+交通、智慧交通等的建设过程中，除了云计算，移动互联网、物联网、大数据等均在行业内得到了广泛应用。与此相呼应，行业网络安全也逐步从传统的网络安全转向传统网络安全+新技术新应用网络安全防护。

本章小结

新型基础设施建设既是我国新一代智能交通发展的战略方向，又是我国交通基础设施转型升级的内在需求。新型基础设施建设既表明了交通行业这一传统行业补短板、寻求新经济增长点的决心，又体现了其拥抱创新、引领变革的勇气，更体现了其开放包容、多元互鉴的姿态。新型基础设施的建设发展，必将引起交通运输行业的新一轮变革，是实现交通强国建设目标的重要保障。

第 5 章

智能交通系统的网联化智能载运工具

内容提要

智能载运工具不仅是重要的机电产品，而且是交通技术与装备的关键载体，涉及 ADAS、信息通信技术（ICT）、人工智能（AI）等多领域的基础科学及共性技术问题，其发展前景更被认为是可能改变生活、企业与全球经济的颠覆性科技，成为国际公认的未来发展方向。目前在道路交通领域，自动驾驶汽车成了关注焦点。

5.1 自动驾驶汽车

自动驾驶汽车是目前国际公认的未来发展方向和关注焦点。自动驾驶汽车是搭载先进的车载传感器、控制器、执行器等装置，并融合现代通信与网络技术，实现车与 X（人、车、路、云等）智能信息交换、共享，具备复杂环境感知、智能决策、协同控制等功能，实现"高效、安全、舒适、节能"行驶，并最终实现替代人类来操作的新一代汽车，是集上述功能和多等级驾驶辅助于一体的高新综合体。

5.1.1 自动驾驶汽车的发展背景

早在 1939 年纽约世界博览会上，美国通用汽车公司就首次展出了自动驾驶概念车 Futurama。自 20 世纪 60 年代起，具备自动导引与装卸功能的物流运输车 AGV 就成功应用于工厂、仓库、码头和机场等。随着计算机和机器人技术的不断发展，到 20 世纪 90 年代，自动驾驶技术在军事作战和后勤运输方面也开始发挥作用。21 世纪初，在智能交通和汽车电子巨大市场潜力的驱动下，低级别的道路自动驾驶技术日趋成熟并开始产业化，具备自动巡航、智能避撞、自动泊车等辅助驾驶功能的车辆已经进入市场。2010 年以来，随着移动互联、大数据及云计算等技术的迅猛发展，较高级别的自动驾驶技术已成为国际公认的关注焦点，除了传统车企，谷歌、特斯拉等 IT 企业也异军突起，具备高度自动驾驶或全自动驾驶功能的汽车在发达国家和中国的道路上也进行了大规模的测试，以荷兰和英国为代表的一些欧洲国家还特别改进了现有法规系统，以方便自动驾驶汽车在公共道路上进行测试。

　　2013 年 5 月，美国国家公路交通安全管理局（NHTSA）在有关自动驾驶的政策声明中将自动驾驶分为 5 级，即无自动驾驶（0 级）、具有特定功能的自动驾驶（1 级）、具有复合功能的自动驾驶（2 级）、具有限制条件的自动驾驶（3级）和全工况自动驾驶（4 级）。2016 年 9 月，美国 NHTSA 正式发布了世界首份专门针对自动驾驶的联邦政策——《联邦自动驾驶汽车政策》（征求意见稿）。在这份政策中，NHTSA 放弃了它原有的自动驾驶分级，转而采用国际自动机工程师学会的分级标准 SAE J3016（见表 5-1）。

表 5-1　SAE 分级与 NHTSA 分级对比

SAE 分级		名称	功能定义描述	转向和加减速的执行者	驾驶环境监测主体	驾驶权的主体	系统能力（驾驶模式）	NHTSA 分级
由"人类驾驶员"监测驾驶环境	0	无自动驾驶	即使在有预警或驾驶辅助系统的情况下，依然由人类驾驶员完成所有动态驾驶任务	人类驾驶员	人类驾驶员	人类驾驶员	不适用	0
	1	驾驶辅助	在人类驾驶员能完成所有其他的动态驾驶任务的前提下，利用驾驶环境信息，由转向或加减速辅助系统来执行特定驾驶操作的一种驾驶模式	人类驾驶员和系统	人类驾驶员	人类驾驶员	某些驾驶模式	1
	2	部分自动驾驶	在人类驾驶员能完成所有其他的动态驾驶任务的前提下，利用驾驶环境信息，由转向和加减速辅助系统来执行特定驾驶操作的一种驾驶模式	系统	人类驾驶员	人类驾驶员	某些驾驶模式	2

续表

SAE 分级		名称	功能定义描述	转向和加减速的执行者	驾驶环境监测主体	驾驶权的主体	系统能力（驾驶模式）	NHTSA分级
由"自动驾驶系统"监测驾驶环境	3	有条件自动驾驶	在人类驾驶员能响应特定驾驶操作的干预请求的前提下，由自动驾驶系统执行所有动态驾驶任务的一种驾驶模式	系统	系统	人类驾驶员	某些驾驶模式	3
	4	高度自动驾驶	即使人类驾驶员不能响应特定驾驶操作的干预请求，自动驾驶系统也能执行所有动态驾驶任务的一种驾驶模式	系统	系统	系统	某些驾驶模式	3/4
	5	全自动驾驶	在人类驾驶员管理的所有道路环境中，由自动驾驶系统全天候地完成所有的动态驾驶任务	系统	系统	系统	任何驾驶模式	

注：1. 动态驾驶任务主要包括执行层（转向、制动、加速，以及监测车辆与道路环境等）和战术层（事件响应，以及换道、转弯、灯光使用等决策）的驾驶任务，但不包括战略层（目的地和路径的决策）的驾驶任务。

2. 驾驶模式是一种反映动态驾驶任务必要特征的驾驶工况（如高速公路汇入、高速巡航、低速交通拥堵等）。

3. 干预请求是自动驾驶系统向人类驾驶员发出的提示，人类驾驶员应根据提示立即开始或继续执行相应的动态驾驶任务。

目前，代表自动驾驶 1 级和 2 级智能水平的辅助驾驶和部分自动驾驶技术已经得到应用。谷歌的无人驾驶汽车已经完成数百万千米的道路测试，大众、奔驰、德尔福、博世等主要车企和零部件供应商也不甘落后，在获得各国政府部门授权许可后，纷纷进行自动驾驶上路测试。但是，由于技术成熟度、法律、社会伦理等问题，3 级以上的高度自动驾驶技术在开放道路上的商用时间表有很大的不确定性，而在相对可控环境下的自动驾驶应用更具可行性。自动驾驶出租车也被一些出行公司认为是人类未来出行的终极解决方案。乘客只需要发出需求，就会有出租车自动将其送到目的地，不但省去了司机这个巨大的人工成本，由于车辆自动驾驶，也不会因为疲劳驾驶、酒后驾驶导致交通事故。目前，在美国、日本和新加坡等国家，已经有科技公司推出了自动驾驶出租车服务的试点，最有名的应该是 Waymo 在美国凤凰城推出的 Waymo ONE。在我国，以百度为首的科技公司也在积极推动相关技术的研发和应用落地。2019 年 9 月 26 日，百度 Apollo 与一汽红旗联合研发的首批 45 辆"红旗 EV" Robotaxi 自动驾驶出租车车队开始在长沙部分已开放测试路段进行试运营。该款红旗 EV 不是通过后期改装获得自动驾驶能力的，而是前装量产就具备了 4 级自动驾驶能力，相比于改装车型，它的整车电子电气架构都是重新设计的，从而减少了信号干扰和容易松脱等问题。2020 年 4 月 20 日，百度自动驾驶出租车项目在长沙正式启动，用户可免费试乘。此次百度在长沙投入了 45 辆自动驾驶出租车，同时为了保障安全，主驾驶位置有安全员。当前的自动驾驶出租车项目更多的还是为了测试，尚处在测试数据的积累与算法模型的优化阶段，离真正商用尚有距离。

近年来，我国政府提出了"互联网+"发展战略，阐述了智能网联技术与自动驾驶技术创新发展的趋势和应用推广的路径，并明确了相应的引导政策和示范项目。国家发改委和交通运输部联合印发了《推进"互联网+"便捷交通促进智能交通发展的实施方案》，对自动驾驶关键技术研究、标准、验证及试点示范等做出了安排。2020 年 12 月，交通运输部编制了《交通运输部关于促进道路交通自动驾驶技术发展和应用的指导意见》，自动驾驶有望成为道路交通运输系统实现智能化转型的催化剂。

5.1.2　车辆自动驾驶技术发展路径

车辆自动驾驶技术大体沿着两条技术路径发展。一方面，以谷歌为代表的互联网企业重点对自动驾驶技术的环境感知、规划决策与执行控制等车载单元关键技术进行创新，这种几乎完全依赖车载传感器、规划与决策算法及车体控制技术的智能车辆即自主式自动驾驶汽车。另一方面，依靠车车/车路通信互联扩展环境感知范围和精度，并依靠云端大数据进行分析决策的智能车辆（智能网联驾驶技术，也称协同式自动驾驶技术），可以和现有交通运输管理系统进行有效的衔接，可以有效地提高交通系统的效率和安全性。

从实现自动驾驶应用的角度来看，车辆自动驾驶技术也大体可以分为两条路径，如图 5-1 所示。一条路径是在公共道路上的普通车辆由较低级别自动驾驶经过技术演进过渡到高级自动驾驶，该路径取决于社会与法律环境条件，将会是一个比较长的过程。目前美国的密歇根州、佛罗里达州、内华达州和加利福尼亚州等多个州，英国的格林尼治、米尔顿凯恩斯、考文垂与布里斯托尔等城市已经允许自动驾驶上路测试。另一条路径是在相对可控的环境或限定区域内，针对专业运输工具或特种车辆，使其采用自动驾驶技术，这条路径有可能使自动驾驶技术更早地进入实际应用。例如，法国、荷兰、日本、新加坡等国已在工业园区、科技园、旅游区、机场等推行自动驾驶服务，奔驰、沃尔沃和斯堪尼亚的车辆已在高速公路上进行了自动编队行驶试验。

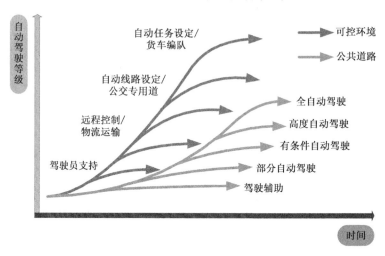

图 5-1　自动驾驶技术实现路径

5.1.3　自动驾驶技术应用面临的关键技术问题

随着汽车产业与先进传感、人工智能、物联网等新一代信息技术的深度融合，自动驾驶技术开始从科幻走进现实，并成为全球道路交通领域智能化与网联化发展的大势所趋，未来人们的出行生态也会随着自动驾驶技术的发展而发生颠覆性的变化。然而，由于道路交通环境的复杂性与随机性，要保证自动驾驶汽车的安全和高效，真正实现自动驾驶技术的落地应用，依然还有很长的路要走。当下，技术还未完全成熟，要利用自动驾驶的传感、通信技术提高车辆及道路交通系统的智能化水平，促成相关技术的应用落地，还有很多技术问题要解决。

1. 自主式自动驾驶技术应用面临的关键技术问题

1）环境识别技术

环境识别技术基于雷达、视觉、激光等传感器系统，利用先进的融合识别技术开发各种目标的识别算法，以实现对车辆周围环境的准确识别。

自动驾驶汽车比较适合在工况较好的高速公路上行驶。在城市、山区等路况复杂的道路，在雪、大雨、雾霾等极端天气下，以及在缺乏数据的路段，自动驾驶汽车的传感器和数据处理能力还是有限的。在高速公路实车试验中，自动驾驶汽车在进出高速公路、行车距离太近时，还需要进行人工干预。对于完全无人的自主驾驶，目前更倾向于利用自动驾驶技术辅助有人驾驶，弥补人类在反应速度和处理突发情况方面的能力、经验的不足。真正的自动驾驶汽车的普及还有一段路要走。不过，也应该相信，随着计算机处理能力、传感器感应能力的不断加强，以及各地道路和天气数据库越来越完善，自动驾驶汽车将会成为现实。

2）局部路径动态规划技术

局部路径动态规划技术需要分析当前车辆状态和周围环境状态，确定当前车辆在实现换道、超车、躲避障碍等功能的一段时间内的行驶路径。在局部路径动态规划过程中，必须考虑车辆的安全和车辆行驶的平顺程度。局部路径动态规划技术是自动驾驶汽车在完全自主驾驶试验过程中必须具备的，以绝对保证车辆的行驶安全。

3）全局路径规划技术

全局路径规划技术需要解决从出发地到目的地之间的路径规划寻优问题，不仅要考虑用户的特殊需求，如经过地点、休息地点、休息时间等，而且要和整个交通网络的交通流量、道路通行信息及高速公路服务信息等实现信息共享，以确定最终的行驶路径，并且实现行驶路径的动态调整。

根据目前的技术状态，可以将全局路径规划过程分为两个阶段：一是立足现有的地图信息，只需要获得行驶路径，此阶段主要用于自动驾驶汽车的试验运行；二是随着智能交通信息网的建设，逐步增加和完善优化全局路径，最终实现自动驾驶汽车的全局路径规划。

4）智能自主决策技术

自动驾驶汽车的自主决策环节是车辆行驶过程中的大脑，负责综合处理车辆的自身状态和周围环境信息，确定车辆行驶指令的生成，指导车辆的各种动作。

2. 车路协同式自动驾驶技术应用面临的关键技术问题

协同驾驶被认为是自动驾驶汽车走向落地应用的关键，其主要的技术难点在于以下 3 个方面。

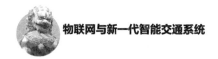

1）车车/车路通信技术

智能车路系统中的通信网络包括广域有线通信网络、无线通信网络、短程无线通信网络和车车通信网络。车车/车路通信技术是车队协同驾驶中的关键技术，可使车队控制由过去的完全自主驾驶逐步经历单向、双向信息结构，最终发展成结合传感和车载自组网的全方位信息结构。作为车载自组网的核心部分，DSRC技术或LTE-V技术具有高速率、低时延、范围合理等特点，可以完成在特定小区域内（通常为数十米）对高速运动下的移动目标的识别和双向通信，并能实时传输图像、语音和数据信息，实现车路信息交互。尽管车车/车路通信技术有所发展，但当服务于车队协同驾驶时，仍须进一步解决通信协议设计、通信延迟、数据传输速率等问题。

2）车队协同驾驶策略的设计与实现

智能车路系统中关于车辆的协同驾驶策略主要包括巡航、跟随、组合、拆分和换道策略，这些策略是影响车队协同能力及协同稳定性的关键因素。

（1）巡航策略是指领航车辆可以借助车路信息交互，获得车队所在路段上合适的车速、车间距、车道位置等信息，确保该路段上的车辆畅行无阻。

（2）跟随策略是指车辆可以利用车载传感器和车车通信网络获得前、后相邻车辆，以及领航车辆的车速、加速度、位移等状态信息，从而组成一列或多列车队，增加车流量。跟随策略包括车队的纵向控制和横向控制。纵向控制包括对车辆油门和刹车的控制，使其与前、后车保持较小的车间距；横向控制主要对车辆转向盘进行控制，使其不偏离所在车道。

（3）组合策略是指车辆能够融入前方某一车队中。该策略利用车队间的无线通信网络来获得前方车队传送过来的车道、位置、距离和速度等信息，制定相应的组合路径，在前方车队为其留出相应的位置后，实现车队的组合。

（4）拆分策略是指整个车队能够拆分为两个或两个以上的新车队。该策略通过车队内的无线通信网络，确定车队划分的位置与长度，降低划分位置上车辆的速度，从而改变其与前车保持的车间距，达到可以完成拆分要求的安全车间距。

（5）换道策略是指欲组合或拆分的车辆获得安全的车间距后，采用换道策略变换车道，融入或离开车队，从而变更车辆行驶路线。

3）协同驾驶系统的稳定性

车队协同驾驶系统的稳定性不仅表现为单个车辆的稳定性和车队的稳定性，还表现为交通流的稳定性及整个交通容量的提高，同时，传感器，车车通信等引起的信息延时对系统稳定性影响也很大。单个车辆的稳定性重点强调车队中的任意车辆都能按照有界的车间距和速度误差来跟踪前一辆车的速度和加速度；车队的稳定性重点强调车间距和车速误差不会随车队长度的增加而放大并繁衍至整个车队；交通流的稳定性则指影响某个区域车流密度的扰动（该区域的匝道入口或出口）的放大不会减少该区域的稳态车流密度和平均车速。只有同时保证车队的稳定性和交通流的稳定性才能提高交通容量。

目前车队协同驾驶研究主要集中在车队协同驾驶系统架构、协同驾驶任务分解，以及具体协同驾驶策略设计等方面。虽然车路通信技术研究较为成熟，已应用于动态交通诱导和 ETC 等先进交通信息管理系统，但由于驾驶行为的多样性和车辆的高速移动性，支持车队协同驾驶的车车通信还处于研究中，相关通信介质和协议还处在试验阶段。同时，考虑到车队协同驾驶系统是一个广义的、分层的分散控制系统，其相关理论与技术仍处在不断发展和完善中，利用各种交通仿真与实验技术开展系统测试与验证是非常必要的。

5.2　智能船舶

近年来，以智能船舶为核心要素的智能航运技术发展迅速。自 2012 年起，国内外船舶领域的企业、高校、科研院所对营运船舶的智能化、自主化、少人化发展的关注度持续提高。

5.2.1　智能船舶的总体发展

2017 年，IMO（国际海事组织）第 98 届海安会将自主航行船舶列入议程，呼吁各国尽早研发不同级别的自主航行船舶；2018 年，IMO 第 99 届海安会围绕海上水面自主航行船舶（MSSS）法规梳理的目标、定义、范围、方法、工作计划进行了深入讨论，明确要发展自主式货物运输船。2017 年，ISO 启动了"智能航运标准化路线图"工作。国际主要船级社先后发布了有关智能船舶的规范或指导性文件。

早在 20 世纪 80 年代，日本就已经着手研究带有"智能导航"功能的"人工智能船舶"。2015 年 8 月，日本船级社（Nippon Kaiji Kyokai，NK）对外宣称将在岸上成立船舶数据中心，收集船舶的运行数据，以实现大数据分析和应用。日本船舶机械和设备协会（共 34 个成员单位和 9 个观察员单位）共同开展了智能船舶应用平台（Smart Ship Application Platform）研究，目前正在制定

Shipboard Data Servers to Share Field Data on the Sea（ISO 19847）和 *Make the All Ship's Machineries Connected*（ISO 19848）标准。韩国于 2009 年启动智能船舶 1.0 计划。2011 年，韩国电子通信研究院（ETRI）和现代重工集团共同研发了基于船舶通信技术的"有/无线船舶综合管理网通信技术"——"船域网"，该通信技术已被选为 IEC 国际标准（IEC 61162-450）。该技术可对船舶上 460 余种设备和部件进行数据收集，实现船-岸信息交换，并进行综合管理，提高船舶管理效率，为韩国造船界带来了大量的市场。目前韩国智能船舶 2.0 计划正在推进中。英国 Rolls-Royce 公司积极推进船舶自主航行系统研发，于 2017 年 6 月与 Svitzer 公司合作完成了世界首次商用拖轮靠、离、泊和 360° 旋回等远程控制操作演示。挪威 Kongsberg 公司和 YARA 公司合作建造的 YARA Birkland 电动自主航行船，已于 2020 年 11 月底正式交付，目前正在进一步测试中，以便为船舶的远程遥控和自主航行做准备。欧盟也公布要推进自主航行船舶研发进程，宣称 2025 年将实现自主航行商船的全球营运。

中国造船界从 2013 年起开始关注物联网、大数据、智能化、服务化技术在船舶领域的应用。2014 年，原中国船舶工业集团有限公司以两艘 20 万吨的远洋船为对象开发"会思考"的船舶。该类船舶被视为中国第一代智能船舶，拥有 300 多个传感器，可以连续感知船舶运行状况与海况环境。2016 年 7 月，上海船舶研究设计院正式推出了其与美国船级社（ABS）合作开发的新一代支线型智能集装箱船——i-SEALION，该船型可搭载 3600 个标准集装箱，是按照实际运营工况（Operation Profile）优化的、继智能型散货船"绿色海豚"后的国内首款智能型集装箱船。"i-SEALION"构建了智能网络平台，引入了数据应用，实现了全船数据共享、统一网络平台、船岸一体及数据同步，具有自主评估与辅助决策能力，可以在实际营运中有效降低油耗，提高航行安全，并降低设备使用与维修成本。由上海船舶研究设计院设计、中船黄埔文冲船舶有限公司建造的全球首艘智能船"iDolphin（智慧海豚型）38800 吨智能船舶"于 2017 年 12 月正式交付中国远洋海运集团使用。"智慧海豚"是世界上第一艘同时获得两家船级社认证的智能船，标志着我国在智能船舶研发领域全球领先。中国船级社和英国劳氏船级社是目前全球仅有的两家发布智能船舶规范的船级社。综合来看，我国智能船舶研发目前仍处于 1.0 阶段，重点是解决智能船舶的"辅助决策"问题，已在"能效管理""航路优化""设备健康管理"等方面取得了显著成果。

总体而言，全球智能船舶仍处于探索和发展的初级阶段，智能船舶的定义、分级分类还没形成共识，相关国际海事公约法规研究刚刚起步，智能感知等核心技术尚未突破，智能船舶标准体系、测试与验证体系还未建立，智能技术工程化应用十分有限。

5.2.2　智能航行技术的发展

针对智能船舶发展技术研发与实践应用的需求，各国也在测试验证方面开展了积极研究。目前智能船舶测试验证进展主要体现在测试场的建设方面，但在具体的测试验证技术方法和体系方面仍有欠缺，尚未形成系统化的测试规程与标准。这与其他智能/无人系统（如智能网联汽车）的测试验证技术研究相比，存在明显的滞后。

部分世界上已建的智能/无人船舶测试场如图 5-2 所示。挪威已于 2016 年 9 月、2017 年 5 月和 2018 年 10 月开启了 Trondheimsfjorden 测试场、Storfjorden 测试场、Horten 测试场，主要由以康斯伯格（Kongsberg）和挪威科技大学（Norwegian University of Science and Technology）等为代表的挪威企业与高校开展有关建设工作，并得到了挪威海事等相关政府部门的支持。芬兰于 2017 年设置了 Jaakonmeri 测试场，该测试场位于芬兰西部海岸埃乌拉约基市，整个测试区域具有较好的数据连接能力。英国已面向 25m 以内尺度的无人船艇在本国沿海设置了多个测试区域。美国在大湖区面向 10m 以内尺度的无人船艇设置了测试场。荷兰于 2018 年 9 月在国家管辖的主要航道内也设置了本国的测试场。比利时航道管理局在荷兰水运管理局的支持下，面向智能航运、智能船舶的发展需求，在比利时北部水网地区开放了测试场。自 2018 年 5 月 18 日起，该测试区域面向公众开放，主要面向内河船舶开展测试。相关单位可以提出测试申请，以莱茵河航行管委会（Central Commission for the Navigation of the Rhine）制定的船舶智能等级为依据，在统一的规范标准下开展相应测试。目前，相关测试验证的标准及技术细节尚未对外公布。

我国学界从 2015 年起开始关注智能船舶功能测试技术和方法并开展相关研究，联合产业界在政府的支持下建立了智能船舶测试系统。例如，武汉先后建设了武汉东湖智能船舶测试系统（见图 5-3）、武汉汤逊湖智能船舶远程驾驶系统（见图 5-4），以及虚实融合智能船舶实验室测试系统（见图 5-5），并开展了对智能船舶功能测试的初步探索。2017 年 5 月，武汉理工大学提出了智能船舶功能测试与验证技术由虚拟测试、模型测试和实船测试等部分组成的构想，并在当地政府的支持下于 2018 年 2 月在珠海启动了珠海万山智能船舶海上

测试场建设，该测试场是目前全球最大、亚洲首个、中国唯一的由中国船级社认证的智能船舶海上测试场，可面向军用、民用智能船（艇）开展自主感知、自主避障、远程控制、协同控制等自主船舶核心功能测试。

（a）挪威 Trondheimsfjorden 测试场

（b）挪威 Horten 测试场

（c）美国大湖区测试场

图 5-2　部分世界上已建的智能/无人船舶测试场

图 5-3　武汉东湖智能船舶测试系统

图 5-4　武汉汤逊湖智能船舶远程驾驶系统

（a）数字孪生虚拟船　　　　　　　　（b）虚实融合平台

图 5-5　虚实融合智能船舶实验室测试系统

5.3　智能高铁

　　智能高铁是广泛应用云计算、大数据、物联网、移动互联网、人工智能、北斗卫星导航、建筑信息模型（BIM）等新技术，综合高效利用资源，实现高铁移动装备、固定基础设施及内外部环境信息的全面感知、泛在互联、融合处理、主动学习和科学决策，实现全生命周期一体化管理的新一代智能化高速铁路。

　　智能技术的发展已经进入了具有深度学习、跨界融合、人机协同、群智开发及自主操控等特性的新阶段，其以"BIM+GIS"为核心，广泛利用物联网、大数据、人工智能等新技术，以科技创新为原动力，构建勘察、设计、施工、验收、安全质量、监督全寿命可追溯的闭环体系，将先进技术应用在高铁各专业领域，在摸索与实践中形成了智能建造六大应用场景，即工程设计及仿真、工厂化加工、精密测控、自动化安装、动态监测、信息化管理，打造更加安全可靠、经济高效、温馨舒适、方便快捷、节能环保的智能高铁系统，实现轨道

交通系统的自主感知、自主学习、自主决策和自主控制，以低成本、低风险的方式，提供高效、精准的位移服务。

5.3.1 智能高铁的发展背景

当前，新一轮科技革命和产业变革孕育兴起，人工智能、大数据、云计算、物联网、建筑信息模型、北斗系统（BDS）等新技术加速突破与应用，人类社会快速进入智能时代。智能时代的到来对铁路的创新发展提出了新的更高要求，引起了世界各国铁路运输企业和相关研究机构的高度关注。

国外发达铁路国家寻求新的发展途径来提高轨道交通的竞争力和发展水平，近年来，轨道交通运输系统智能化已被普遍认可，成为发展方向。欧盟相关铁路组织相继发布了《铁路发展路线 2050：走向竞争、资源高效、智能化的轨道交通系统》《铁路 2050 远景：欧洲流动性的支柱》及 Shift2Rail 等新技术发展规划；日本政府及铁路技术研究院发布了《国土大设计 2050》《铁路研究 2020》及 Cyber Rila 等发展研究计划；美国发布了《超越交通 2045》，其 IBM 公司发布了推动铁路行业技术发展的 *Think Beyond the Rails：Leading in 2025* 等文件。这些发展规划都提出了更加智能、绿色、安全、可持续的轨道交通智能化发展理念，同时致力于实现智能化端到端的乘客和货物运输体验，侧重于利用新兴信息技术与多交通方式的协同，以提升个性化服务、实时决策、高适应性和及时响应等能力，保持未来铁路系统的竞争优势。我国学者也较早提出了铁路智能运输系统的定义与技术框架，并根据最新技术发展与需求变化，不断深化与优化系统的内涵和技术体系，以适应最新的发展要求。智能铁路的发展在新兴技术的驱动下是具有阶段性的，特别是先进的信息通信、人工智能、机器人、物联网、大数据，以及新材料、新能源等新兴使能/赋能技术对铁路系统的内部功能和外部形态具有巨大的塑造与变革甚至颠覆作用。从信息处理技术水平的角度出发，智能铁路具有 3 个发展阶段：初级阶段为数字铁路，即铁路数字化阶段；中级阶段为智能铁路 1.0，即铁路网联化阶段；未来将进入智能铁路 2.0，即铁路自主化阶段。智能铁路 2.0 的发展目标就是实现轨道交通系统的自主感知、自主学习、自主决策和自主控制，以低成本、低风险的方式提供高效、精准的位移服务。

近年来，随着我国社会经济的稳定增长，高速铁路实现了优质快速发展。根据我国铁路建设发展规划，《交通运输服务决胜全面建成小康社会开启全面建设社会主义现代化国家新征程三年行动计划（2018—2020 年）》明确，到 2020 年高速铁路里程达到 3 万千米，覆盖 80%以上的城区常住人口 100 万以上的城市；高速公路总里程达到 15 万千米，基本覆盖城镇人口 20 万以上城市及地级行政中心。此外，根据 2016 年发布的《中长期铁路网规划》，到 2030 年，我国高速铁路网规模将达到 4.5 万千米左右，铁路网规模将达到 20 万千米左右。

截至 2019 年年底，中国高速铁路营业里程已突破 3.5 万千米，约占全球高速铁路营业里程的 70%。中国高速铁路的快速发展离不开铁路信息化、智能化建设的持续推进。

从 2017 年开始，我国高铁进入智能化引领阶段，全面启动"智能京张"高铁建设，"复兴号"动车组在京沪高铁实现了时速 350km 的运营，为我国高速铁路智能创新拉开了序幕。随着原中国铁路总公司主数据中心的建成并投入使用，一体化信息集成平台完成一期工程建设，铁路大数据和人工智能应用水平显著提高。这标志着中国铁路信息化已经从自动化、数字化、网络化阶段走向智能化阶段。由此，我国也提出了智能高铁的战略目标，具体如下。

1. 智能高铁创新示范阶段：2018—2020 年

研究提出智能高铁顶层设计和技术标准体系，围绕"智能京张""智能京雄"等开展创新实践，攻克智能建造、智能装备、智能运营领域的核心关键技术，建成大数据资源湖，初步形成智能高铁创新应用格局。

2. 智能高铁加速突破阶段：2021—2025 年

突破基于 BIM 的全生命周期体系、自学习及自适应的谱系化智能动车组、全面感知的列车自动驾驶、融合多种交通方式的全程畅行、复杂路网综合协同指挥的智能调度、旅客智能出行服务体系、大脑平台智能决策等重大智能高铁理论与技术，全面形成从智能高铁设计、建造到运营的全产业链成套技术。

3. 智能高铁全面提升阶段：2026—2035 年

广泛应用智能建造技术，研制自修复型智能动车组，探索全自动无人驾驶，突破极端复杂情况下高铁智能容错理论与技术，构建基于区块链等新技术的智能安全体系；基于旅客、高铁车站、列车等的全连接，实现云计算、边缘计算融合，建成基于信息物理系统的智能高铁大脑平台，并在立体感知、自主决策、主动学习中全面发挥作用；基于上述技术实现智能高铁的全面自主控制。

5.3.2 智能高铁发展的技术路径

智能高铁是指充分利用先进的信息通信、人工智能、物联网、大数据、机器人等技术，以自主感知、自主学习、自主决策和自主控制为核心处理流程，对设备设施优化管控，提供高效精准、个性化的位移服务，从而实现更加安全、高效、舒适、绿色的新一代铁路交通运输系统——自主铁路运输系统。

1. 核心处理流程

智能高铁的核心处理流程是自主感知、自主学习、自主决策和自主控制的闭环迭代过程，此过程是高度自主化的。自主感知是对铁路系统运行状态的信息主动获取；自主学习是将获取的信息转化形成知识；自主决策是形成优化的执行方案；自主控制是高度自动化地执行输出。通过这些过程的长期迭代，可不断提升智能高铁系统的智能水平。智能高铁的核心处理流程如图 5-6 所示。

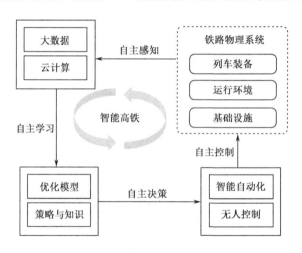

图 5-6 智能高铁的核心处理流程

2. 智能高铁系统

从系统分析的角度来看，智能高铁是典型的信息物理系统（Cyber-Physical System，CPS），其物理系统包含基础设施、列车装备和运行环境等客观对象，信息系统包括信息感知、信息处理、信息决策和信息控制等过程。通过信息系统与物理系统的平行映射、虚拟操纵和迭代进化，可形成铁路物理空间和信息空间的一体化集成与协同发展。智能高铁系统结构如图 5-7 所示。从复杂系统和信息学的角度来看，智能高铁是典型的耗散结构，其处在远离平衡态的自组织状态，通过智能化的核心处理过程，不断将信息数据转化为知识和决策及自动化的过程，从而产生负熵流，使系统熵减少，形成有序结构。

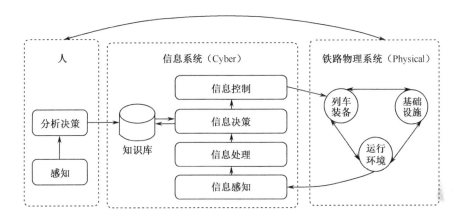

图 5-7　智能高铁系统结构

5.3.3　智能高铁面临的关键技术问题

智能高铁的发展需要解决以下关键技术问题：结合物联网新技术，形成联网监控和信息综合应用全面感知系统，采用多源信息输入，利用复合技术防护技术，加强人机智能交互及闭环安全管理，建立列车运行及基础设施一体化安全保障系统、周边安全隐患与列车运行的自动控制综合安全保障系统；通过智能检测机器人或 PHM，对列车进行智能检测检修；通过智能安全保障，推进高铁沿线灾害报警装置的自动化，提高灾害监测系统整体的技术水平和决策支持能力；提高高铁沿线灾害监测的预警能力和防灾减灾水平，减少人工干预，形成"人防、物防、技防"的全方位一体化高铁智能安全保障体系。

1. 基于全面感知的基础设施安全检测监测技术

该技术在工务、供电、电务基础设施方面，可形成对"自感知、自适应、自诊断"的养护维修监测技术的应用，增强设备工作的稳定性和适应性，实现问题的自学习、自处理等功能，实现高铁沿线灾害防治的智能化维护。该技术包括自感知工务基础设施检测和监测技术、智能化供电综合安全检测监测技术、自适应设备信息智能化管理技术、施工作业智能综合安全监控技术等。

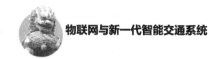

2. 集成化的列车运行安全自动监控技术

该技术是列车运行安全监控设备的自动化、智能化技术，如车载检测传感器技术、地对车监控设备的集成化/微型化/自动化技术、行车故障综合自动诊断及预警技术、车地联动的多源综合实时监控技术等。

3. 多源高铁沿线自然灾害及异物侵限智能监测技术

该技术指在高铁沿线自然灾害及异物侵限监测范围内，进行智能监测、传输、决策、处置技术的应用。例如，风/雨/雪灾害监测报警信息自动控车技术，基于物联网/北斗卫星/无线传感网/雷达/智能视频等多种技术融合的高铁侵限监测技术，高铁灾害监测、报警数据及设备状态数据挖掘分析技术，高铁灾害及异物的实时监控技术，以及灾后应急措施技术。综合应用多种数据源，结合大数据及人工智能技术，建立全方位一体化高铁智能安全保障体系。

5.4 新型物流装备

国务院印发的《新一代人工智能发展规划》提出要大力发展智能物流。近年来，货物跟踪定位、无线射频识别、电子数据交换、机器人技术、大数据、云计算等一批新兴技术在物流领域实现广泛应用，物流行业正在从劳动密集型向技术密集型转变。电商的突飞猛进无疑是近年来物流高速发展的最大驱动力。当前，我国物流行业正处于技术变革机遇期，以无人机、无人配送车、智能集装箱等为代表的物流无人化技术及装备受到社会各方的关注，菜鸟、京东、苏宁、顺丰、三通一达等电商快递龙头企业，以及港口、码头等运营管理企业在智能物流领域争相布局，抢占物流无人化市场先机。

5.4.1 无人机

1. 应用场景

无人机是利用无线电遥控设备和自备的程序控制装置操纵的不载人飞行器。随着无人机技术在军事领域的应用日渐成熟，凭借灵活性高、成本低、安全性高等优势，无人机在民用市场的应用已日益广泛，呈现出智能化、多样化的特征，并向更宽领域、更深层次发展。目前，无人机主要应用在空中摄像、电力巡线、农林植保等方面，并逐步在物流配送领域实现更多的应用。在仓库内，无人机可以适用于厂内原材料装配、运输、货检、交付的各环节，还可以应用于仓库的库存管理。在配送方面，从快递到外卖，近几年内，物流无人机快速从新兴技术变成了受各方关注的新领域。物流无人机不受道路交通状况和运输时间的限制，可以有效地应对道路拥堵，保证运输时效。目前，无人机主要采用雷达扫描和红外扫描的手段来识别与躲避障碍物，其正常使用与光线无关，因此无人机在物流配送领域可以实现全天 24 小时运行，实现效率最大化。

尽管目前无人机运输在整个交通运输领域所占的份额还非常小，但这种新手段在未来 5～10 年内可能会逐渐普及，特别是用于所谓的小型、轻型物品的"最后一公里"配送。随着人工智能等信息技术的快速发展，无人机将经历从人工操作到远程操作到自主飞行的发展，实现更广泛的应用。同时，随着电池储能技术的不断升级，物流无人机在电池续航、机器荷载方面的能力将得到进一步提高，无人机的使用场景也将日益增多。未来，无人机可能会取代货运车队，成为降低物流成本、扩大服务能力和物流网络覆盖面、解决偏远地区散件投送困难等问题的新途径。

2. 发展历程

2013 年，亚马逊启动"Prime Air"快递无人机项目测试，此后，全球的大型快递公司都将无人机快递项目视为无人物流领域发展的"新蓝海"。2015 年 7 月，美国联邦航空局首次批准商业无人机送货，这对于这一系统的开发具有里程碑式的意义。2018 年，美国运输部发布通知，赋予中小型无人机的运营企业豁免权，推动无人机在快递领域的发展。Google 的母公司 Alphabet 开展了"Project Wing"无人机计划，该计划在澳大利亚部分区域开展试验，为当地居民配送食品和药品。Matternet 推出了空中运输方案，实现了运输的货车与空中无人驾驶飞机的高效衔接。

在国内，顺丰、京东、苏宁等电商和快递龙头企业已经在部分地区开展了无人机送快递的尝试。顺丰于 2013 年在东莞进行了无人机送快递项目的测试，于 2017 年启用了其自主研发的垂直起降固定翼无人机，顺丰与江西赣州市共同申报的物流无人机示范运行区的空域申请已正式获批。京东于 2017 年建成并投入使用了一系列的无人机运营调度中心，全流程智能无人机机场和无人货物配送站也相继落地，目前已经在陕西、四川两省建立了庞大的无人机网络。自 2018 年以来，京东获批陕西省内无人机空域，顺丰获得无人机航空许可证，这标志着国内无人机物流运营已经进入了合法阶段，与此同时，中国邮政、苏宁、菜鸟等各大电商或物流企业纷纷布局无人机领域，争相抢夺未来市场。

3. 关键技术

1）动力技术

无人机动力系统通常有电动机和内燃机两种类型，小型无人机主要以电动机为主。目前，物流无人机发展的最大障碍是电池的续航能力，如消费级多旋翼无人机只能保持约 20 分钟的续航时间，在实际飞行中必须携带多块备用电池，导致使用不便。因此，无人机只有在动力技术方面实现革命性突破，才能迈入发展新高度。目前，各国专家都试图研发更有效的电池，一些专业技术工作人员尝试在无人机中引入太阳能电池板技术，以增加无人机在空中的飞行时长。未来，相信无人机的电池储能和电池寿命都将得到进一步改善，物流无人机的续航里程将逐步增加。

2）导航技术

导航系统为无人机提供参考坐标系的位置、速度、飞行姿态等信息，引导无人机按照指定航线飞行，是大量新兴技术集成的领域。目前，无人机的飞行导航主要依赖于 GPS 技术，但 GPS 技术应用仍存在一些问题。最突出的是 GPS 对环境的要求较高，在丛林和湿地等环境下功能往往会受到影响，降低了无人机的使用效率。目前，相关专业研究人员正尝试研究 GPS 备份系统，以保证无人机在面临一些重大负面影响时依然可以完成飞行任务。

3）控制系统

控制系统是无人机完成起飞、空中飞行、执行任务等整个飞行过程的核心系统，相当于无人机的"大脑"。在飞行过程中，无人机主要利用控制技术来应对多方面因素的干扰，如超速、潮湿和其他不利环境等。控制技术提高了无人机的应变能力，使地面上的无人机操作人员能通过控制子系统更好地控制无人机的运作，使无人机更加便于操控管理。现有的无人机的控制系统研究工作主要是在对无人机的保护方面，一些专业研究人员研发各类应用技术来保证控制系统不受病毒的攻击。

4）通信系统

通信系统是无人机的重要技术之一，负责完成对无人机遥控、遥测、跟踪定位和传感器数据的传输工作，上行数据链实现对无人机的遥控，下行数据链执行遥测、数据传输工作。地面上的操作人员使用通信系统与无人机建立联系并指导无人机飞行。无人机的通信系统需要强大的防火墙，以避免无人机被劫持。对于无人机制造者来说，必须配置强大的无人机交互技术和通信系统，以保证无人机在任何情况都能有效运作。

4. 发展难题

目前无人机技术的突破主要聚焦在电池的续航能力上，其规模化应用面临的最大难题来自政策环境和社会环境。

1）电池的续航能力

载重能力过小，电池的续航能力有限，是无人机发展面临的主要技术问题。当前，无人机主要是以电池为储能介质，与化石燃料相比，电池的储能效率较低，很难满足物流无人机在航程方面的要求。一般的充电型无人机持续航行能力仅为 10~20km，这限制了无人机的服务范围，使其在 3km 范围内也只能往返几次就需要再次充电。同时，电池的储能密度限制了无人机的有效载荷。受制于多旋翼无人机自身的局限性，其有效荷载较低，当前亚马逊和 DHL 等公司的多旋翼无人机的有效荷载只有 2~3kg。目前试运行的快递无人机载重基本上都在 10kg 以下，大多为 1~2kg。为了解决这一难题，无人机制造商已从电池系统和机体制造材料两方面进行改进，但电池系统囿于技术上的限制，短时间内人幅度提升续航能力基本不太可能，因此，无人机制造商只能寄希望于轻量化的材料，通过减轻机体自重来增加续航能力和载重能力。碳纤维复合材料逐渐脱颖而出，研究发现，四轴式或六轴式无人机在使用碳纤维一体化成型技术后，与原金属材料相比，减重 35%~50%，为电池系统和载重部分提供了可观的提升空间。

2）低空飞行的航空管制

低空飞行的无人机在高频率的使用状态下，存在大量隐患。无人机要确保在面对空中碰撞、机体故障、人为拦截、恶劣天气等各种情况时，能够有效保障自身安全及货物安全，避免对地面人员造成伤害。空中交通管制是一个技术和监管结合的问题，目前，国内还没有出台明确的许可和相关政策法规，低空飞行的航空管制问题尚待解决。无人机航空管制需要建立一套全面、复杂的交通管理系统，防止无人机碰撞，保证其高效运作，这一管理系统从研发到具体实施还需要很长时间。

3）各方信任及接受度

社会信任也是无人机行业面对的一大障碍，主要包括行业监管部门的信任和消费者的信任。无人机必须获得行业监管部门的信任，这就需要无人机必须能够保证公共安全。这就有赖于更多的数据、第三方验证和信息技术。无人机行业必须不断深化技术研究，消除各类影响安全的因素，才能获得行业监管部门的信任。无人机也必须赢得消费者的信任。无人机要实现大规模的操作应

用，必须消除消费者对新技术的怀疑，这就需要更多的时间、更多的努力，要推出更多的无人机服务来赢得消费者的信任。目前，消费级无人机已经获得社会的广泛关注，如果其能够得到行业监管部门的信任，也有助于提高消费者对无人机技术的接受度。

5.4.2 无人配送车

1. 应用场景

近年来，自动驾驶的热潮已经从学术界迅速蔓延至工业界，在交通出行、物流运输、环卫清洁、安防巡检等领域得到应用。物流企业的核心在于调度，而运输环节的核心则是安全和成本，因此无人配送车盈利的关键是消除人力成本，目前自动驾驶主要应用在物流的"最后一公里"配送方面。无人配送车具有极大的优势，可以高效地完成城市配送及短驳运输，阿里巴巴、京东、苏宁相继推出了自主研发的无人配送车，在智慧物流的大方向上率先迈出步伐。2017 年 6 月，京东无人配送车在中国人民大学完成第一次配送，并从此展开常态化配送运营。其在北京、西安、杭州等 6 所高校内，投入运营 100 辆无人配送车给学生送快递和外卖。2018 年，菜鸟开发的用于解决"最后一公里"配送问题的无人配送车在杭州路测，该无人配送车具备自动识别红绿灯、三维地图重新绘制、路遇危险紧急制动等功能，还具有自主导航、路线优化、智能避障、身份验证等功能。

2. 发展历程

目前，国内外多家公司在做无人配送车的研发。国外最早做无人配送车的是成立于 2014 年的英国创业公司 Starship Technologies，其机器人 Starship 配备 9 个摄像头，具备完整的避障系统，可完全自动执行任务，能够以每小时 4mi（1mi 约等于 1.6km）的速度行驶，每次可以运送约 9kg 的物品。美国硅谷的初创公司 Nuro 也推出了全自动无人配送车 R-1，该无人配送车不是为低速园区内道路或人行道设计的，而是可以在绝大多数城市的地面道路上行驶。美国的机器人创业公司 Marble 正在和 Yelp 合作，用机器人配送外卖，用户使用 YelpEat24 软件下单后，可以选择让机器人送餐上门。类似的无人配送车还包括美国 Robby Technologies 公司的 Robby 机器人、日本机器人开发创业公司 ZMP 发布的 CarriRo Delivery 机器人等。

在国内，菜鸟、京东、美团等有配送业务场景的大公司也在加强室内无人配送方面的研究，其执行末端配送的无人配送车开始在高校、园区内进行测试运营。一些机器人和无人驾驶方面的创业公司也在为末端配送做着诸多努力，如新石器、智行者等公司在测试园区的无人配送，赛格威、优地、云迹等公司在测试楼内的无人配送。

3. 关键技术

无人配送车是智慧物流体系的终端应用，需要面向货物配送涉及的环境、道路、行人、其他交通工具及用户交接等各类场景，使用场景比较复杂。无人配送车必须具备高度智能化和自主学习的能力，才能在面对各种场景时及时、有效地决策并迅速执行。

1）自动驾驶技术

无人配送是自动驾驶技术的一种应用，所以必不可少地需要用到自动驾驶通常用到的技术，包括计算机感知、定位、规划、控制等算法，数据存储、仿真平台、监控系统等云端软件，激光雷达、摄像头、卫星定位、惯导模块等硬件传感器，以及汽车工业链中的线控底盘技术。

无人配送的大多数技术跟一般的自动驾驶技术基本相同，比如要实现智能感知和避让，可通过摄像头、距离传感器甚至雷达等模块来收集外界环境的信息，通过内置的智能算法对这些信息进行建模和加工，形成一个对外部世界的抽象理解，从而构建地图，并根据自身的运行轨迹进行实时规划和避让。此外，对于无人配送车，路径规划也是其必备的一项技能，其需要参照精准的卫星定位和地图测算，根据行驶过程中景物的变化，综合考虑用户订单情况，实时智能地进行路径规划。

2）精准定位技术

在实际运作方面，很多无人配送车需要在没有卫星信号的室内开展业务，必须依赖于室内的精准定位技术。目前，在室内运行的无人配送车一般使用多种信号实现定位：一是使用 WiFi 指纹，无人配送车通过感知周边 WiFi 接入点的信号强度，并将 WiFi 指纹与事先准备的位置指纹库中的指纹作比对分析，得到其当前的大致位置；二是使用 SLAM 技术，无人配送车通过激光和摄像头观测周围环境特征，定位自身位置和姿态，再根据自身位置增量式地构建地图，一旦完成地图构建，后续在同一区域内的运行就可以复用地图来做进一步的定位和规划。

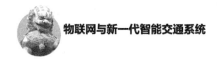

3）网络互联技术

无人配送需要用到大量的物联网网络互联技术，即考虑使用的场景不同，如非机动车道、人行便道、园区、居民住宅、商业写字楼等，无人配送车需要实现与行人、道路、楼房、电梯、门禁等的交互。实际中，很多企业、居民楼、小区的门口都安装有门禁系统或闸机系统，无人配送车必须实现与门禁系统、闸机系统的交互才能顺利进出。对于推拉门、旋转门、电梯等，无人配送车很难进行物理开关门操作，需要对涉及的设施设备进行改造，以便于无人配送车利用无线信号实现开关门，保证顺利进出。目前，一些大型信息科技企业的服务机器人已经通过无线信号实现与建筑物内部的电梯控制器进行连接，机器人通过智能感知可以独自乘坐电梯到达目标楼层，有的机器人还可自主判断电梯内的拥挤度，以实现乘坐计划的决策支持。

4）智能调度系统

无人配送要应用普及，还需要用于大规模人机协同配送的智能调度系统来实现技术突破。每个配送订单都涉及不同配送员与无人配送车合作完成配送业务，智能调度系统需要完成配送员指派、无人配送车选择等工作，以保证运输路径最优和时间最短，从而高效地完成订单的交接。在电商时代，智能调度系统将面临巨大的订单规模，订单量可能达到每天上亿量级，系统调度的无人配送车和配送员每天达到上百万量级，智能调度系统要实现高效配送面临很大的挑战。

4. 发展难题

在自动驾驶的技术、政策还未明朗之前，无人配送车的应用其实就是自动驾驶的一个低级应用。自动驾驶技术也会首先应用在特定场景的物流车、低速园区车，以及一些特定领域的公交车、货车、矿车等方面。

1）政策挑战

无人配送车与高速自动驾驶面临的问题其实是一样的，目前无人配送车应用的行业政策尚不完善，无人配送车的大规模应用还需要完善相关的法律法规和标准规范。近年来，我国发布了一系列支持无人配送车发展的相关政策，行业发展迎来了前所未有的机遇。2018年11月，工信部等六部委联合发布《关于加强低速电动车管理的通知》，提出要建立长效监管机制，但仍缺乏很多配套落地政策。目前，行业对无人配送车的监管政策仍待健全，急需出台相关政策明确无人配送车的行驶道路要求、车辆上牌要求、事故责任划分、交通违规处罚等问题。

2）技术稳定性

无人配送车往往应用于人群密集处，更容易对城市交通使用者和居民造成影响，如果不能稳定运行，就会产生一些不好预估的后果。例如，出现定位差错、网络破坏、黑客入侵等，会造成交通意外和伤害事故。同时，无人配送车还要经过多轮检测，知悉其到底可不可以在温度较高、寒冷、大风等天气下保持稳定运行。此外，城市道路状况非常复杂，在复杂环境下保证车辆的稳定高效运行也是一大难题。当下，要让无人配送车稳定运行，正常送货，还需要不断完善相关技术问题。

3）用户接受度

目前，消费者已经习惯传统快递配送员的配送服务，在遇到任何物流配送问题时可以致电物流公司的客服人员和配送人员，非常便捷和灵活。如果使用无人配送车进行货物配送，消费者担心存在配送出错、货物丢失等问题，因此消费者的用户习惯和接受度还需要经历逐渐培养的过程。

4）经济效益

无人配送车制造成本较高，在研制阶段，一辆车的成本就接近 60 万元。随着规模化生产，车辆的造价有所降低，但也维持在 10 万元左右。如何进一步降低无人配送车的制造成本、提升企业的投入产出比、形成规模化效益，也是无人配送车普及应用面临的一大问题。

5.4.3　智能集装箱

1. 应用场景

集装箱是国际多式联运的关键装备，国际贸易中超过总货值 80%的货物通过集装箱完成运输。目前，全球大约有 4000 万个符合国际标准的海运集装箱在流转，但如此大规模的集装箱的信息采集、跟踪管理仍然大多通过人工或手工方式完成，导致信息传递延误，造成了集装箱整个供应链数据的缺失。调查显示，仅 60%～65%的集装箱物流位置数据是实时准确的。物联网技术的兴起和不断发展，为集装箱行业解决这一困境提供了有效的技术手段，充分利用物联网技术构建智能集装箱贸易生态系统，成为大势所趋。

所谓"智能集装箱"，通常指在集装箱外部和内部使用或增加一些用于集装箱运输通信、状态检测与设备识别的电子设备，以便在集装箱运输过程中随时将集装箱的一些关键信息，如集装箱的基本信息、位置、安全状况、灯光、温/湿度变化或压力等数据传送至集装箱运输应用网络，集装箱的承运人、发货人、收货人均可以通过相关系统，不开箱就可以实现货物信息的读取、箱位的追踪，并了解货物的实时方位、状态和安全状况。在此基础上，某些更为智能的集装箱具有自我防护的功能，如超温识别自动降温、超压识别自动降压等。智能集装箱的研发和应用推动了智能交通运输的快速发展，目前，智能集装箱在支撑冷链物流等专业化运输发展中发挥着重要作用。

2. 发展历程

智能集装箱最早是由以美国通用电气、我国中集为核心的企业提出并开始研究的，主要是为了在运输过程中准确获取货物的位置、状态和安全等数据信息，提升集装箱物流的可视化、信息化水平，实现集装箱货物的安全运输。

2008 年，欧盟启动了关于智能集装箱链管理的"欧盟科技框架计划"SMART_CM 项目，该项目由欧盟委员会统一管理实施，并协调欧盟各国合作参与。参与该项目的有来自欧洲、亚洲、美洲等多个国家和地区，涵盖物流、港口、科技等领域的 30 余家企业和机构。SMART_CM 项目旨在进行先进技术实施和研究，更新整个集装箱门到门运输链，从而使其更加高效、安全，符合市场需求，并更具竞争力。该项目通过两个示范航线对所有的创新性组织过程和技术进行验证。宁波港参与了该项目并成为欧亚示范线的启运港。在测试过程中，该项目应用的智能监控设备在铅封功能的基础上，利用 GPS 定位实时监控集装箱的位置信息，利用温度感应功能实时感知箱内温度，对超温的集装箱进行温度报警，利用光感应功能在集装箱被盗的情况下进行报警。实际来看，传统集装箱如果遭窃，货主方很难及时掌握情况，智能集装箱则基于光感应功能，在遭窃的情况下会改变箱内的光线并进行报警，从而实现防盗的功能。

2012 年，韩国东亚大学的集装箱安全运输技术研发中心研发了一种智能集装箱，该产品主要是为了应对美国港口对外国集装箱采取的严格安全检查的安保举措。美国港口保安法规定，集装箱要安装电子封条以保证货物安全，安装了电子封条的集装箱可以免除安检，实现快速通关，没有电子封条的集装箱货物必须在美国港口滞留并进行开箱全面检查，一般耗时 3~5 天。韩国智能集装箱主要依赖于两大智能装置——ICON 和 Cantracer，这两大装置由无线识别电子装置和运送安全电子装置组成，是一种跟踪装置。集装箱内安装了这样的跟踪装置后，可以自动识别箱内货物的类型，感知环境变化，并对集装箱内货物的位置、状态、温/湿度、环境等情况进行实时监测跟踪，如遇危险情况可实现自动报警。智能集装箱装置在安全性能方面优于电子封条，货物到达美国港口后，可实现免检以迅速通关。

2019 年，鹿特丹港向全球派送标示为 42 的智能航运集装箱，集装箱驶离第一站鹿特丹港，将开启为期两年的环绕世界的数据收集任务。它装备了一系列传感器和通信设备，将测量振动、倾斜、位置、声音、当地空气污染、湿度和温度等参数变化。该组件还配备太阳能电池板，可用于确定集装箱在船舶、火车或卡车等特定交通工具上产生的电能。该项目基于鹿特丹港务局现有的物联网平台，鹿特丹港务局利用云平台来收集和处理整个港口区域所安置的传感器的数据。这为用户提供了当地基础设施、水质和空气质量等实时信息。

近年来，我国坚持"与国际运输相兼容，通过应用示范，带动自主创新"的原则，港航企业利用多条国内航线、国际航线开展多项集装箱 RFID 示范工程。2017 年 8 月，全球智能集装箱产业联盟在深圳成立，该联盟旨在整合智能集装箱产业链各环节的资源和优势，以智能集装箱及物联网数据通道为基础，合作开展关键技术研究、产业化应用及运营服务，促进集装箱物流的实时化、可视化和透明化发展。

3. 关键技术

智能集装箱运输系统一般由 3 个部分组成：智能集装箱、智能交互网络、后台系统。智能集装箱一般有两种形式：一是在现有的集装箱上加挂智能电子设备，把通用集装箱改造成为一般意义上的智能集装箱；二是在生产集装箱阶段，通过对集装箱进行技术改进，直接嵌入智能电子设备模块，直接生产严格意义上的智能集装箱。智能交互网络主要包括数据读取设备（读写器等）、数据传输网络（专网、公用网等）、自组网等。后台系统主要包括服务器、信息终端等。智能集装箱物联网的关键技术主要包括编码技术、自动识别技术（RFID 技术、OCR 技术、二维码技术）、定位技术和传感器技术等。

1）编码技术

物品编码是指基于一定的规则赋予物品易于计算机和人工识别与处理的代码。建立集装箱及其关联物品的统一编码体系是实现集装箱关联系统间信息交换与共享，以及高效、经济、快速整合应用的基础和前提，受到了行业各界的广泛关注与高度重视。ISO 制定的《集装箱代码、识别和标记》统一规范了集装箱箱号的使用。随着集装箱行业的不断发展，对集装箱全生命周期内唯一身

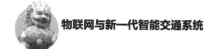

份识别的需求日渐增强，全国集装箱标准化技术委员会牵头制定发布了国家标准——《集装箱生产序列号编码》。随着集装箱物联网系统的发展，进而催生了物联网智能终端的发展，全球智能集装箱产业联盟组织制定了团体标准——《集装箱智能终端编码与标识规范》。

2）自动识别技术

传统的集装箱管理系统依靠人工对箱号进行辨别和输入，操作速度慢，容易出现错误、疏忽和人为干预等种种问题。随着货运量的增长，考虑行业现代化管理要求，集装箱自动识别技术相比人工辨识具有更高的准确性和可靠性，已经成为集装箱管理系统必不可少的手段。自动识别技术能够实现集装箱号码的自动识别，无须人工录入即可将箱号自动输入管理系统，对提高海关、物流、港区管理的自动化程度、减少时间消耗、改进政府监管水平具有重要的意义。近年来，行业各方不断创新自动识别技术，以实现对集装箱身份的快速准确识别，先后尝试了 RFID、OCR 等技术，但实际应用中仍然存在一些瓶颈，未来基于二维码的自动识别技术有望实现重大突破。

（1）RFID 技术。RFID 俗称电子标签，是一种无线射频识别技术，可通过射频信号自动识别目标对象并获取相关数据，可适用于各种恶劣环境，无须人工干预。RFID 技术的基本原理是利用射频信号及其空间耦合、传输特性来实现对物品的自动识别。该技术可以在货物高速移动过程中同时识别货物的多个标签，操作便捷。智能集装箱起初的发展就是基于 RFID 技术的，ISO/TC 104 从整体架构和技术要求出发，制定了相对全面的集装箱应用 RFID 标准体系。RFID 技术可以检测的相关信息包括安全性信息、运输信息、设备信息等。目前，集装箱 RFID 技术主要应用于海关电子关锁物流监控系统，在内贸企业中的应用已被二维码等新技术逐步取代。

（2）OCR（光学字符识别）技术。集装箱号 OCR 自动识别技术是基于图像识别中的光学字符识别技术发展而来的一种实用技术，它可以通过实时抓拍集装箱图像，对集装箱的箱号和箱型代码等信息进行识别。根据国际通则，一般在集装箱的前、后、左、右、上 5 个面均需喷涂集装箱号。在实际应用中，箱号识别系统一般对箱体 5 个面上喷涂的箱号均开展识别，并根据各面的识别结果综合判断，以提高识别的准确率。由于在实际运输过程中，集装箱经常上下叠放，箱顶的字体磨损较为严重，因此系统通常只采集前、后、左、右四个面的箱号图像进行识别。箱号识别系统一般包括触发模块、图像采集模块、控制器、识别模块和补光源等部分，一般系统会配合 4 台工业相机来拍摄集装箱前、后、左、右 4 个面的箱号图像，工业相机按照触发信号和控制器的指令进行拍摄，并将图像传回计算机进行识别。由于箱号识别系统布置的复杂性，一般只在大型港口码头使用，在集装箱流通的诸多环节仍然难以实现数据的自动识别和采集。

（3）二维码技术。近年来，二维码技术在智能手机和平板电脑的普及下得到了越来越广泛的应用，相比传统一维条码，二维码能够存储更多的信息，代表更多的数据类型。随着物联网产业的蓬勃发展，"互联网+"新业态层出不穷，二维码技术在各行各业中得到了更为广泛的应用，已经成为移动互联网的入口。全球智能集装箱产业联盟牵头制定了《集装箱二维码通用技术规范》团体标准，统一了集装箱二维码的数据内容、编码方式、安装位置、技术要求等，并着力推动集装箱二维码的全行业应用。目前，智能集装箱普遍使用二维码技术实现信息数据的读取，在内贸运输中，企业间采用二维码技术，利用 NFC 设备来完成集装箱的解锁。

3）定位技术

目前，卫星定位系统主要包括美国的 GPS、欧洲的 Galileo 系统、俄罗斯的 GLONASS 和我国的北斗系统，其中 GPS 在全球应用最为广泛和普遍。GPS 定位覆盖了全球 98%的面积，并确保实现全球全天候连续的导航定位服务；精度高，应用实践证明，其室外定位精度可达 10m 以内；操作简便，只需要一台 GPS 接收机即可准确定位等。集装箱基本都在室外，因此集装箱的定位普遍采用 GPS。

4）传感器技术

对集装箱各类状态数据的采集都需要基于各种传感器的应用，传感器技术是智能集装箱的关键技术之一，其主要特征是能准确传递和检测某一形态的信息，并将其转换成另一形态的信息。目前，终端传感器的种类很多，功能各异，需要根据集装箱运输管理需求去配置相应的传感器。在集装箱大宗货物运输中，需要监测箱门状态、箱内货物满载情况、箱内外环境温度等，涉及的传感器包括温度传感器、霍尔传感器等；对智能冷藏箱需要监测的环境参数包括温度、湿度、压力，以及氧气、二氧化碳、乙烯等气体的浓度，常用的传感器包括温/湿度传感器、压力传感器、气体传感器等；对智能罐箱需要监控危化品泄漏情况、运输介质状态、环境状态等，常用的传感器包括超声波传感器、倾角传感器、压力传感器、加速度传感器等。

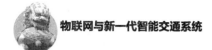

4. 发展难题

目前，智能集装箱流转中存在的主要问题是终端设备标准缺失，设备兼容性较差。目前，物联网技术在网络层面和终端层面的标准化发展都处于较低水平，各国政府、各标准化机构、各通信厂商、各类传感器厂家和各通信运营商各自为战，造成了标准不统一、物联网终端不兼容等问题。目前，不同厂商的设备和软件不能在同一信息平台上使用，设备间协议不统一，终端不兼容，二维码读写器与终端设备互不兼容，不利于物联网先进技术在智能集装箱领域的广泛应用。

 **本章小结**

近年来，随着世界范围内对自动驾驶汽车研究热情的日益高涨，相关技术也取得了长足的发展。可以说，从人类第一次提出自动驾驶汽车的概念至今，自动驾驶汽车离我们越来越近。车辆自动驾驶技术的发展同时带动了船舶智能驾驶技术的进一步发展。而从自动驾驶汽车、智能船舶、智能高铁到新型物流装备的发展过程中，人们越来越认识到，单靠单点智能，很难真正实现整个交通运输系统的优化与协调。充分利用物联网技术，让"车""路"协同，让"船""岸"协同，让"高铁""平台"协同，真正让交通系统中的各种载运工具与基础设施形成一个有机的整体，才是新一代ITS的发展方向。

第 6 章

基于物联网的智能交通管理与服务

内容提要

物联网技术是新基建的代表技术之一，智能交通是新基建的重要领域之一，物联网技术在智能交通领域的应用，使得 ITS 应用服务产生了变革，全面提升了交通管理与服务水平。本章详细介绍了新一代 ITS 中的先进的交通管理系统、交通电子支付、交通信息服务、交通事件管理、智能运输管理与服务 5 类管理与服务功能，从中可以很清晰地看到应用物联网技术后，交通管理与服务能力产生的质的变化。

6.1 先进的交通管理系统

6.1.1 概述

先进的交通管理系统（Advanced Traffic Management System，ATMS）是一种利用先进的交通信息采集、数据通信、电子控制和计算机处理等当代高新技术及现代交通工程理论，根据系统工程原理进行集成，对地区道路网络交通流进行实时监测、主动控制、协调管理与操作的综合交通管理系统。

ATMS 是 ITS 的重要组成部分，也是 ITS 中最基础的部分。它依靠先进的交通监测技术、计算机信息处理技术和通信技术，对城市道路和城际高速公路综合网络的交通营运和设施进行一体化的控制与管理，通过监视车辆运行来控制交通流量，快速、准确地处理辖区内发生的各种事件，以便使客、货运输达到最佳状态。ATMS 不仅为交通管理者提供了一种先进的管理及控制方法，提

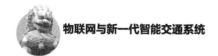

高了管理效率，而且使交通参与者（包括驾驶员和行人）都能感受到拥堵减少、通行效率提高所带来的便捷。

ATMS 的主要特征表现为系统高度集成、信息高速集中与信息快速处理。ATMS 发展方向主要体现在动态化、全局化、自动化和智能化 4 个方面，具体如下。

（1）动态化。节点和系统能够及时采集并传输交通信息，从而动态地反映和判别交通系统的运行状况，实现实时动态的交通管理。

（2）全局化。低成本使得交通传感器节点的大规模布设经济可行，按照"共享平台+应用子集"的模式，不同应用场景和应用领域统一在相同的"共享平台"体系架构下，既避免了系统建设的重复投资，又保证了对全局和局域系统交通信息的全面掌握。

（3）自动化。多种类异构节点的大规模部署经济可行，采用叠加部署可实现信息采集手段的多样性，结合协同处理和模式识别，能够保证系统判别和决策的准确性及自动化，从而减少人工干预和交通管理资源的投入。

（4）智能化。基于物联网技术的系统具有可感知、可判断、可控制、可管理，以及自动、动态、全局的基本智能特征。

6.1.2 系统构成

ATMS 主要由监控模块、通信模块、分析和建模模块、交通管理与控制模块、系统管理模块等构成。

1. 监控模块

监控模块实现数据处理，以及为监控交通网络的操作员提供必需的控制和接口，主要由车辆跟踪、监控图像处理、交通和环境监控等系统组成。

2. 通信模块

通信模块提供了 ATMS 内部实体之间的通信接口能力，以及与其他 ITS 相关系统之间的通信接口能力，包括输出数据流处理、输入数据流处理、I/O 管理者支持等系统。

3. 分析和建模模块

分析和建模模块负责提供分析及建立交通网络模型的功能，主要包括整合的建模管理者、OD（Origin Destination）处理、历史数据分析、交通模拟模式、动态交通分配模型及信号和控制优化模型等系统。

4．交通管理与控制模块

交通管理与控制模块提供交通网络管理所需的控制能力。交通管理与控制模块由广域交通管理系统、事件管理系统、交通控制系统等组成。

5．系统管理模块

系统管理模块负责监控、配置和管理 ATMS 的资产，也对建设和特殊事件的计划与时间安排提供支持。系统管理模块由养护管理和维护时间安排计划、管理/操作中心硬件和软件监控、配置和目录管理、事件计划和时间安排等系统组成。

6.1.3　应用案例

1．日本的新交通管理系统（UTMS）

UTMS 致力于实现"安全、舒适和环境友好的交通社会"。它以先进的控制系统为中心、以现有的交通控制系统为基础发展而成，对交通流进行全面的管理，最终目标是实现主动管理，通过管理中心将交通需求和交通流信息准确无误地传给驾驶员（车辆），以避免交通阻塞。

UTMS 以集成的综合交通控制系统为中心，主要包括以下几个子系统。

（1）综合交通控制系统（Integrated Traffic Control System，ITCS），主要通过与车载装置双向通信获得信息，对信息进行收集、分析、处理，对交通信号进行控制。

（2）先进的车辆信息系统（Advanced Mobile Information System，AMIS），利用现有的移动通信网络，使旅行者出发前在家里或在办公室能用电话查询交通条件，在出行过程中，也能用车内的移动电话获取实时交通信息。

（3）公交优先系统（Public Transportation Priority System，PTPS），通过控制优先信号和设定优先路线，保障公共车辆使用道路的优先权，提高运营效率，使乘客更加方便。

（4）车辆运行管理系统（Mobile Operation Control System，MOCS），向车辆行驶管理人员提供公共汽车、出租车、卡车的行车位置等信息，提高车辆通行效率，保证交通畅通无阻。

（5）环境保护管理系统（Environment Protection Management System，EPMS），根据大气污染和气象等情况来提供交通信息，控制交通信号，减少尾气排放、交通噪声等交通公害，保护环境。

（6）驾驶安全运行支持系统（Driving Safety Support System，DSSS），利用综合交通控制系统的基础设施及IC卡，为驾驶员安全驾车提供帮助，并保证行人安全。

（7）紧急救援系统（Help System for Emergency Life Saving and Public Safety，HELP），在发生事故和车内出现紧急情况时，能利用自动或手动方式，通过车载（移动式）电话向专门的管理中心通报情况。

（8）快速紧急车辆优先系统（Fast Emergency Vehicle Preemption System，FAST），通过对警车等紧急车辆传送指令、路径引导等，减少紧急行驶造成的交通事故，还可缩短紧急车辆的响应时间，为事件的快速处理和紧急救援提供帮助。

（9）行人信息通信系统（Pedestrian Information and Communication System，PICS），用声音向行人通报红绿灯及延长绿灯时间等，确保行人（特别是老年人和视觉残疾人）的安全。

2. 欧洲的交通管理系统

ATMS在欧洲有40多年的发展历史，欧洲的城市交通控制系统曾闻名世界。以柏林为例，柏林交通控制中心利用线圈、视频、浮动车等技术建立了覆盖道路、公交车、出租车等多模式交通的立体化检测系统，其目标是将包括私人和公共交通、商业运输在内的交通要素集成到一个高效的城市交通管理系统中，实现交通信号控制优化、可变车道管理、可变限速管理、公交优先信号等多种交通管理功能。此外，英国城市交通控制系统采用了被称为绿信比相位差优化技术（Split Cycle Offset Optimization Technique，SCOOT）。城市交通控制系统和车辆管理系统使汽车有害气体排放降低了26%~30%，使城市的环境得以改善。

3. 美国的交通管理系统

美国ATMS要解决的最大问题是将高速公路与城市的交通管理结合起来，缩短旅行时间，提高效率，快速地自动检测事故并建立事故的快速反应系统。许多城市建立的城市道路中心式的交通控制系统在减少旅行时间上采用了多种新技术。例如，洛杉矶的自动交通监控和控制系统在1170个交叉口布设了

4509 个检测器，该系统使旅行时间减少达 18%，车速提高了 16%，交叉口拥堵减少了 44%。近几年，在 ATMS 中，事故管理系统发挥了巨大的作用：一方面减少了事故的发生，另一方面缩短了事故反应的时间。美国休斯敦交通管理中心通过联合运用合作者的资源来提供高效的交通和紧急事件管理服务，从而使公众的出行安全及机动性最大化，其主要功能包括交通管理、紧急事件管理、事故管理和旅行者信息管理。

6.2　交通电子支付

6.2.1　概述

2005 年 10 月，中国人民银行公布的《电子支付指引（第一号）》规定："电子支付是指单位、个人直接或授权他人通过电子终端发出支付指令，实现货币支付与资金转移的行为。电子支付的类型按电子支付指令发起方式分为网上支付、电话支付、移动支付、销售点终端交易、自动柜员机交易和其他电子支付。"简单来说，电子支付就是通过安全的信息传输手段，采用数字化方式进行的一种货币支付或资金流转的方式。电子支付作为一种新兴的支付手段，是新时代信息技术飞速发展的产物，它的出现改变了无数人的生活和消费方式，也代表了社会及时代的进步。随着信息技术的不断发展和国家金融电子化进程的加速，交通运输作为人类社会经济活动的基础环节，人们对其电子支付的需求也逐渐显现，如高速公路联网收费、公交地铁售票、长途客运售票、出租车运营计价、货运物流收费等各应用领域，均涉及各类用户的缴费问题，通过安全、便捷、高效的电子支付方式解决目前交通行业中现金支付存在的种种问题，无疑将大大提高行业管理与服务水平，对改变公众生活出行方式、提高生活质量、推动国民经济和社会信息化进程均具有重要意义。

目前，交通电子支付处于转型升级中，从交通电子支付 1.0 时代向交通电子支付 2.0 时代迈进。交通电子支付 1.0 时代一般采用便携性较好的智能卡作为支付工具，它有不记名、离线、预付费 3 个重要特征，卡片技术标准多以《中国金融集成电路（IC）卡规范》为基础，既能够有效解决脱机交易安全问题，又能通过电子钱包的复合消费交易流程解决交通行业常见的分时分段计费等问题。交通电子支付 2.0 时代一般采用移动支付，它有实名、在线、信用支付 3 个重要特征，交通电子支付 2.0 时代要由有卡向无卡、由不记名向记名升级，实现用户识别；要从线下变到线上，实现用户的连接；要从预付费转向信用支付，从而构成用户的信用体系；要从公共交通电子支付服务向综合交通服务延伸，实现铁路交通、航空交通的覆盖；要从交通领域向其他生活领域覆盖，实现场景多样化，使电子支付与吃、喝、娱乐、购连接在一起；要从大批量向柔性生产转变，实现个性化定制；要从数据的结算转向大数据的分析，从而挖掘移动支付大数据的价值；要从一卡通的平台运营向一卡通的生态构建发展。

6.2.2 系统构成

1. 高速公路联网收费系统

高速公路联网收费系统由部联网中心系统、省联网中心系统、ETC 门架系统、收费车道系统（ETC 专用车道系统、ETC/MTC 混合车道系统）、结算系统、复合通行卡（Compound Pass Card，CPC）发行与管理系统等组成，如图 6-1 所示。各子系统的功能介绍如下。

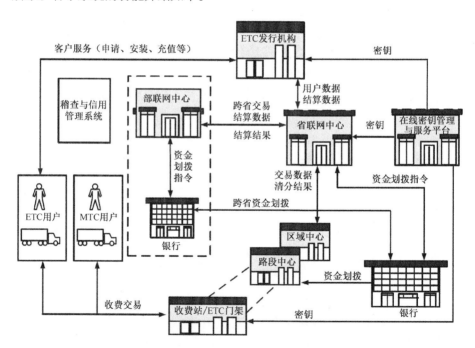

图 6-1　高速公路联网收费系统组成示意

1）部联网中心系统
部联网中心系统应具备以下功能：
（1）跨省清分结算，支持取消省界收费站后的跨省通行费清分结算业务；

（2）跨省 CPC 调拨管理；

（3）运行参数管理，支持联网收费区域路段费率汇总、状态名单管理及辅助跨省车辆特情处理；

（4）稽查和信用管理，实现对通行用户偷逃通行费等违法行为的数据稽查和信用评估；

（5）客户服务，支持联网收费区域收费运营和服务等相关业务的互通、协调、处理；

（6）系统运行监测，实现对收费系统的运行状态监测；

（7）数据汇聚管理，保障部级与各联网省市跨省清分结算、通行费增值税发票开具相关业务的数据传输；

（8）综合业务管理，支持取消省界收费站后跨省联网收费争议、投诉等业务的运行；

（9）质量管理，满足取消省界收费站后的质量分析管理需求；

（10）风险控制，支持取消省界收费站后的现金、非现金交易，客户服务，系统运行等方面风险的管理、分析和控制；

（11）发行认证和监管，对接部级在线密钥管理与服务平台，通过省联网中心系统连接各发行方系统，按统一运营规则进行服务支撑和监管。

2）省联网中心系统

省联网中心系统应具备以下功能：

（1）省（区、市）内清分结算，支持省（区、市）内通行费清分结算业务；

（2）系统参数管理，管理本省（区、市）路段费率、黑名单等参数；

（3）数据传输管理，建立与上、下级系统的通信连接，传输联网收费系统需要交换的数据；

（4）跨省（区、市）对账及结算，支持部联网中心系统完成跨省（区、市）收费数据的对账及结算；

（5）CPC 调拨管理，负责省内 CPC 的状态追踪、调拨、丢卡稽查、坏卡回收等，通过部联网中心系统完成跨省 CPC 的调拨申请与调拨请求；

（6）特情处理，支持在本省（区、市）路网内通行车辆的通行费计算，辅助完成本省（区、市）及跨省通行车辆的特情处理；

（7）稽查管理，完成省（区、市）内稽查工作，实现与部联网中心稽查数据的交互；

（8）客户服务，支持省（区、市）内客户服务相关业务，实现与部级客户

服务系统的业务交互；

（9）系统运行监测服务，实现对省（区、市）内收费系统的运行状态监测。

3）ETC 门架系统

ETC 门架系统由以下主要设备和设施组成：车道控制器、RSU、车牌图像识别设备、高清摄像机、站级服务器、防雷接地设施、补光灯、通信设备、供电设备、车辆检测器（可选）等。

ETC 门架系统的主要功能如下：

（1）同时支持双片式 OBU、单片式 OBU 和 CPC 的交易处理流程；

（2）自动识别所有通行车辆（包括 ETC 车辆和 MTC 车辆）前、后车牌颜色和车牌号码，经系统自动识别后，可由人工核对修正，将所有识别出的车牌颜色、车牌号码、时间、门架信息及车辆图像信息（二进制图片）等形成图像流水记录，保存在站级服务器；

（3）实现 ETC 车辆的分段计费，形成 ETC 交易流水（包括通行凭证）和 ETC 通行记录，将 ETC 交易流水（或通行凭证）、ETC 通行记录、图像流水记录进行自动匹配后，可由人工核对修正，实时上传至省联网中心系统和部联网中心系统；

（4）实现 MTC 车辆的分段计费，将计费信息和过站信息写入 CPC，形成 CPC 通行记录，并将 CPC 的通行记录、图像流水记录及时上传至省联网中心系统和部联网中心系统；

（5）具备自检、在线程序和应用更新功能，并将 ETC 门架系统及设备状态信息实时发送至省联网中心系统和部联网中心系统，主要包括但不限于车道控制器的 CPU、内存、硬盘的占用率，关键设备（RSU、车牌图像识别设备）的在线状态及工作状态（如 RSU 发射、接收工作状态），机柜的温度、湿度、防盗信息，供电和通信网络的工作状态；

（6）接收并更新省联网中心系统逐级下发的 ETC 门架相关系统参数；

（7）与北斗授时时钟同步；

（8）配备完备的应用软件、关键设备、供电和通信网络冗余，确保 ETC 门架系统 24 小时不间断地工作；

（9）以独立作业的方式工作，在通信网络出现异常时可脱机离线操作，此时所有作业数据均可存储在本地，并且待网络恢复后自动将本地滞留数据逐级上传至省联网中心系统和部联网中心系统，同时保证数据的完整性、一致性、真实性、不可抵赖性和安全性不受破坏；

（10）有必要的防雷和接地保护，具备防雷击和防浪涌冲击的能力，确保人和设备的安全。

4）收费车道系统

入/出口收费站设置为 ETC 专用车道和 ETC/MTC 混合车道。各省（区、市）应在保障 ETC 车辆不停车快捷通行、兼顾 MTC 车辆的通行流量需求的前提下，根据 ETC 用户的发展状况和收费站的交通流量确定 ETC 专用车道和 ETC/MTC 混合车道的比例。

5）结算系统

（1）ETC 清分结算。取消高速公路省界收费站后，保持现有部、省两级 ETC 清分结算模式不变。

（2）MTC 拆分结算。跨省 MTC 通行费先由部联网中心进行跨省拆分结算，再由各省进行省内拆分结算。省内 MTC 通行费拆分结算参照现有模式。

6）CPC 发行与管理系统

（1）CPC 发行。

在部、省两级密钥体系的基础上，参照 ETC 发行模式由部级密钥管理系统提供密钥服务，实现 CPC 密钥替换、MAC 计算等，完成 CPC 发行。

（2）CPC 调拨管理。

CPC 调拨管理按部联网中心、省联网中心、收费公路经营管理单位三级运营管理机制设计，实现部-省-路段(区域)-收费站-车道 CPC 的分级调拨管理。部联网中心负责 CPC 的跨省流通管理；省联网中心负责在本省（区、市）范围内 CPC 的流通管理；收费公路经营管理单位负责路段内 CPC 的流通管理。

2. 交通电子支付应用系统的构成

交通运输领域的电子支付应用系统一般主要包括发行系统、客户服务系统、消费终端应用系统和清分结算系统等。

1）发行系统

发行系统主要完成电子支付 IC 卡的发行工作，根据发行环节不同，可分为初始化发行、一次发行和二次发行 3 个阶段。其中，初始化发行阶段主要是将卡片的出厂密钥替换为发行方的主控密钥，获得对卡片的初始控制权限；一次发行阶段主要建立应用文件结构并装载应用密钥，实现对不同应用文件的访问权限控制；二次发行阶段主要进行个性化信息写入，如用户个人信息、卡片类型等。

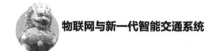

若交通电子支付应用采用与银行卡联名的电子支付卡，则发行系统还应具备与银行业务系统进行数据处理及通信的功能。

2）客户服务系统

客户服务系统主要为各类用户提供卡片生命周期内的各项服务功能。客户服务系统的表现形式多种多样，一般包括服务网点、Web 网站、呼叫中心及各类自助终端等。各类服务形式不同，所提供的服务内容也有所不同，总体来说，主要包括换卡、退卡、充值、查询和投诉等。另外，客户服务系统还可以为消费终端应用系统提供各类运行参数和用户状态信息（如黑名单）等。

3）消费终端应用系统

消费终端应用系统是实现电子支付的基本工作单元，一般由应用主程序、读写器、PSAM 卡和数据传输、机械控制等部分构成。应用主程序根据系统下发的各种运营参数和操作处理流程，通过读写器自动读取用户电子支付卡的信息，并与终端内的 PSAM 卡按照规定的安全认证机制完成扣费操作，最后通过终端信息显示、声音提示、控制闸机或自动栏杆等设备放行人员或载运工具。

4）清分结算系统

清分结算系统是整个电子支付应用系统的后台核心，它衔接发行系统和消费终端系统，主要功能包括电子支付交易数据存储、转发、对账、资金清分及系统参数管理等。其可对客服、充值、消费和票卡发行等各类应用数据进行检查、集中备份，提供数据文件接入及分发功能，提供黑名单管理功能，对有效数据按区域进行分账、出具报表，提供准确和及时的支付结算服务。交通运输领域的电子支付结算服务主要分为 3 类：充值资金对账与结算、消费对账与结算、跨区交易资金对账和结算。

6.2.3 应用案例

1. ETC 系统

ETC 技术是世界范围内普遍采用的道路自动收费技术，在日本、欧洲、美国、新加坡及中国等国家和地区应用最为广泛。ETC 技术的应用范围不仅包括高速公路，还包括城市道路、城市停车场等相关领域。我国 ETC 的发展先后经历了概念引入、研究试验、行业试点、核心技术开发与产业化、省级规模应用、省域联网收费、区域联网收费、全国联网收费和取消省界收费站等阶段。

1）概念引入

ETC 最早引入我国是 20 世纪 90 年代中期。当时，随着国内经济的发展，地区交通量飞速增长，导致收费口交通堵塞、环境污染等一系列问题，社会对迅速提高收费服务水平的需求越来越强烈。电子收费系统在美国、欧洲等国家和地区快速发展并形成规模效益，国外主要为开放式收费系统，采用单片式 ETC 技术。但这种单片式 ETC 设备在封闭式收费系统中使用时，要求实施 ETC 的收费系统的所有收费站上均安装不停车收费设备，而我国高速公路大部分采用封闭式人工收费，全部安装不停车收费设备会造成 ETC 系统实施的成本过高。通过对国内收费行业状况的研究和评估，国内科研机构联合产业界提出要发展适合中国国情的组合式电子收费模式，并着手自主开发具有核心技术的产品。

2）研究试验

1996—1997 年，一些科研院所、公司及其他机构为了推动电子收费事业在国内的发展，积极进行研究试验。其中，最具代表性的试验主要是原交通部公路科学研究所（以下简称公路所）和日本丰田汽车公司（以下简称丰田）联合进行的组合式设备试验，以及广东路路通电子收费系统工程试验。

（1）公路所与丰田的组合式设备试验。1996 年 10 月，公路所与丰田就组合式电子收费系统开展了中日技术交流，并在原交通部公路交通试验场搭建了电子收费原型系统，为各省交通厅及公路管理部门的领导和专家进行了现场演示，与会的各级领导和专家对此项技术表示了极大的兴趣。之后，公路所与丰田在原交通部公路交通试验场进行了为期几个月的技术试验，着力研究主动和被动电子收费技术的实际性能及应用条件。

（2）广东路路通电子收费系统工程试验。1996 年年初，广东省路路通公司采用美国 TI 公司的电子收费设备在广东进行电子收费系统工程试验，在佛山、顺德、南海等地建立了 20 余条不停车收费车道并投入使用。该系统工作频段为 915MHz，与移动通信系统频段冲突，并且与中国采用的 5.8GHz 标准不符，至 2000 年就不再扩大应用规模。但是，广东路路通电子收费系统的建设过程及建设后的运营过程，为我国以后的电子收费研究积累了宝贵的建设和运营管理经验。

3）行业试点

经过几年的初期研究试验，我国电子收费事业自 1998 年进入行业试点应用阶段，其中比较典型的是虎门大桥互换性测试。

我国高速公路管理体制比较普遍的现象是"一路一公司"。在国内电子收费的发展过程中，各地高速公路管理公司各自引入不同国家、不同厂商的电子收费系统。如果各地电子收费系统建成后，提供给用户的电子收费服务仅能在一条路上使用的话，那么就失去了电子收费系统在使用上的根本优势，即其便利性和在区域内的兼容性，同时电子收费的社会效益、经济效益也将大打折扣。所以在各地蓬勃引进电子收费系统的同时，电子收费设备是否可互换这一问题也得到了相关部门的重视。

1999 年 7 月，公路所与广东省交通厅在一些 ETC 厂商的支持和配合下，进行了现场互换性测试，地点选在虎门大桥南沙收费站。这次测试分别采用广州本田、东风的中型卡车和大型公共汽车搭载各种电子标签以 30km/h 和 60km/h 的速度进行分组测试。测试总的效果不错，为实施较大型的联网 ETC 系统积累了宝贵的第一手数据。尽管在个别问题上存在遗憾，但虎门大桥互换性测试在当时世界范围内是很有意义的，测试证实了单片式电子标签实现互换是可能的，但需要多方面的努力。

此外，北京首都机场路、沪宁高速公路、四川德中公路、广韶高速公路也开展了相应的试点应用。

4）核心技术开发与产业化

随着电子收费在国内的逐步发展及各界对联网收费关注程度的日益增长，国内相关单位开始考虑自主开发电子收费系统的核心产品并使其产业化，主要原因有以下两个。一是要在我国实行收费系统大规模的联网，必然要走一条电子收费和人工收费并存的路，否则电子收费建设规模庞大，面临一次性投入高、建设周期长、风险大的问题；而且大多数入口收费站和出口收费站的交通量小，车道数量少，单独辟出一条 ETC 专用车道既困难又不经济。要想在国内成功地推动 ETC 系统，在收费方案上必须予以突破。二是当时除日本外，国外普遍采用单片式 ETC 系统。也就是说，几乎没有适合中国电子收费应用特色的收费设备。

（1）国家技术创新项目。在原国家经贸委和原交通部的大力支持下，公路所联合有关单位开展了"高等级公路电子收费系统技术开发和产业化"项目研究工作。该项目提出了具有创新意义的、适合我国国情的组合式公路电子收费系统方案——"主/被动两片式电子标签+双界面 IC 卡的组合式电子收费系统方案"。用户在车辆上安装 ETC 电子标签，结合一张与用户电子账户对应的 IC 卡（ETC 电子支付卡），便可不停车通行高速公路 ETC 专用通道，系统自动完成通行费支付。在没有设置 ETC 专用通道的收费站，用户可以使用 ETC 支付卡在人工车道刷卡支付通行费。通过在广东京珠高速公路韶关段试点，并经过广泛论证，证明组合式公路电子收费系统方案合理，在经济上可行，可以视实际交通流量的需求逐步扩展 ETC 车道，资金投入及系统建设规模富有弹性，运营风险低。另外，其采用高安全性的预付卡也符合公路收费的电子支付业务发展的必然趋势。

（2）京珠高速公路韶关段试点工程。2000 年 10 月，在公路所的支持下，广东新粤电子公司开展了基于组合式公路电子收费技术的电子不停车车道系统和后台结算中心系统的软件开发，以及 DSRC 关键设备的研发和设计工作。2001 年 3 月，京珠高速公路韶关段组合式公路电子收费系统项目正式启动。

2001 年 7 月，经过充分论证和实践，在京珠南高速公路曲江（韶关主站出/入口）收费站建设完成了两条基于国内自主研发的组合式公路电子收费技术的电子不停车收费车道，并在运行中不断对系统和关键设备进行改进及完善。该试点结果表明，组合式公路电子收费技术在实际应用中是可行的，示范工程的实施达到了设想的目标。组合式公路电子收费技术方案在京珠南高速公路上的成功应用，标志着国内公路联网电子收费技术迈上了一个新的台阶，代表了今后中国高速公路联网电子收费方式的一个方向。

5）省级规模应用

在收费领域科研项目的带动及实际工程项目需求和示范的拉动下，一批具有自主知识产权的电子收费系统设备和软件逐步被开发出来，基本上满足了国内的需求，并以此为基础形成了一个有相当规模的交通工程产业和一批有实力的高新技术企业。这就为国内电子收费技术的大规模推广提供了有力的技术支持，其中广东省公路联网电子收费最具代表性。

广东省公路联网电子收费带动了电子收费在广东省的推广应用，2002—2005 年，广东省联网收费按照"分区联网、逐步合并"的方针，分粤东、粤西、粤北、珠三角、广州和深圳 6 个区域实现联网，取消区域内的主线收费站，逐步发展成跨区域的全省联网收费，并在全省高速公路推行组合式电子收费技术，电子收费系统的关键产品选用 2000 年国家技术创新项目的研发成果，实现"粤通卡"（双界面 CPU 卡+两片式电子标签）全省一卡通行。2004 年 12 月，广东省采用我国自主创新的组合式电子收费技术，正式开通全省联网收费系统。

6）省域联网收费

省域联网收费先后经历了收费站试点阶段和省域联网阶段。省域联网收费

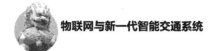

采用 5.8GHz 组合式电子收费技术，做到了技术兼容和技术领先。其在高速公路主线收费站、重要城市出/入口收费站及交通流量大的收费站均开通了 ETC 车道，并建成了清分结算系统，形成了层级管理体制。此阶段的联网收费为联网运营积累了实践经验，为 ETC 区域联网和 ETC 全国联网奠定了基础。

7）区域联网收费

在高速公路快速组网和交通流量迅速增长的背景下，为了提高高速公路的通行能力和服务水平，方便群众出行，促进区域经济发展，交通运输部启动了京津冀、长三角区域的 ETC 联网示范工程。

京津冀区域 ETC 联网示范工程采用"一个中心、一对多"的集中结算模式，组建了"京津冀区域联网收费管理中心"，以负责行使示范工程中跨省域收费交易的管理职能，实现（京津冀鲁晋）跨区域清分结算。

长三角区域ETC联网示范工程采用"无中心、多对多"的两两结算模式，依托现有各省（市）联网收费管理（结算）中心完成数据汇总、验证、统计和清算等业务，采用两级清分结算管理模式、统一的公路电子收费技术体系和安全管理体系，实现长三角区域的跨省联网。

示范工程的成功开通，实现了跨省域ETC联网收费和统一结算，为全国联网中心管理模式的选择提供了宝贵经验，同时在软件升级、工程检测、运营调试等方面积累了经验。

8）全国联网收费

为了进一步提升 ETC 联网服务的质量，满足广大公众跨区流动的实际需求，促进经济发展，交通运输部启动了 ETC 全国联网工作。2014 年 12 月 26 日，京津冀沪湘陕等 14 个省（区、市）的 ETC 正式联网运行。2015 年 9 月 28 日，全国 29 个省（区、市）实现了 ETC 联网。

ETC 全国联网的建设严格遵循电子收费国家标准和交通运输部相关规范。5.8GHz组合式电子收费技术的应用，实现了高速公路通行费非现金便捷支付的功能。部级收费中心的设置、车型分类标准和联网运营服务标准的统一，实现了联网省（市）跨省（市）清分结算，有效解决了 ETC 车辆在省界收费站的不停车收费问题。

ETC 全国联网为我国高速公路收费系统的发展积累了丰富的技术、建设、管理和运营等经验，标志着我国公路网管理进入了新的历史发展阶段——建成了全球规模最大的高速公路信息系统，为未来 ETC 和 MTC 全国联网打下了坚实的基础。

9）取消省界收费站

为了实现不停车快捷收费、减少拥堵、便利出行，根据党中央、国务院的部署，交通运输部于 2019 年启动了取消高速公路省界收费站的工作。

取消高速公路省界收费站实施工作采用了 ETC、车牌图像识别和多种支付手段融合应用的技术路径。ETC 车辆缴费实现了"出/入口管控的自由流收费"，MTC 车辆采用以 5.8GHz 的 CPC 作为通行介质的半自动收费方式，新型货车按车型进行收费，最终针对所有车辆实现了"一次通行、一次扣费、一次告知，出口显示"。

2019 年年底取消高速公路省界收费站工程的实施，使我国建成了"全世界最大的无障碍通行高速公路网络"，让省界拥堵从此成了历史，为交通强国建设奠定了坚实的基础。

截至 2020 年 1 月 1 日，全国建设完成了 24588 套 ETC 门架系统，改造完成了 48211 条 ETC 车道、11401 套高速公路不停车称重检测系统；ETC 推广发行了 1.23 亿户，累计用户达到约 2.04 亿人；1.2 万名高速公路收费员得到了妥善安置，转岗到 ETC 推广发行客服、清分结算后台服务、高速公路服务区服务、入口称重检测等岗位。

此外，交通运输部结合社会发展和技术进步，不断优化改进服务措施，在高速公路收费服务方面，积极推动移动支付在收费公路的应用，组织制定了《收费公路移动支付技术规范》，鼓励收费公路经营管理单位在人工收费车道建设移动支付系统，为用户提供多种支付选择。据统计，截至 2019 年 1 月，在目前 29 个联网收费省份中，已有河南、山东、浙江、上海、江苏等 14 个省份实现了高速公路人工收费车道的移动支付全覆盖，广西、陕西、重庆、北京、天津、广东等 14 个省份正在开展试点工作。交通运输部将积极指导各地交通运输主管部门和收费公路经营管理单位进一步完善相关政策措施，加快推广移动支付在人工收费车道的应用，2019 年年底高速公路人工收费车道基本实现了手机移动支付功能的覆盖。从各地应用效果看，停车移动支付提升了高速公路的整体服务形象，符合社会发展需要，为高速公路出行者提供了全方位、多样化服务。

2. 城市公交一卡通

电子支付在交通运输领域的应用，最早可追溯至 20 世纪 90 年代，当时公交 IC 卡就已作为城市公共交通领域的便捷支付工具，大大方便了市民的日常出行，扩充了载运工具的服务效能，并提高了行业管理效率和服务水平，是营造

优质公共交通服务体系、提升公共交通竞争力和吸引力的重要举措，对缓解交通拥堵，建设和谐型、资源节约型、环境友好型社会均具有重要意义。

根据《国务院关于城市优先发展公共交通的指导意见》的要求，交通运输部于2013年3月正式启动全国交通一卡通互联互通工作，这是落实优先发展公共交通的重要举措。为了进一步做好全国交通一卡通的互联互通工作，交通运输部制定了《城市公共交通IC卡技术规范》，明确采用电子钱包、电子现金双应用、单余额的技术路线，并组织开展系统、机具和卡片的实验室与实地测试工作。全国交通一卡通互联互通工作的开展将为广大人民群众提供更便捷、高效、安全的公共交通服务，对于促进落实公交优先发展战略、提升政府基本公共服务水平具有重要意义。乘客持带有"交通联合"标志的交通一卡通，便可在已实现互联互通城市的地铁和公交车上使用。

交通运输部也在大力开展移动支付等互联网新技术在交通一卡通领域的应用研究，制定了《交通一卡通二维码支付技术要求》，对二维码支付系统的结构、相关业务流程、密钥安全、信息接口等进行了规定。

6.3　交通信息服务

6.3.1　概述

交通信息服务（Transport Information Service，TIS）作为ITS的重要组成部分，是依托于ITS和交通运输管理相关领域的应用系统，以最佳地改善交通出行的安全性和便利性为目的，集信息采集、传输、处理和发布等基本功能于一体，面向适合的出行服务对象，在适合的时间、适合的地点，采用各种适合的服务方式，为出行者在出行前和出行中提供实用、及时、准确的出行信息服务的信息技术集成系统。

TIS主要是依托于交通运输管理、运营管理、综合运输、紧急事件管理等相关领域应用系统的建设和推广应用逐步发展起来的。根据《中国智能运输系统体系框架》，中国ITS包括8个服务领域，主要有交通管理与规划、电子收费、出行者信息、车辆安全与辅助驾驶、紧急事件与安全、运营管理、综合运输和自动公路，这8个服务领域涵盖了34项服务、138个子服务，其中，TIS子系统包括出行前信息服务、行驶中驾驶员信息服务、途中公共交通信息服务、个性化信息服务、路径诱导及导航服务5大类、25小类主要服务内容。

TIS 和 ITS 的关系如图 6-2 所示。

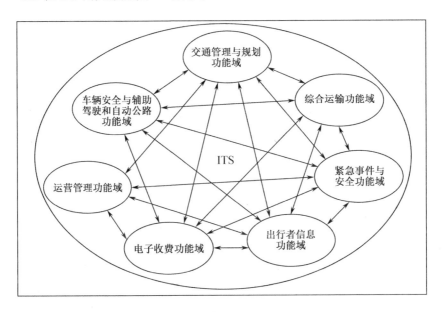

图 6-2 TIS 和 ITS 的关系

TIS 涉及道路、通信、计算机、电子、汽车、自动控制、信息服务、网络技术等众多领域，是拥有巨大经济效益的新兴产业群，也是未来多媒体技术应用的重要行业。同时，TIS 的技术发展与市场需求也将推动与其相关的产业发展，增加就业岗位，促进社会经济的健康发展。

6.3.2 系统构成

典型 TIS 系统架构由信息采集、信息传输、数据中心、信息发布及用户 5 个部分构成，如图 6-3 所示。

1. 用户

按照不同出行方式的人群来划分，用户包括自驾出行用户、公共交通出行用户，在出行人群中还要考虑一些特殊人群，包括残障人士和外国出行者。近期，随着新一代信息技术在载运工具发展中的创新应用，载运工具网联化、智能化的发展速度加快，TIS 的服务对象范围进一步扩大，包括人工驾驶车辆、网联车辆和自动驾驶汽车。

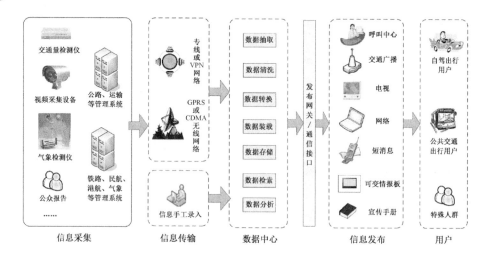

图 6-3 典型的 TIS 系统架构

2. 信息采集

TIS 信息采集包括采集道路沿线交通状态信息、车辆运行状态信息、视频感知信息、交通环境信息等。主要的交通信息采集方式及采集信息内容如下。

1）交通状态信息

通过交通量检测仪实现对道路沿线交通流量的检测，设备采集的数据包括分车型交通量（大车、小车）、平均速度、时间占有率等，实现对所在位置区域的位置信息、交通量、速度等信息的准确采集和可靠传输，为掌握道路交通动态运行状况和 TIS 提供有力支持。

2）车辆运行状态信息

利用车辆自身的车载终端（具有车路信息交互能力的车辆）向道路沿线路侧单元传输车辆的运行信息，为其他网联车辆、自动驾驶汽车提供周边车辆的运行状态数据，支撑网联车辆、自动驾驶汽车进行驾驶行为决策。采集的数据包括车辆运行状态信息、位置信息、障碍物信息、车辆身份信息等。

3）视频感知信息

视频监视是延伸监控管理人员视野的有力手段，架设在外场的视频采集设备实时、直观地对道路现场设施和交通运行状况进行远端监视，获得的信息包括可视视频流信息、基于视频数据的事件感知信息和车辆身份识别信息等。

4）交通环境信息

路面状态感知：采用非接触式路面条件检测器，实时检测路面的干、潮、湿度、霜、黑冰、冰雪、水深度、摩擦系数等路面状况，通过智能路侧设施为高速公路运行车辆提供全程路面状态信息。

全要素气象感知：实现对周边能见度、大气温度、相对湿度、风速、风向、降水量、降雪量、路面温度、路面状态的全天候实时监测，系统自动采集的气象数据应至少确保 85% 的准确度，数据采集周期为 30s～5min。

5）外部信息的交互与共享

外部信息的交互与共享包括与公安部门、消防部门、气象部门等的信息交互与共享。另外，随着互联网信息服务的不断发展，互联网企业汇聚了海量的交通运行状态信息，TIS 系统的信息采集端应实现与互联网企业的信息交互与共享。

3. 信息传输

随着通信技术的不断发展，TIS 系统的通信传输除了光纤传输，还包括无线传输，包含但不限于 DSRC、LTE-V、5G 等。通过无线传输技术，网联车辆和自动驾驶汽车可实现车路、车车间交通信息的交互。

4. 数据中心

数据中心是交通运输系统的大脑，也是实施准确 TIS 的基础，在传统 ITS 中，信息采集设备将采集到的信息通过通信系统传输至数据中心，由数据中心进行分析、处理后，产生服务于用户的交通信息，并实时传输至出行用户，但由于数据量不断增加、数据结构复杂，数据中心的分析处理能力面临挑战。随着云计算、大数据、人工智能等新一代信息技术的不断成熟，将"云-边-端"架构及计算技术应用于交通运输领域，构建"云-边-端"协同一体化的云控平台，可极大地提升数据处理能力，并且将数据处理能力分布到路侧，大大提升 TIS 的准确性和时效性。

5. 信息发布

如图 6-3 所示，在典型的 TIS 系统架构中，可通过呼叫中心、交通广播、电视、网络、短消息、道路沿线的可变情报板和宣传手册等方式为自驾出行用户、公共交通出行用户及特殊人群等提供 TIS。

以上信息发布的工作模式可以总结为中心系统发布模式，中心系统发布模式可以服务交通的所有用户。中心系统发布模式可描述为：外场采集的数据通

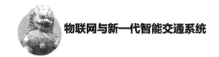

过有线或无线方式传输至道路控制中心，道路控制中心通过实时分析数据生成路段事件信息、交通环境状态信息、交通流状态信息、基础设施运行状态信息等，通过多种方式为用户提供 TIS。

6.3.3 高精准信息服务

为了满足出行者日益增长的信息服务需求，应在道路沿线建设完备的交通信息感知系统、多模式通信系统及多渠道信息发布系统，并通过多途径数据感知及多源数据融合实现全时空信息感知，在此基础上为道路出行者提供个性化微观车辆信息服务、动静态道路状态信息服务、宏观交通流状态信息服务。

1. 个性化微观车辆信息服务

通过道路沿线建设的泛在综合感知系统，可以实现面向人工驾驶车辆、网联车辆和自动驾驶汽车的个性化信息服务。针对人工驾驶车辆，可通过多方式信息服务系统，如可变情报板、车载广播频道、用户手持终端、手机 App 等方式向用户发布宏观交通状态信息、动静态道路状态信息；针对具有车路协同功能的网联车辆，除了采用上述方式提供信息服务，还可以通过车路协同的端到端通信为用户实时提供差分定位信息、动态运动目标信息，并在车端提供碰撞预警信息服务；针对自动驾驶汽车，不仅能够提供宏观交通信息、动静态道路状态信息、差分定位及动态运动目标等辅助驾驶信息，而且能够基于车路专有信息交互通道提供驾驶指令信息，实现特定条件下道路对自动驾驶汽车的接管，保障自动驾驶汽车安全、有效通行。

2. 动静态道路状态信息服务

通过高精度地图数据、用户实时上报数据、视频及雷达等监测系统数据，实现基于静态道路地图和动态道路检测的道路状态感知，生成静态道路信息，如标识标线标牌、基础设施等信息，以及动态恶劣气象信息、交通事件信息，如道路积水、道路结冰、道路能见度、道路施工维护、货物抛撒、交通事故、异常车辆等信息。通过路侧显示系统（如可变情报板）、车载终端（如车路协同设备）、用户手持终端、手机 App 等方式向用户发布动静态道路状态信息，并基于感知及预测信息从车道选择和路径选择两个层次上为用户提供微观与宏观引导。

3. 宏观交通流状态信息服务

通过浮动车数据、移动终端数据、车路协同数据、全程覆盖的视频数据、雷达检测数据及其他传感器信息，实现基于路侧节点边缘计算、区域中心协同感知、中心平台综合分析的三级交通状态感知及预测，生成车道级交通状态信息、区域级交通状态信息及全路网交通状态信息，通过路侧显示系统（如可变情报板）、车载终端（如车路协同设备）、用户手持终端、手机 App 等方式向用户发布宏观道路拥堵情况、道路分段运行速度情况、区间旅行时间预测信息等，并基于感知及预测信息从车道选择和路径选择两个层次上为用户提供微观与宏观引导。

与传统 TIS 相比，高精准信息服务提供的信息具有准确性、实时性和全面性的特点。

1）准确性

多方式融合的综合感知系统具有固定检测器定点监测与浮动车移动监测技术相结合、视频等视觉感知系统与雷达等微波或毫米波感知系统相结合、车路协同和手持终端等上传手段相结合的特点，不同的感知检测系统相互补充、相互校正，提供准确、完备的交通状态信息，避免信息误检、漏检现象的发生。

2）实时性

多模式共存的信息交互系统具有端到端通信和中心式通信等不同通信方式，蜂窝网络等中心式通信方式的时延可低至秒级并可通过兼容式升级改造进一步降低，端到端通信方式的时延可低至毫秒级，不同通信方式的兼容并存可以保证交通诱导、安全预警等信息的实时传输，高实时性的安全预警和控制信息有助于显著提高交通运行的安全水平。

3）全面性

在综合感知系统的基础上构建路侧节点边缘计算、区域协同计算及中心综合计算的三级分析、处理、计算架构，可使感知信息覆盖全路段所有基础设施及动态目标，时空覆盖具有全面性；处理结果涵盖车辆运行必需的宏观信息、中观信息及微观信息，信息类型具有全面性，因此，可实现在全路段、不间断地为用户提供涉及安全行驶、高效行驶、便捷行驶、绿色行驶等各方面的信息服务。

6.3.4　"互联网+"信息服务

随着互联网技术的不断发展成熟，"互联网+"信息服务模式产生了。

"互联网+"信息服务一方面来自互联网企业信息服务，另一方面来自政企合作信息服务。

1. 互联网企业信息服务

由于移动互联网技术的快速发展，TIS 已经开始由传统的热线、网站、广播、可变情报板等方式向移动智能终端转变，移动互联网企业充分利用移动互联网第三方支付的成熟技术，将信息服务与移动支付在云端进行合理的结合，进一步满足和提升了用户体验，叫车软件是国际上典型的交通与移动支付云端结合的应用场景。在移动互联网环境下，交通与移动支付的云端结合最终提升了使用者的用户体验，同时资本的进入对增加用户数量及提升用户黏性产生了积极的作用。交通与移动支付云端结合应用场景的出现，除了对用户体验产生了影响，对政府职能模式也产生了颠覆性的影响，政府职能模式由传统的政府-企业-公众这种由上而下、垂直的链条型模式向政府、公众、企业、资本这一扁平化的网状关系转变。此时，在市场中，公众、企业、资本之间的相互作用力越发增强，企业产品创意的核心原动力是公众需求（未必是大而全的需求，更多的是小而具体的需求）；产品投入市场的目标是提升用户体验，增加用户黏性；资本的作用是使公众使用产品成为习惯，之后逐渐形成与之匹配的消费模式，而政府管理部门的经济决策权逐渐弱化。

高德地图基于其在地图数据领域的优势及在地图渲染、定位和搜索引擎方面多年的强大技术积累，将免费在线导航、基于位置的服务交友系统、多种垂直生活服务频道、位置广告系统等整合，打造出"移动生活位置服务门户"，为国内移动用户提供"一站式"的生活消费指南及位置交友服务。高德地图将与用户日常生活衣食住行等有关的各种动态、静态信息，以位置为纽带，整合入地图，并和第三方内容及服务提供商合作，将各类生活服务、电子商务融合其中，最终"一站式"解决用户在移动生活中的种种需求。

2. 政企合作信息服务

以百度、高德、滴滴为代表的互联网公司开始探索互联网大数据在 TIS 领域的应用。交通运输部与百度地图合作建设了综合交通出行大数据开放云平台——"出行云"，该平台将全国各省市交通运输主管单位的交通出行相关数据进行汇聚、整合，对全社会开放，具有数据权威、完整海量等特点，具备出行数据开放、决策支持、应用开发等功能。各级交通行业管理部门、交通运输企业、互联网企业、数据开发企业等机构和公众均可注册为用户，获得权威的交通运输出行数据及相关应用服务的接入、展示、交换和使用等服务。

北京市公安局公安交通管理局与高德地图合作，通过北京市公安局公安交通管理局权威交通管理数据和高德地图互联网数据的深度融合，为公众提供更加权威、精准的出行信息，指引用户避开现行管制路段，使北京全天交通拥堵率同比下降 4.79%。成都市公安局交通管理局、成都市交投集团与百度地图达成战略合作，三方将共同推动建立基于互联网、大数据、云计算技术的成都公众交通出行信息服务和交通管理决策支持系统，探索政企共建"互联网+交通拥堵治理"新模式。

6.4 交通事件管理

6.4.1 概述

交通事件是指导致道路通行能力下降或交通需求不正常升高的非周期性发生的情况。交通事件可以分为两类——可预测的交通事件和不可预测的交通事件。可预测的交通事件包括道路养护、道路修筑、大型活动（体育比赛、游行、音乐会等）；不可预测的交通事件包括事故、车辆抛锚、恶劣的天气(雨、雪、冰、雾等）、桥梁或道路坍塌、货物散落等。

在美国《交通事件管理手册》中，事件管理定义为"系统地、有计划地、协调地使用人力、法规、救援设备和技术手段来减小事件的持续时间和它的影响，改善驾驶员、事件当事人和事件处理人员的人身安全"。美国国家 ITS 框架中把对"事件管理"用户服务的描述为"事件管理用户服务使用先进的传感设备、数据处理和通信技术提高运输和公共安全部门的事件管理能力"。

《中国智能运输系统体系框架》中对事件管理功能的描述为"为道路网络内部发生事件的管理提供需求；为可预测的事件或不可预测的事件提供服务；不可预测事件在该功能中检测，或由其他域的功能检测"。

交通事件管理可有效地减少事件检测、确认、报送和反馈的时间，并采取恰当的事件响应措施，安全地消除因交通事件受到影响的交通流，直至恢复道路原有的通行能力，最终提高道路的运行效率和保障安全。交通事件管理的根本目的是使受到事件干扰的交通流恢复正常；目标是在最短的时间内完成事件管理的各项活动，降低事件的影响。

6.4.2 系统构成

交通事件管理系统（见图 6-4）主要用于交通事件的预案、预警管理、接警、信息发布、处置与调度等，具有接警、应急事件处置、应急事件协调调度指挥、应急事件发布、应急事件后期处置等功能。交通事件管理系统主要包括多源交通事件接警、预测预警、应急预案管理、应急处置、协调调度、后期处置等功能。

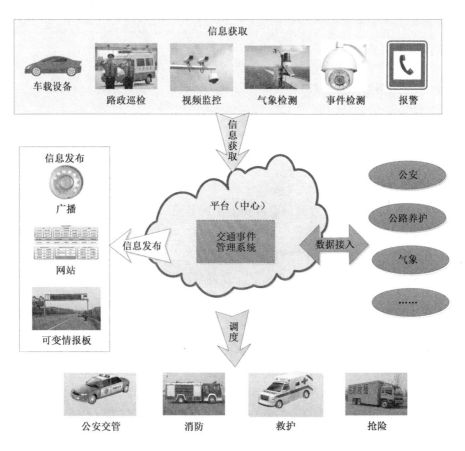

图 6-4　交通事件管理系统的架构

1. 多源交通事件接警

交通事件，尤其是突发交通事件，可通过多种途径获取，包括但不限于以下 3 种接警方式。

（1）通过接警处电话报警、人工报警及时获得突发事件报警信息。

（2）依托事件检测器、边缘计算设备和智能车载终端的信息化手段及时获得报警信息。

（3）相关职能部门（公安、气象等）及时报送突发事件信息。

在接收突发事件信息时，交通事件管理系统记录突发事件的类别、地点、影响范围等相关信息，并能够第一时间确认信息的准确性；通过调出事件视频监控信息，人工确认报警信息是准确的并启动应急处置功能。

2. 预测预警

交通事件管理系统利用大数据、人工智能等技术分析公路养护、路政、气象、公安、视频监控等数据，预测道路、桥梁及路面等基础设施的运行状态，并根据交通运行状态数据和路段历史事件/事故信息预测可能发生的事件，根据事件概率大小和危害程度发布不同的预警等级，使相关人员做好防护措施，避免事故的发生或降低事故的损失。

3. 应急预案管理

交通事件管理系统根据应急事件的性质，结合历史应急事件的处置程序、涉及范围等，生成各类应急事件的预案，并且支持人工手动更改预案内容。

4. 应急处置

交通事件管理系统通过调用专家知识库，启动现场辅助决策支持功能，迅速展开应急事件会商，根据收集的外场信息，分析定位事件的性质、类型、持续时间等，对影响程度严重的事件紧急部署现场指挥部，现场指挥调度救援。

（1）启用应急预案管理，根据事件的具体属性，制定应急处置方案。

（2）根据事件性质确定动态调度、信息发布的基本决策信息，如关闭车道情况（单一车道、半幅路、双向道路）、影响范围、影响时间等。

（3）通过视频监控设备、GIS、高精度定位和地图，以及无线通信等多种技术手段，进行远程指挥调度，跟踪事件的进展并进行循环决策。

5. 协调调度

交通事件管理系统根据应急处置方案，确定需要协调调度的部门，启用协调调度功能，负责与相关部门进行及时沟通并交换信息。

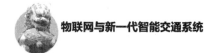

6. 后期处置

在事件结束后，交通事件管理系统对事件造成的人员、财产损失进行登记与统计，对事件处置过程的成本与费用进行核算，以及进行保险理赔与善后等；生成道路、桥梁等路政设施恢复和重建方案，辅助养护、建设管理部门进行决策；对事件应急处置过程进行后评估，根据情况修订紧急事件应急预案，并保存至应急预案库。

多源交通事件接警支持多种方式报警和事件检测自动上报功能，从根本上杜绝了事故受害者在无法主动报警的情况下无人救助的情况，为受害者提供了更多希望；预测接警利用历史数据预测可能发生的事件，以便让相关人员做好防护措施，避免或减少事故带来的损失；应急预案管理根据大数据、人工智能等技术自动生成应急预案，避免因值班人员疏忽无人应答报警信息的情况；应急处置提供路网级事故应急处置预案，为跨区域或重特大事故路段监控中心的统一协调提供支撑；协调调度负责相关部门的沟通和调度工作；后期处置负责事件结束后的统计和总结工作，对应急处置过程进行评估，并将相关材料保存至预案库。

6.4.3 高速公路交通应急指挥调度与处置

对紧急交通事件检测、快速反应、及时处理是高速公路交通应急指挥调度与处置的核心。高速公路交通应急指挥调度与处置流程分为接警、报送、预案、调度和评估几个主要过程，其中，指挥者、会商、抢险队伍、应急车辆、应急物资、医疗急救等构成应急指挥部分的主要要素，无线、有线、视频、电话、图像、大屏等是应急指挥调度与处置系统必不可少的工具，指挥者利用这些工具，根据交通事件的情况进行应急处置。高速公路交通应急指挥调度与处置场景示意如图 6-5 所示。

为了保障高速公路事件发现的高时效、低误判，降低事件引起二次事故的风险，需要对紧急事件进行应急处置。当高速公路发生突发事件时，管理者通过先进的感知系统及时发现事故，通过视频监控等移动视频方式及时定位事故现场并获知现场画面，根据现场情况、路网运行发展态势和高速公路管控平台预案管理系统进行判断，按照一定的等级进行事件处理。如果事件为一般事件，则监控人员或监控管理者调用相关应急预案，通过应急指挥调度与处置系统进行相关人员调控，并进入精细化服务推送场景，提供相关交通诱导服务；对于重特大事件，则由监控管理者上报并启动应急会商，相关人员在应急会商室通过多种手段获知现场实时动态，按照紧急事件的重要程度进行分级处理。

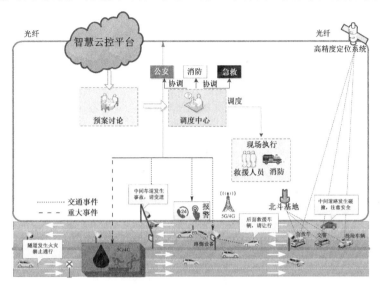

图 6-5　高速公路交通应急指挥调度与处置场景示意

　　高速公路紧急事件需要高速公路管理方、公安、消防、医疗、环卫、保险公司等多部门协同救援和处置，形成协同机构，以便统一利用和调配人力与物力资源，该协同机构全天候运转，并配备训练有素的救援人员和必要的设施设备。在紧急事件处理过程中，交通事件管理系统首先判断事故现场情况和受影响的交通流演变情况等，根据具体情况，确定相关应急处置预案，高速公路管理方与公安密切配合，统一指挥；其次通过周边、跨省（市）应急物资的自动快速检索与匹配，查询相关人员及车辆等应急物资的在岗情况及定位情况，自动关联应急资源信息，迅速调动应急资源，通过地理信息系统在地图上显示，对相关监控人员、巡逻车驾乘人员、路政人员、公安、消防人员、医疗人员及公务用车等进行调度。高速公路紧急事件处置相关部门出动应急车辆、路政保通车辆、特殊装备等，联合公安等单位共同开展联合救援，现场采用三维实景等技术，实现事故现场的全景矢量拍摄，为事故备案与分析提供数据支撑。

6.5　智能运输管理与服务

6.5.1　概述

　　道路运输管理主要针对经营性运输主体，按运输对象，可分为道路旅客运

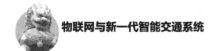

输管理和道路货物运输管理。其中，从事道路旅客运输（以下简称道路客运）经营的，具体是指使用客车运送旅客、为社会公众提供服务、具有商业性质的道路客运活动，包括班车（加班车）客运、包车客运、旅游客运；从事道路货物运输（以下简称道路货运）经营的，具体是指使用货车运送货物，包括道路普通货运、道路货物专用运输、道路大型物件运输和道路危险货物运输。

道路客/货运管理与服务智能化是支撑各类道路运输高效协同运行和便捷信息服务的重要技术手段，主要包括城市公交智能化管理、出租车智能化管理、"两客一危"智能化服务、货运智能化服务四大部分。其通过集成应用现代信息、通信、控制和系统工程等技术，有效促进各交通方式间的信息资源整合与协作共享，增强行业管理单位的安全监管、应急处置科学决策和信息服务能力，提升旅客的一体化换乘体验，提高旅客的出行效率及货运效率。道路客/货运管理与服务智能化是构建衔接顺畅、换乘高效的综合交通运输体系的重要技术手段。

6.5.2 城市公交智能化管理

1. 概述

城市智能公交系统是 ITS 的重要组成部分，是利用高新技术对传统的公交系统进行改造而形成的一种信息化、智能化、社会化的新型现代公交系统。先进的公交系统能够大幅度提高公交运营效率和服务质量，从而可以获得巨大的社会经济效益。

城市智能公交系统由公交信息感知体系、公交信息服务系统、公交智能调度系统、公交决策支持系统、公交信号优先系统、公交专用道管理系统 6 个部分组成。

（1）公交信息感知体系是城市智能公交系统的基础支撑。各城市公交信息感知体系建设主体不同，使用主体为公交运营企业，建设内容应根据各城市基础条件和实际需求而定。

（2）公交信息服务系统主要为公众出行提供不同方式的综合信息服务。系统用户一般为公交行业主管部门或公交运营企业，具体服务模式可根据城市实际情况确定，由公交行业主管部门、公交运营企业或第三方服务机构/互联网企业提供信息服务。

（3）公交智能调度系统可实现对公交车辆的实时监控和组织调度。该系统用户为公交运营企业，系统生成的业务数据可用于信息服务和行业决策支持。

（4）公交决策支持系统主要实现公交运行监控、行业数据统计，以及运营安全、出行特征、驾驶行为等方面的分析决策。系统用户为公交行业主管部门，系统功能根据主管部门的业务需求确定。

（5）公交信号优先系统通过对公交车辆的实时检测和对交叉口信号的动态控制，使公交车辆在交叉口优先通行。系统用户为城市交通管理部门，应在充分考虑系统影响和效益后，由城市交通、公安等部门配合完成系统建设和运行。城市交通管理部门在车头或路侧安装违章抓拍设备以保障公交专有路权。

（6）公交专用道管理系统用户为城市交通管理部门，应在充分考虑系统影响和效益后，由城市交通、公安等部门配合完成系统建设和运行。

城市智能公交系统的典型应用场景如图 6-6 所示。

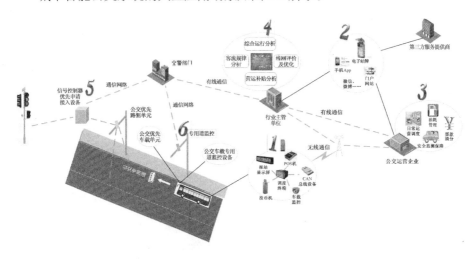

图 6-6　城市智能公交系统的典型应用场景

根据《城市公共交通智能化应用示范工程建设指南》的要求，公交都市智能化应用示范城市开展了车载终端的新建改造，建设了"公共交通企业运营智能调度系统""乘客出行信息服务系统""公共交通行业监管系统""城市公共交通数据资源中心"等系统，在公众服务、企业生产和行业管理等方面提供了全面的智能化支撑。部分城市根据实际业务需要，还开展了"电子支付改造""公共交通车辆证件电子化管理系统""公交场站管理系统""大数据分析系统"等的建设，取得了较好的应用效果。北京、大连、郑州等 5 个城市同

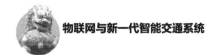

步编制了公交智能化工程建设地方标准规范。

大中城市的公交公众信息服务得到显著提升，交通运输部公路科学研究院前期就 22 个城市的抽调结果显示，近 80%的公众认为所在城市的公交信息服务有明显改善；公交行业在车辆、人员、物料等基础信息数字化管理方面打下基础，企业生产管理、行业管理能力均有所提升。在公交都市智能化示范建设的几年间，青岛海信、郑州天迈等产品集成商年度产值均超过 2 亿元，一定程度上促进了公交车载设备相关产业的发展。

各城市在公交都市智能化应用示范建设中积累了以下经验和做法。

1）建立了高效的示范工程项目推进机制

以杭州为例，杭州市交通运输局对示范工程项目建设高度重视，成立了项目建设领导小组，包括杭州市交通运输局各业务处室、杭州市道路运输管理局、杭州市综合交通信息中心、杭州市交通规划设计研究院、杭州市公共交通集团、杭州市地铁集团有限公司等，对多个城市公交智能化应用的建设和发展情况进行了实地调研，形成了详细的考察报告，多次召开专题会议，协调项目推进的困难和问题，为工程整体有序推进提供了保障。

2）重点强调以优化乘客出行体验为导向的工程建设内容

在公交信息服务、公交收费等与百姓出行体验直接相关的领域，公交智能化技术得到较大程度的应用。工程主要建设内容包括：自建综合交通公众出行信息服务平台、通过标准化数据接口将数据开放给第三方信息服务商、升级推广电子支付系统、试点建设定制公交移动互联网平台等。

3）与智慧城市顶层设计相结合推动系统建设

在创建城市中，南京、杭州、沈阳、兰州、乌鲁木齐、昆明、海口等城市将示范工程与智慧城市建设相融合统一，纳入智慧城市建设框架，整体上利大于弊，优势是建设资金相对容易落实、建设运维模式更加灵活、城市跨部门数据更易实现共享、系统运维工作量有所减少等；劣势是部分工程建设进度可能受智慧城市整体建设周期的影响。

4）示范开展多家公交运营企业并存下的城市公交智能化管理与服务

在创建城市中存在多家公交运营企业并存的城市，如宁波、哈尔滨、沈阳、长沙等，这类城市的行业管理和服务复杂，智能化技术则为其提供了强有力的支撑，也对系统建设的标准化提出了更高的要求。

5）示范建设了成体系的公交基础信息采集系统

在示范工程中，交通运输部组织发布了车载设备、车载总线数据采集、车载主机与外围设备通信协议等方面的系列标准，为公交车辆运行过程中的数据采集与交互提供了参考依据。在实际建设过程中，大部分城市对车载设备、一卡通终端等进行了新建或更新改造，上海、广州等城市根据实际需要，增加了车辆电子标签、场站终端数据、驾驶员证件数据、客流数据的采集内容，探索了适合公交业务的无线传感网络建设，示范建成了成体系的基础数据采集系统。

　　6）主动创新，与业务融合的公交智能化系统不断推陈出新

　　传统的公交智能化系统在公交运营企业生产调度、公众信息服务方面有较好的产业技术积累，在本次示范工程的建设过程中，涌现出了主动创新、突破既有产品功能的新需求和新应用，系统持续迭代升级，极大地刺激了我国公交行业智能化产品的更新换代。

　　7）重视城市公交数据共享与融合应用

　　在城市智能化发展水平较高的城市，数据共享与融合应用是智能化发展的一个高级阶段，主要体现在数据共享机制与政企合作机制建立、数据共享平台建设、大数据在行业中的应用分析等方面。

2. 系统构成

　　智能公交系统主要由车载设备、外场设备、数据中心及应用系统 4 部分组成。

　　1）车载设备

　　车载设备是智能公交系统功能实现的基础，具体表现为借助车载设备获取公交的实时位置、刷卡客流、监控视频、车辆运行状态等数据信息。

　　根据各地实际情况，数据采集流向可分为以下两种情况：

　　（1）先由公交运营企业采集终端数据，再转发给行业管理单位；

　　（2）数据由终端直接分发至公交运营企业和行业管理单位。

　　2）外场设备

　　外场设备主要指为实现公交信号优先和专用道管理而安装的检测设备，通常与交通管理部门进行实时数据通信。外场设备安装包含以下两种情况：

　　（1）在路侧安装设备，利用 DSRC 技术实现公交信号优先服务，车辆安装有身份识别电子标签，交叉口上游路段布设有标签阅读器，交叉口进口道位置布设有流量检测器；

　　（2）通常在公交车头或专用道路侧安装摄像机，抓拍违章社会车辆，保障

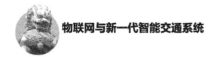

公交专用路权。

3）数据中心

数据中心主要实现对采集数据的处理、整合、存储及共享交换等功能，分为以下两种类型：

（1）行业管理数据中心，汇聚公交行业的多源数据，主要为行业决策提供支撑，可根据地方实际情况，采取传统分布式架构或云架构建设数据中心；

（2）企业数据中心，主要汇聚企业运营所需的静态数据和动态数据，主要为日常监测调度提供支撑，当企业规模较小、不具备信息化建设条件时，可依托行业云架构数据中心为自身信息化系统提供支撑。

4）应用系统

应用系统包括智能调度系统、决策支持系统、信息服务系统、信号优先系统和专用道管理系统。

一个城市要发展智能公交，智能调度系统是首先应当建立的，有了这个基础，可根据不同发展阶段的具体需求，不断完善和升级信息服务系统和决策支持系统的功能。为了进一步提升公交优先水平和服务质量，可选择建设专用道管理系统和信号优先系统。将智能调度系统和信号优先系统有效关联起来，有利于提高公交运营的效率。公交运营企业、行业管理单位和第三方服务机构/互联网企业，均可以作为信息服务主体。当城市信息服务整体环境较为成熟开放时，通过数据开放共享，第三方服务机构/互联网企业可以提供高质量的出行信息服务和决策支持服务。

城市智能公交系统的物理框架如图6-7所示。

3. 应用案例

自2007年实施"公交优先"发展战略以来，广州市开展了多年城市公交智能化的先行探索和深化应用工作，已建设了智能调度系统、专用道管理系统、信息服务系统、决策支持系统等，为企业管理、行业监管及公众服务做出了重要贡献。

1）智能调度系统建设情况

广州市建设了智能公交监控调度系统，将原来的纯人工调度转变成半人工半自动式调度，并实现了部分线路全自动调度，提高了系统的可操作性，减少了调度员的工作负担。而且公交车辆全部安装了车载终端，为数据采集奠定了基础。

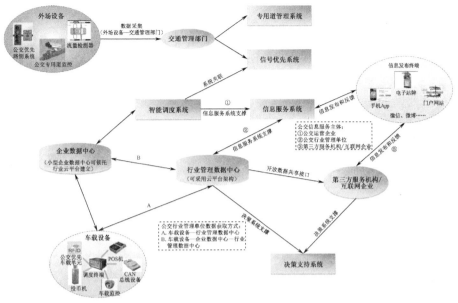

图 6-7 城市智能公交系统的物理框架

2）专用道管理系统建设情况

广州市建设的专用道管理系统主要包括电子警察子系统、站台视频监控子系统、道路视频监控子系统、专用道综合管理平台及公交专用道速度预警系统。其中，电子警察子系统由交警部门管理，站台及道路视频监控子系统由交通运输行业管理部门如地方交通委员会、交通运输管理局等管理。该专用道管理系统充分利用各种科技手段，实现了道路、站台等重要点位及重点路段的车流检测、交叉口检测、数据挖掘、数据分析，为交通综合治理提供了准确、可信的数据基础和依据，并通过交通仿真分析道路运行状态的趋势，为交通治理提出了合理的建议，为优化专用道及道路运行提供了决策支持。

3）信息服务系统建设情况

广州市已基本建成综合交通信息服务平台框架，并初步建成包含交通信息网站、交通广播、交通诱导屏、信息亭、手机短信及 App 等的交通信息服务体系，可以帮助市民合理规划出行路线并选择最优线路、节约出行时间等，为市民带来方便、快捷、高效的公交出行服务。

为了构建信息丰富完备、全面及时、方式多样的公众出行信息服务平台，广州市建设了"如约巴士"定制公交移动互联网平台，已开通 700 多条线路，该平台用户达 55 万人，客运量达 300 多万人。

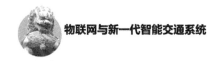

4）决策支持系统建设情况

广州市的决策支持系统主要由公交行业监管系统、公交客流分析系统、公交补贴测算系统、能耗监测与分析平台等组成，主要实现对公交运力投放管理、运营绩效监管、公交客流分析、公交补贴测算、公交能耗监测与分析提供决策支持。

6.5.3 出租车智能化管理

1. 概述

出租车智能化管理系统主要面向行业管理部门，是集 GPS、地理信息系统（GIS）及无线通信技术于一体的软/硬件综合系统。该系统可对出租车进行统一集中管理和实时监控调度，为驾驶员、乘客提供服务，主要功能包括基础数据管理、行业监管、车辆监控、报警提醒、投诉管理、应急指挥调度、车辆远程管理、信息发布和统计查询等。出租车智能化管理系统可以规范出租车企业及驾驶员的经营行为，保障乘客出行的合法权益。

出租车智能化管理系统的功能介绍如下：

（1）基础数据管理功能包括维护出租车企业基础信息、出租车基础信息、出租车驾驶员基础信息和出租车运价信息等；

（2）行业监管功能包括企业及车辆在线率监控、重点区域监控、错时交班监控、跨区域运营监控等；

（3）车辆监控功能包括车辆定位监控、历史轨迹回放等；

（4）报警提醒功能包括防劫报警提醒、电子围栏报警提醒、超速提醒、超时驾驶提醒等，系统支持声音、文字等方式的报警提醒，并能对报警车辆进行监听和拍照等；

（5）投诉管理功能包括投诉受理、调查取证、投诉处理记录；

（6）应急指挥调度功能包括应急运力调度方案管理、应急调度指令下发、应急调度执行过程监控、效果评估；

（7）车辆远程管理功能包括录音管理、远程拍照管理、车辆远程锁定；

（8）信息发布功能包括定期将路况、天气预报、突发事件、公益宣传、出租车企业和驾驶员的信用信息及信誉考核结构等信息发布到运营专用设备；对全部车辆下发或仅对符合条件的部分车辆下发，对发布失败的车辆自动重发或提醒管理人员进行处理；通过任务定制的方式进行发送，定时执行或通过条件触发执行，记录发布的详细日志等；

（9）统计查询功能包括营运数据统计查询、服务评价数据统计查询、驾驶员上/下班数据统计查询、驾驶员违规投诉统计查询等。

国外在出行研究方面，利用出租车 GPS 数据提出了异常路径的识别算法，将 GPS 数据应用于出行时间和乘客等待时间的预测，使利用城市出租车 GPS 数据评估道路网络环境更加方便，并从出租车 GPS 数据中提取载客和空载状态下出租车的运行距离、时间和平均速度等指标，探究人类出行特征；在交通研究方面，进行城市交通建模与预测，提出了自动判定路段交通容量的方法，根据道路通行速度和出行时间指数（Travel Time Index，TTI）构建了一种城市道路机动性的可对比评估方法，为居民出行提供了决策支撑。

早在 2009 年，美国就出现了叫车软件，多用于私人汽车。由 Uber 公司设计的一款名为 Uber 的应用引起了盼望享受高端乘车出行服务的人群的兴趣。国外学者对叫车软件的使用与需求情况进行了相关研究，证明车辆的到达速度、简洁方便的使用界面和司机的热情服务是用户最在意的三大因素，因此企业应当优先引入和改良用户互联网定位的相关服务。

2009 年 7 月，我国交通运输部召开专题会议，确定了以出租车信息化建设为切入点提升出租车行业整体服务与管理水平的思路，在"十二五"期间专门列出资金，用于支持引导地级以上城市建设出租车服务管理信息系统。2011 年 1 月，交通运输部以方案比选的方式选取北京等 15 个城市开展了"城市出租汽车服务管理信息系统试点工程"建设。为了进一步扩大第一批试点工程取得的成果，第二批"城市出租汽车服务管理信息系统试点工程"开始建设，以全面提升我国出租车行业的服务管理水平。北京、石家庄、大连、哈尔滨、泰州、杭州、宣城、潍坊、郑州、深圳、成都、重庆、昆明、西安、兰州等共 30 个城市进行了试点工程建设，2019 年年底，试点工程已经全部完成验收。

随着城市出租车服务管理信息系统在全国铺开，对于出租车信息管理系统的研究日益丰富。随着网络技术和移动智能终端的发展，我国的叫车软件也日益蓬勃，使出租车和乘客之间的信息不对称问题得到了极大的解决，智能、高效地整合了出租车市场的资源，给乘客带来了更加便利的出行。数据融合和处理技术使出租车的 OD 现状分布和预测分布更加准确，加速了出租车智能化管理系统的发展。由于滴滴等叫车平台的普及，出租车与乘客的供需匹配取得了很大的进展。越来越多的地方交通管理部门将网约车系统对接到出租车智能化管理系统中。

出租车智能化管理系统的建设与完善有助于提升出租车管理和运行的智能

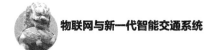
化水平，通过准确掌握和发现出租车驾驶员的违法行为并进行处理，强化服务质量的监督和治理，保障运输安全，维护市场经营秩序，提高服务质量来改善城市形象。

2. 系统构成

参照《城市出租汽车服务管理信息系统试点工程总体技术要求》，出租车智能化管理系统包括出租车运营专用设备、数据资源中心、监控指挥中心、智能服务中心等，各组成部分依托统一的数据采集、传输、存储、交换和发布体系。其系统架构如图 6-8 所示。

图 6-8 出租车智能化管理系统架构

1）运营专用设备

运营专用设备是出租车内配置的终端设备，包括智能服务终端、计价器、服务评价器、车内摄像头、智能顶灯等，该部分设备主要由企业依据交通主管部门制定的相关标准自行安装。

2）物理场所

物理场所是相关硬件存放和相关服务机构人员办公的场所，主要包括数据资源中心（机房）、监控指挥中心、智能服务中心。

3）基础支撑系统层

基础支撑系统层是指各系统所使用的网络、软/硬件环境及相关基础支撑系统。

4）数据资源层

数据资源层主要包含各系统的数据库，根据数据的来源和性质，这些数据库又分为基础数据库和业务数据库。其中，基础数据库主要包括出租车车辆数据库、出租车企业数据库、出租车驾驶员数据库和出租车运价数据库；业务数据库包括车载视频数据库、信息发布与应急系统数据库等。

5）综合应用层

综合应用层主要是各应用系统的集合，包括车辆定位监控、召车调度、投诉管理、视频监控、运营管理、呼叫中心等相关业务的应用系统，具体包括：运行监控与指挥调度系统、智能召车服务系统、服务质量监督考评系统、企业在线管理系统、动态监管稽查系统、综合运行分析系统、视频监控系统、出租车刷卡系统、应急处置管理系统等，为提升行业服务与监管水平提供了有效手段。

6）展现层

展现层为各系统提供各种展现方式，包括网站、呼叫中心、大屏幕显示和视频会议系统等。

7）用户层

用户层包含系统涉及的用户类别，主要分为 4 类，即出租车驾驶员、出租车企业、行业管理部门、社会公众。

8）接口层

接口层是各系统与其他系统的数据接口，包括与交通运输部相关系统接口、与省级相关系统接口、与市交通运输局相关系统接口、与其他政府相关部门系统接口等。

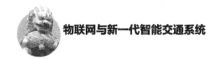
9）保障体系

保障体系包括信息安全保障体系、信息化标准规范体系、建设与运营保障体系。三大保障体系是出租车智能化管理系统顺利建设与运行的重要条件。

信息安全保障体系为出租车智能化管理系统提供安全支撑，主要依据严格的安全管理制度与安全技术规范，实现对运营专用设备、物理场所、基础支撑系统层、综合应用层等各层面的安全保护。

信息化标准规范体系主要指建设中各层面应遵守的国家、交通运输部相关的技术标准，可为系统今后的扩展和全国范围内的应用奠定基础。

建设与运营保障体系是出租车智能化管理系统建设的重要保障，主要通过制定一套科学的长效运行机制，以及构建第三方运营实体等保障系统的长期稳定运行与可持续发展。

6.5.4 "两客一危"智能化服务

1. 概述

"两客一危"智能化发展体现在政策标准和平台建设两方面。

1）政策标准

国家高度重视道路运输安全和动态监管工作。国务院于 2010 年 7 月下发了《国务院关于进一步加强企业安全生产工作的通知》（国发〔2010〕23 号）（以下简称《通知》），《通知》提出要在交通运输行业"强制推行先进适用的技术装备"，《通知》要求"运输危险化学品、烟花爆竹、民用爆炸物品的道路专用车辆，旅游包车和三类以上的班线客车要安装使用具有行驶记录功能的卫星定位装置，于 2 年之内全部完成"。

四部门强化道路运输动态监管。为了认真贯彻落实《通知》，切实加强道路运输车辆动态监管工作，预防和减少道路交通运输事故，确保 2011 年 12 月 31 日前所有旅游包车、三类以上的班线客车和运输危险化学品、烟花爆竹、民用爆炸物品的道路专用车辆（以下简称"两客一危"车辆），安装使用具有行驶记录功能的卫星定位装置，交通运输部、公安部、应急管理部、工信部联合下发了《关于加强道路运输车辆动态监管工作的通知》（交运发〔2011〕80 号）（以下简称《监管通知》）。《监管通知》明确要求：自 2011 年 8 月 1 日，新出厂的"两客一危"车辆必须安装符合标准的卫星定位装置。对于不符合规定的车辆，工信部不予上产品公告；公安部门不予审验；交通运输部不予核发道路运输证。从 2012 年 1 月 1 日起，没有按照规定安装车载终端或未接入全国重点营运车辆联网联控系统的车辆，道路运输管理部门暂停资格审验。

交通运输部组织编制系列标准，建立符合性技术审查制度。中国交通通信信息中心牵头、交通运输部公路科学研究院等单位参与，制定了《道路运输车辆卫星定位系统车载终端技术要求》和《道路运输车辆卫星定位系统平台技术要求》等 4 项标准。同时，为了贯彻落实《监管通知》，交通运输部下发了《关于认真贯彻〈道路运输车辆卫星定位系统平台技术要求〉和〈道路运输车辆卫星定位系统车载终端技术要求〉两项标准的通知》（交运发〔2011〕158 号），要求凡从事道路运输车辆动态监控的企业监控平台、各级交通运输管理部门监管平台，以及拟进入道路运输市场的车载终端，都要按规定进行标准符合性审查；不符合标准的系统平台及车载终端，不得用于道路运输车辆动态监控。另外，为了确保这两项标准执行到位，交通运输部决定建立系统平台和车载终端标准符合性审查制度，并委托中国交通通信信息中心作为技术支持单位，组织开展系统平台和车载终端的标准符合性审查工作。

为了全面落实系统平台和车载终端标准符合性审查，确保标准符合性审查制度执行到位，中国交通通信信息中心印发了《道路运输车辆卫星定位系统平台和道路运输车辆卫星定位系统车载终端标准符合性审查办法（试行）》。

建立健全相关规章制度。交通运输部会同公安部等部委出台了《道路运输车辆动态监督管理办法》，后续交通运输部出台了《全国重点营运车辆联网联控系统考核管理办法》（交运发〔2016〕160 号）、《交通运输部办公厅关于进一步做好道路运输车辆卫星定位系统车载终端和平台标准符合性技术审查工作的通知》（交办运〔2015〕18 号）。

2017 年，为了进一步加强营运客车安全技术管理，有效遏制和减少因客车本质安全性能不足导致的道路运输安全生产事故，切实保障人民群众生命财产安全，交通运输部正式发布《交通运输部办公厅关于贯彻落实交通运输行业标准〈营运客车安全技术条件〉（JT/T 1094—2016）的通知》，明确规定：9m 以上的营运客车要求加装车道偏离预警系统（LDWS）及符合标准的前碰撞预警（FCW）功能，并在该标准第 5 节"标准实施的过渡期要求"中明确规定了 13 个月的过渡期限。

以上文件都为道路运输车辆监管及智能化建设奠定了坚实的制度基础。

2）平台建设

为了落实上述文件精神，同时为了保障上海世博会的顺利举行，2009 年，

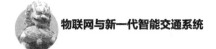

以上海世博会道路运输安全保障为契机，交通运输部委托中国交通通信信息中心组织实施了全国重点营运车辆联网联控系统的建设工作，该系统于 2010 年 4 月建成投入运行。在整个项目建设期间，共新建及改造各省级车辆监管平台 30 个，接入车辆运营服务平台 800 多家，入网车辆 80 万辆。

该系统实现了人、车、货的动、静态信息与电子地图的有效整合，进一步实现了部、省、企业等各级平台的实时数据交互，实现了道路运输管理部门对重点营运车辆的动态监管，形成了跨部门、跨区域的联合监管体系，奠定了为社会、为企业提供服务的基础。现阶段全国"两客一危"车辆入网率达到 99.58%。该系统为各类重大活动提供了信息化保障，为各省对出入境重点营运车辆的有效监管、宏观路况与经济运行分析等提供了丰富的信息化手段。

当前，在国务院大力推动运输结构调整，促进运输转型升级之时，道路运输正进一步深化信息化理念，拥抱信息技术革命，利用大数据、人工智能、移动互联网、云计算、物联网等先进技术，协力发展行业各类信息平台，促进道路运输高质量发展。

2. 系统构成

"两客一危"车辆是指旅游包车、三类以上的班线客车和运输危险化学品、烟花爆竹、民用爆炸物品的道路专用车辆，按照《国务院关于进一步加强企业安全生产工作的通知》（国发〔2010〕23 号）的要求，运输企业必须为"两客一危"车辆安装符合《道路运输车辆卫星定位系统车载终端技术要求》（JT/T 794—2011）的卫星定位装置，并接入全国重点营运车辆联网联控系统，保证车辆监控数据准确、实时、完整地传输，确保车载卫星定位装置工作正常、数据准确、监控有效。

全国重点营运车辆联网联控系统由政府监管平台、企业监控平台、车载终端、通信网络等组成，如图 6-9 所示。通过系统各组成部分之间的互联互通，可实现业务管理及数据交换和共享。系统对各组成部分共用的数据结构和传输接口进行规范化定义，是规范化地对来自"两客一危"车辆的卫星定位数据、车辆运营和状态数据、政府监管平台和企业监控平台的车辆/企业管理信息、车辆动态监控管理数据等共用数据进行采集、传输、存储、处理、管理、发布的综合系统。

其中，政府监管平台通过平台接口及统计分析功能，主要实现对上级政府平台的数据报送、对下级政府平台的管理，以及对企业监控平台的监管和服务。企业监控平台接入到政府监管平台，主要通过对车载终端的控制，实现对营运车辆安全运营的监控，并实时上报各项数据至政府监管平台。政府监管平台之间通过交通专网或 VPN 专网方式进行连接，企业监控平台与政府监管平台通过互联网或 VPN 专网方式进行连接，车载终端与企业监控平台或政府监管平台之间通过 APN 方式进行连接。

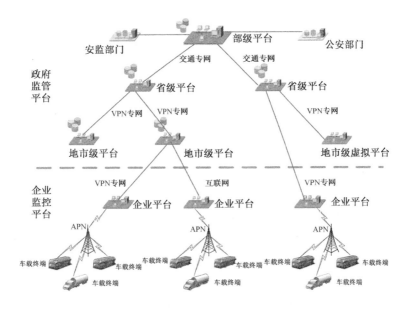

图 6-9　全国重点营运车辆联网联控系统架构

6.5.5　货运智能化服务

1. 概述

货运智能化发展体现在政策标准和平台建设两方面。

1）政策标准

2011 年，国务院印发了《国务院安委会办公室关于印发道路交通安全"十二五"规划的通知》（安委办〔2011〕50 号），其中规划的重大工程"客货运输车辆运行安全保障工程"明确提出，至 2015 年，重中型货运车辆动态监管装置安装使用率达 95%，建成道路货运车辆公共安全监管与服务平台。

2012 年，《国务院关于加强道路交通安全工作的意见》（国发〔2012〕30 号）明确提出建设道路货运车辆公共平台。《交通运输部关于贯彻落实〈国务院关于加强道路交通安全工作的意见〉的通知》（交运发〔2012〕490 号）进一步规定，进入运输市场的重型载货汽车和半挂牵引车必须安装符合标准的卫星定位装置，并接入全国道路货运车辆公共监管与服务平台。凡未按要求接入公共监管与服务平台的，不予市场准入审批。《交通运输部关于加快推进"重点运输过程监控管理服务示范系统工程"实施工作的通知》（交运发〔2012〕798号）要求："自2013年6月1日起，所有新进入示范省份运输市场的'两客一危'车辆及重型载货汽车和半挂牵引车，在车辆出厂前应安装北斗兼容车载终端，重型载货汽车和半挂牵引车应接入全国道路货运车辆公共监管与服务平台。凡未按规定安装或加装北斗兼容车载终端的车辆，不予核发或审验道路运输证。"自此，全国道路货运车辆公共监管与服务平台作为"重点运输过程监控管理服务示范系统工程"的重要组成部分，自2013年1月在9个示范省开展应用，也为北斗技术的民用起到了积极的推动作用，被称为"示范中的示范"。

2013年，《交通运输部办公厅关于在示范省份做好全国道路货运车辆公共监管与服务平台管理维护工作的通知》（厅运发〔2013〕41号）要求：凡未按规定安装或加装北斗兼容车载终端，并直接接入全国道路货运车辆公共监管与服务平台的车辆，不予核发或审验道路运输证。对新出厂车辆已安装的北斗兼容车载终端，任何单位和个人不得随意拆卸，不得改变车载终端监控中心的域名设置，不得将终端指向其他平台。

2014年，交通运输部、公安部、原国家安全生产监督管理总局联合发布了《道路运输车辆动态监督管理办法》，并于同年7月1日起正式实施，该文件进一步明确规定了道路货运车辆动态监督管理工作的行业分工和要求。公安部于2014年10月发布了《道路交通安全违法行为卫星定位技术取证规范》（GA/T 1201—2014）。

此后，交通运输部陆续出台了《交通运输部关于印发〈全国重点营运车辆联网联控系统考核管理办法〉的通知》（交运发〔2016〕160号）、《交通运输部办公厅关于进一步做好道路运输车辆卫星定位系统车载终端和平台标准符合性技术审查工作的通知》（交办运〔2015〕18号）、《道路货运车辆动态监控服务商服务评价办法》（交办运〔2016〕169号）。其中，《道路货运车辆动态监控服务商服务评价办法》明确规定了对道路货运车辆动态监控服务商的服务评价指标，强化道路货运车辆动态监控，提高监控数据质量和在线率，保障全国道路货运车辆公共监管与服务平台可靠、有效运行。

以上文件都为道路货运车辆监管及智能化建设奠定了坚实的制度基础。

2）平台建设

全国道路货运车辆公共监管与服务平台是在"重点运输过程监控管理服务示范系统工程"下建设的针对货运车辆监管与服务的平台。该平台的上线标志着我国道路货运车辆动态管理信息化水平迈上了一个新台阶。目前，接入该平台的终端已有近 300 款、服务商 300 多家，31 个省（市、自治区）完成了落地工作，已接入了超过 500 万辆安装了北斗车载终端的货车信息及动态数据。该平台支持查看车辆历史运行轨迹，同时可监控车辆可能出现的超速及疲劳驾驶等违规情况，并及时向可能出现违规情况的终端发送告警提示信息以规范驾驶员的操作，从而降低事故发生的可能性。该平台也可按需求划出特定区域并向驶入该区域的车载终端发送气象、交通管制等信息，帮助相关部门进行交通疏导，提高运输效率。该平台在 G20 峰会、马拉松赛事等活动中均发挥了有效作用。

全国道路货运车辆公共监管与服务平台作为交通运输部、公安部、原国家安全生产监督管理总局三部委共建平台，实现了全国货运车辆的数据汇总、信息交互，在对个体及中小运输企业车辆实施自动监控、督促驾驶员安全驾驶方面发挥了积极的作用，对驾驶员的超速驾驶行为纠正率达 95%，对疲劳驾驶行为纠正率达 25%。

全国道路货运车辆公共监管与服务平台的推出，既有利于减少交通事故总量，又有利于减少重特大交通事故的发生。该平台是一个集战略高度、数据精度、服务温度于一体的综合性监管与服务平台，实现了经济效益与社会效益的有机统一，是企业与政府共建、共治、共享的有益探索，更是政企合作模式的创新典范。

当前，该平台继续推进交通大数据的挖掘，将平台数据转化为更多元化的服务，让"货运数据"服务行业发展，助力交通强国。在未来的发展中，该平台将通过持续的技术创新，不断完善数据标准化服务，全力打造智慧化物流体系，推动公路货运物流变革。

2. 系统构成

据统计，客货运输车辆肇事导致的一次死亡 10 人以上重特大交通事故大部分是由货车引起的，货运车辆的安全问题已经成为道路交通安全管理的薄弱环节。鉴于道路货运安全的严峻形势，"十二五"以来，国务院、交通运输部及相关部委相继出台了相关政策，要求加强对道路货运车辆的动态监管工作。

全国道路货运车辆公共监管与服务平台在此背景下应运而生，该平台于2013年1月正式启用，实现了全国货运车辆的数据汇总、信息交互；对大量个体车辆实施自动监管，为货运企业监控提供数据接入服务；为交通运输、公安、应急管理等政府部门相关管理提供信息服务；为道路货运行业车辆、从业人员提供服务。

全国道路货运车辆公共监管与服务平台属于国务院文件规定的全国性公共平台，是准公益性平台。该平台创新管理方式，实行第三方安全信息代管，以减轻政府监管压力，即通过第三方安全信息代管，促进货运车辆有效监管，依据法定责任，形成交通运输、公安、应急管理等行业的监管合力；通过为车辆提供有价值的服务，实现用监管带动服务，用服务来促进监管，提升行业整体服务水平。该平台架构如图 6-10 所示。

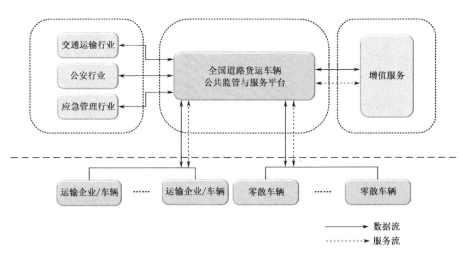

图 6-10　全国道路货运车辆公共监管与服务平台架构

6.5.6　货车编队行驶服务

货车编队行驶（见图 6-11）服务的对象是自动驾驶货车的驾驶员、货车拥有者和物流企业等，这类车辆同时具有基于车车/车路通信的车路协同功能。服务货车出行是智慧高速公路运行中的一项重要的服务内容。同时，货车编队行驶服务也是智慧高速公路的一项重要的科技创新应用。

图 6-11　货车编队行驶示意

对于货车驾驶员来说，获得安全、快速通行服务和减轻驾驶过程中的劳动强度是主要的需求；对于货车物流企业来说，降低物流成本、减少交通事故、节能降耗是主要的需求。

车辆自动编队技术是自动驾驶和车路协同技术相结合的一个重要应用，通过基于车车/车路通信的车路协同技术，每辆车可实现相互间低时延的互联，形成一个多车辆同时行进的队列，每辆车在行驶过程中自动保持车间距离，并且头车无论是加/减速、转向还是刹车，跟随的车辆都会实时同步完成，从而大大提高车辆的安全性、舒适性。理论上，一名驾驶员就能控制整个队列的车辆，与全自动驾驶技术整合后，队列可实现无人驾驶。带头的车辆能减少队列中其他车辆行驶时遭遇的空气阻力，有助减少油耗、降低排放。实验证明，编队行驶可以为后面跟随的车辆节省 10%的燃油，同时头车的燃油消耗也有一定的减少。如果控制系统可以让队列达到更好、更紧密的理想运行状态，风阻系数会进一步减小，最高可以实现节油 20%的效果。因此，在高速公路进行货车编队行驶的试验和应用，对于物流运输货车驾驶员来说，能够很好地满足其安全、快速通行服务和减轻驾驶过程中的劳动强度的需求；同时，对于物流企业来说，通过降低油耗可以降低物流成本、减少交通事故和节能降耗，对提升企业效益有着重要的作用。此外，面对高速公路日益增长的物流运输需求，智慧高速公路建设目标之一就是依靠客货分离及货车编队等技术，近期使车辆平均运行速度提升 20%～30%，货车编队行驶将是高速公路提高通行速度和效率的重要措施之一。

货车编队行驶服务系统包括安装在车辆上的雷达探测器、摄像头及自适应巡航控制系统，可以在驾驶员对车辆有绝对控制权的条件下控制货车在道路上按照固定模式行驶。车队在货车编队行驶服务系统的引导下可以实现车队车辆驾驶的完全同步。只要一辆车速度发生变化，通过车车通信，后面的车同时感应路面状况，也会随之改变速度，以保持最安全的车间距离。车辆车头所搭载的雷达可以探测前方 250m 距离内的障碍物，相关数据会传给车辆的自动刹车系统、车身稳定控制系统及道路预警系统。当车辆遇到前方占道时，自动驾驶系统会在电子显示器上显示系统提示信号及发出声音报警，提示驾驶员手动更改车道。

货车编队行驶系统由自动驾驶汽车、车路协同路侧系统和本地边缘计算中心组成，如图 6-12 所示。车队中各车辆装有高精度定位和车车通信设备，车队中各车辆通过车车通信进行信息交互，将各自的位置、车速、加速度、车辆运行和控制状态以 10 次/s 的频率发送给车队中的车辆，同时这些信息也通过车路通信发送至路侧设备，由路侧设备传送到本地边缘计算中心。每辆车根据前车的信息和车前毫米波雷达，在保证一定的安全车距的情况下，实时动态调整自己的驾驶行为，如速度、加速度，组成车队行驶。同时，车队中各车辆接收车路协同路侧设备由本地边缘计算中心发送的信息，实现动态的路径选择和决策。

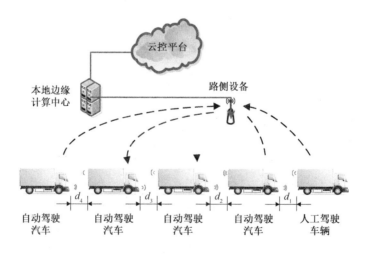

图 6-12　货车编队行驶系统构成图示

货车编队行驶服务主体包括四部分：申请或脱离队列、前车自动跟随、队列中车辆间实时通信、驾驶员多视角切换。

（1）货车编队行驶系统可以在行驶前完成自由编组，也可在行车过程中允许车辆自由加入或脱离车队，还可与其他业务管理系统对接，允许其根据业务需要指定编组车辆。

（2）编队完成开始行驶后，在保持安全车距的前提下，编组中的后车能以辅助驾驶或自动驾驶的方式动态调整车速跟进前车，保证整个编队车辆安全有序地行驶。编队行驶适用于单车道无间断序列式行驶，当前车发现前路车辆过多或拥堵而旁侧车道比较通畅时，可触发车道负载均衡，引导引擎驶离当前车道，后车自动跟随。

（3）货车编队行驶系统支持多视角切换能力，允许驾驶员以编组序列、单人驾驶等多种视觉方式查看当前的行车情况。

（4）货车编队行驶系统支持队列中车辆间的实时通信能力，便于驾驶员相互交流，使驾驶员更主动、更快速地应对临时突发事件。

本章小结

物联网技术在 ITS 中的应用，不断促进交通管理和服务创新发展。物联网技术实现了交通运输系统中人、车、路、环境间信息的互联互通，并在交通运输系统的各要素信息流转、共享的基础上实现先进的管理与服务功能，从而更加精准地满足交通运输管理、公众出行服务的实际需求。

第 7 章

新一代智能交通典型应用与示范工程

内容提要

物联网技术与互联网、人工智能、通信、大数据等先进技术的迅猛发展和成熟应用，正在促使交通运输领域和 ITS 发生巨大变革。当前，《交通强国建设纲要》《数字交通发展规划纲要》《关于促进道路交通自动驾驶技术发展和应用的指导意见》《关于推动交通运输领域新型基础设施建设的指导意见》等国家、部委的重大战略决策与部署，有力助推了新一代 ITS 工程在全国重点城市的先行建设和应用示范。本章从典型应用案例的角度出发，对智慧高速公路、智能铁路、智慧港口、数字航道、出行云平台及智慧物流的建设情况和技术应用进行重点介绍。

7.1 智慧高速公路应用案例

智慧高速公路的理念和能力随着技术、经济、政策的发展逐步演进。每个时期的智慧高速公路建设都是这一时期社会和经济发展的产物，或者说是与当时的社会和经济相适应的。无论智慧高速公路建设采用何种技术，实现何种创新服务，其建设的根本目标是安全、便捷、高效、绿色、经济。

7.1.1 杭绍甬智慧高速公路

1. 建设背景

在人工智能、新一代无线通信、高精度定位和高精度地图、大数据及云计算等新技术日趋成熟的背景下，浙江省提出建设杭绍甬智慧高速公路，利用新一代信息技术提供"全天候通行""车路协同安全预警""高精准信息服务""自由流收费""货车编队行驶"等创新服务，提升用户出行体验，解决高速公路拥堵、事故频发等现实问题。杭绍甬智慧高速公路全线长约 175km，含杭州湾大桥南接线利旧段约 24km。新建工程分为杭绍段（杭州 24km，绍兴 30km，处于工可阶段）、宁波段一期（56km，处于设计阶段）、宁波段二期（41km，处于工可阶段）3 个项目推进，全线预计 2022 年亚运会前建成通车。

杭绍甬智慧高速公路是长三角智慧高速公路网的重要构成通道。2019 年 12 月 1 日，中共中央、国务院印发《长江三角洲区域一体化发展规划纲要》（以下简称《纲要》），杭绍甬智慧高速公路是唯一明确写入《纲要》的智慧高速公路建设工程。

2．建设目标

杭绍甬智慧高速公路建设的总体目标为：建造一条由"三网合一"（客货运输网、传感通信控制网、绿色能源网）智慧基础设施与"云–边–端"协同的云控平台组成的新一代智慧高速公路，为浙江"大湾区"建设提供交通支撑和产业引导，为国家"交通强国"战略实施进行先行先试和示范引领，为全世界的未来公路交通发展提供"中国方案"。

1）工程目标

（1）打造"三网合一"的智慧高速公路基础设施。杭绍甬智慧高速公路建设期充分为智慧设施设备建设预留土建接口；设置自动驾驶专用车道，实现空间分割、时间分割的自动驾驶动态管控；沿线部署高速率、低时延、高可靠、全覆盖的无线通信网络；加强泛在综合感知设施装备的布设，满足车路协同式自动驾驶需求；实现高精度定位和高精度地图服务；服务区部署电动汽车充电桩和无线静态充电设施。

（2）建设智慧云控平台。杭绍甬智慧高速公路支持具备车载控制功能的车辆实现控制环境下的自主运行，支持具备信息诱导的人工驾驶车辆高效运行，支持自动驾驶汽车在队列控制和自由行驶功能间的自如切换。智慧云控平台近期将支持杭绍甬智慧高速公路实现管理、服务和管控，中远期将支持"大湾区"乃至全域高速公路网实现管理、服务和管控。

2）服务目标

（1）全面支持自动驾驶。杭绍甬智慧高速公路将构建路网综合运行监测与

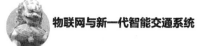

预警系统，打造人-车-路协同的综合感知体系，从而实现近期支持货车编队行驶，远期支持所有汽车自动驾驶。

（2）实现自由流收费。杭绍甬智慧高速公路创新收费管理模式，构建基于车载终端及移动定位技术的收费系统，近期实现采用"车辆识别+手机 App"模式无干预地完成通行费的快速支付；远期实现全线多方式结合的自由流收费服务。

（3）提高全线整体通行效率。杭绍甬智慧高速公路依靠客货分离及货车编队等技术，近期实现车辆平均运行速度提升 20%～30%，远期实现通行能力成倍提升。

（4）全天候快速通行。杭绍甬智慧高速公路基于高精度定位、车路协同、无人驾驶等技术的综合应用，克服冰雪、雾霾等特殊天气情况的影响，近期实现自动驾驶专用车道的全天候通行，远期实现高速公路全天候快速通行。

（5）提供电动汽车续航能力。杭绍甬智慧高速公路构建能源监控与管理系统，利用服务区、声屏障等高速公路现有场所或条件，建设光伏产能系统及电动汽车充电系统，为高速公路路侧设施和电动汽车提供新能源补给，近期实现充电桩及无线静态充电服务，远期实现车辆移动无线充电服务。

（6）更加安全。杭绍甬智慧高速公路构建车车、车路协同式交通安全系统，为安全驾驶提供可靠的技术保障；建设路网运行安全管理系统和应急指挥调度与处置系统，实施智能救援，不断提升高速公路的安全性，近期实现降低交通事故的发生率，远期实现"零死亡"愿景。

3. 建设内容

杭绍甬智慧高速公路建设的总体框架（见图 7-1）分 3 个部分，即客货运输网、传感通信控制网和绿色能源网"三网合一"的智慧基础设施、智慧云控平台及基于其上的多种交通创新应用服务。

"三网合一"的智慧基础设施建设是杭绍甬智慧高速公路建设、智慧云控平台及其上各种创新应用服务实现的基础和保障条件，包括支持先进技术应用的客货运输网、全覆盖的传感通信控制网和绿色能源网的建设。如图 7-1 所示，配置高精度定位、传感通信设备的自动驾驶专用道可以支持未来的自动驾驶汽车测试、自动驾驶汽车行驶及货车编队行驶；本地边缘计算中心通过实时的本地计算和无线通信能够满足低延时、高可靠的车路协同安全预警与控制服务；新能源供给系统利用太阳能等新能源为杭绍甬智慧高速公路提供新型环保的清洁能源，支撑信息基础设施、照明和电动汽车的电力供给。

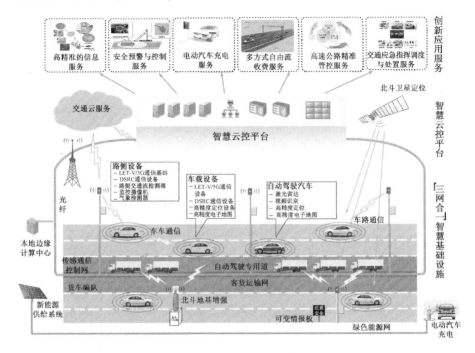

图 7-1　杭绍甬智慧高速公路建设的总体框架

　　智慧云控平台汇聚、融合、分析处理高速公路的各类交通对象，如人、车、路、服务区、收费站等的数据，形成面向交通不同层级和不同应用的控制决策，对高速公路本地、通道及网络不同层级的交通运行系统实施精准控制，提高智慧高速公路及相关高速路网的道路利用率和通行效率，保障路网负荷的均衡化。此外，智慧云控平台可以支持自动驾驶汽车在可控环境下的自主运行，以及编队控制和自由行驶功能间的自如切换；支持人工驾驶车辆在信息诱导下的高效运行。

　　创新应用服务是在"三网合一"智慧基础设施和智慧云控平台的基础上，针对高速公路运行的实际需求，结合新技术的发展，实现多种交通应用服务，包括高精准的信息服务、安全预警与控制服务、多方式自由流收费服务、电动汽车充电服务，以及面向高速公路管理者的创新服务高速公路精准管控服务和交通应急指挥调度与处置服务。

　　"三网合一"的智慧基础设施结合智慧云控平台，形成了新一代智慧高速公路的总体建设方案。

1）"三网合一"的智慧基础设施

构建客货运输网。智慧高速公路建设一是要沿道路基础设施布设无线通信和传感系统，形成新一代高速公路数字化基础设施环境；二是要适应新型载运工具的发展需要，通过基础设施功能化、专业化设计为其提供条件。因此，在建设前期，应充分考虑为智慧设施设备建设预留土建接口，减少后期高速公路升级改造的费用，并为未来新技术在杭绍甬智慧高速公路上的应用提供良好的条件。

构建传感通信控制网。建设覆盖杭绍甬智慧高速公路杭绍段的传感通信网络，包括：按照土建预留点位和应用场景需求部署全要素感知设施和车路协同设施，全要素感知设施包括交通运行状态、交通事件信息、路面状况信息及环境信息检测设施；部署全覆盖的 5G 通信网络；建设高精度定位系统和高精度地图系统。

构建绿色能源网。杭绍甬智慧高速公路地处杭州湾南岸沿海地带，太阳能资源丰富，可创新性地建设绿色能源配送网络，为杭绍甬智慧高速公路的可持续发展提供支撑。可依托杭绍甬智慧高速公路路面空间、立体空间及沿线管理与服务设施空间资源，进行太阳能资源的开发利用及电动汽车充电设施的部署建设，从而创建杭绍甬智慧高速公路"点、线和区域"相结合的立体化绿色能源网。

2）智慧云控平台

智慧云控平台利用云计算、大数据、人工智能等技术，具备更全面的感知能力、更强的计算能力、更智慧的管理控制能力和更精准的服务能力。与传统的数据平台相比，它不仅具有存储计算功能，更具有对高速公路本地、通道及网络不同层级的交通运行系统实施控制的能力。智慧云控平台在为杭绍甬智慧高速公路提供平台服务的同时，也考虑了未来可扩展接入其他智慧高速公路的数据，以实现对区域高速公路网进行统一管控和服务。

7.1.2　延崇智慧高速公路

1. 延崇智慧高速公路概况

延崇智慧高速公路位于北京市西北部，是河北省张家口地区与北京市沟通的一条重要道路，也是 2022 年北京冬奥会的重要赛场联络线，道路起点南接兴延高速公路，终点位于崇礼区太子城赛场，主线段全长约 114.752km，其中北京段全长 33.2km，河北段全长约 81.552km。

延崇智慧高速公路（北京段）工程区位于北京市延庆区，延庆区位于北京西北部，东邻怀柔区，南接昌平区，西北方向分别与河北省的怀来县、赤城县接壤，是北京至河北、山西、内蒙古等地区的交通要道。延崇智慧高速公路（北京段）工程起点为延庆区大浮坨村西侧，与在施工的兴延高速相接，终点在北京市界，与延崇高速河北段相接，全长为33.2km，其中平原段为15.2km，山区段为18.0km。线路途经八达岭镇、康庄镇、延庆镇、张山营镇。

延崇智慧高速公路是2019年世园会园区道路和2022年冬奥会赛场联络通道，可以为世园会和冬奥会的顺利召开提供重要的交通保障。同时，作为京津冀一体化西北高速通道之一，延崇智慧高速公路是连接北京城区、延庆新城与河北张北地区的快速交通干道，对于疏解西北通道京藏G6、京新G7的客货车交通压力，提高道路通行能力和保障行车安全都具有重要意义。

延崇智慧高速公路（北京段）设计速度为80km/h，横断面布置为双向四车道，路基宽度从起点至延康路段为28.5m，从延康路段至市界为26m。全线设互通式立交5座、桥梁10座（其中，特大桥4座，分别为玉皇庙特大桥、上阪泉特大桥、温泉特大桥、松山特大桥）、隧道6座，桥隧比为92%；附属设施全线设置管理养护区1处、服务区1处、隧道管埋所2处、路段管理中心1处、泵站2处，主线收费站在延崇智慧高速公路河北段统一设置，北京界内不设置主线收费站。

2. 建设目标

1）总体目标

以兼顾冬奥会和日常管理与服务需求为原则，运用互联网+、人工智能等先进适用技术，构建冬奥会通道智慧高速公路系统工程，实现高速公路的精细化管理和差异化信息服务，让出行者、驾驶员和管理者都能感受到智慧高速公路带来的方便，将延崇智慧高速公路打造为一条"安全、高效、绿色"的奥运通道，建成智慧高速公路的示范和样板。

2）具体建设目标

（1）打造全要素的基础设施数字化。利用高速公路精准感知技术和基础设施数字化技术，实现基础设施的全要素感知和数字化管理，提升交通基础设施资产动态管理能力，为精细化的高速公路管理和信息服务提供基础数据支撑，进一步提升延崇智慧高速公路基础设施数字化管理与服务水平。

（2）打造支持"自动驾驶与车路协同"的创新示范路。通过自动驾驶和车路协同支撑系统的建设，加快技术应用落地，重点以客货运输营运车辆实时信息交互、主动安全辅助，以及部分自动驾驶等功能为抓手，满足提高交通运行效率、避免拥堵、减少污染排放的需求，形成国内首条自动驾驶创新示范路，提升北京奥运交通运输服务科技高度，引领国内自动驾驶技术的发展。

（3）打造智慧化绿色服务区示范。根据延崇智慧高速公路（北京段）的实际情况，建设集服务区与换乘枢纽站于一体的智慧化绿色服务区，实现奥运信息服务、高速公路与赛场/景区无人驾驶接驳服务、停车预订与充电服务、增值服务、服务区光伏发电等，形成集智慧与绿色于一体的先进服务区典型示范。

（4）打造信息服务示范路。在延崇智慧高速公路全线建设交通信息协同发布系统，根据用户时空定位信息匹配，实时定向发送精准信息；基于北斗定位技术实现车道级导航信息服务；基于车路协同的辅助驾驶服务等功能，为定制化、精细化的信息服务提供技术支撑。

3. 总体方案

围绕延崇智慧高速公路智能化管理与服务、奥运通道综合服务需求，开展基础设施数字化、自动驾驶及车路协同、智慧服务区、基于大数据的路网综合管理与服务等示范应用，建设公路设施全要素数字化感知体系、多种通信系统、自动驾驶与车路协同支撑系统、公路综合管理平台、服务区智慧系统等。延崇智慧高速公路的业务框架如图 7-2 所示。

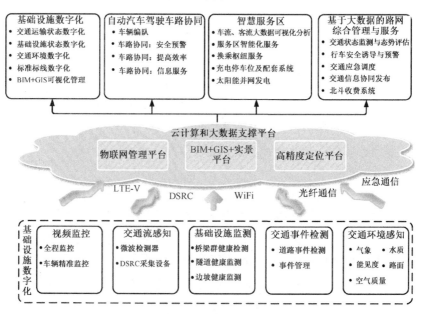

图 7-2　延崇智慧高速公路的业务框架

为了最大限度地实现相关系统及组件的可重用性和可扩展性，科学地展现各信息系统的运行效果，以客观、实际满足业务应用需求为主导，建立基于云计算的弹性资源整合、智能大数据分析平台等新一代信息服务系统，根据延崇智慧高速公路的总体发展目标，可采取 SOA 的思想，以企业服务总线（ESB）方式建立统一通信服务支撑平台，构造多层松耦合的体系架构，从而实现高度灵活的分布式体系设计平台。延崇智慧高速公路的技术框架如图 7-3 所示。整个系统自下而上由数据采集层、信息通信层、基础服务层、数据资源层、应用系统层 5 层结构，以及信息化运行、信息安全、标准规范 3 个保障体系共同构成。

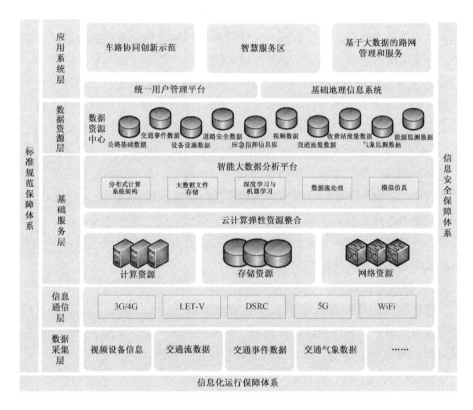

图 7-3　延崇智慧高速公路的技术框架

1）数据采集层

　　数据采集层从数据源采集各类业务数据信息，包括视频设备信息、交通流数据、交通事件数据、交通气象数据、收费数据、应急数据和高速公路地理信息，以及收费站、服务区、路桥隧等交通基础信息，沿线设施信息及其他外场

设备信息等。数据采集层为各类综合应用系统提供了数据支撑。

2）信息通信层

信息通信层在现有高速公路光纤通信网和通信基站的基础上，构建 DSRC 系统、车路通信 LTE-V 通信系统、高速公路 WiFi 无线网络系统及试点 5G 网络基站系统，构建面向协同管理和智慧服务需求的"有线与无线结合、网络与语音互补、天地互联"的一体化通信体系。

3）基础服务层

基础服务层采用云计算、基于分布式计算和存储的智慧大数据分析平台，建设综合交通行业内部云资源池系统，特别是对网络、服务器、数据存储等系统实现一体化虚拟管理，实现现有系统和未来投资建设的系统的资源化动态部署，并借助虚拟化和云计算等新技术带来的优势，实现软/硬件资源的共享，降低整体 IT 系统的建设和运营成本，提高应用部署速度和设备资源利用率，支持未来大数据存储和智能分析的重要发展方向。综合来说，基础服务层具有三大优点：一是高可用性，通过数据复制及跨计算节点的故障切换提供出色的容错能力，能够从软/硬件和系统故障中快速恢复；二是高扩展性，通过增加 PC 服务器和存储器，快速实现计算和存储资源的扩展；三是低成本，由于采用高容错性设计，不需要使用价格昂贵的高端服务器和存储器，使用低端的 PC 服务器和存储器即可，将极大地降低数据中心的建设成本。综合来说，基础服务层具有支持异构基础资源、支持资源动态扩展、支持异构多业务体系、支持海量信息处理、按需分配等优势。

4）数据资源层

数据资源层负责各种动/静态信息资源的整合、统一管理、统一对外提供数据服务，整合现有行业运行管理与应急业务资源、视频资源、空间地理信息资源及 GPS 监控资源等，形成全行业共享的数据资源中心。

5）应用系统层

应用系统层由实现管理部门功能需求的软/硬件组成，主要包括车路协同创新示范、智慧服务区、基于大数据的路网管理和服务、统一用户管理平台、基础地理信息系统等应用系统，通过对行业管理与服务需求的深入分析，设计开发整合高速公路业务应用系统。

7.2　智能铁路应用案例

智能铁路广泛应用云计算、物联网、大数据、机器人、BIM 等新技术，通过对铁路移动装备、固定基础设施及相关内外部环境信息的全面感知、泛在互联、融合处理和科学决策，高效综合利用铁路所有移动、固定、空间、时间和人力等资源，实现铁路建设、运输全过程的高度信息化、自动化、自助化，打造更加安全可靠、更加经济高效、更加温馨舒适、更加方便快捷、更加节能环保的新一代铁路运输系统。

目前，铁路部门已经实现了网上售票、"刷脸"进站等服务环节的智能化。下一步，铁路部门将基于云计算、物联网、大数据、北斗定位、5G 通信、人工智能等先进技术，面向智能铁路的发展趋势，加深新一代信息技术与高速铁路技术的集成融合。高速铁路信息化是指广泛利用现代通信和信息技术，实现调度指挥智能化、客货营销社会化、经营管理现代化，为提高运输效率、扩大运输能力、优化资源配置、保障运输安全、改进服务质量、提升管理水平、提高经济效益提供支撑。原中国铁路总公司制定了智能高铁发展战略，明确了 2020 年、2025 年、2035 年 3 个阶段的战略目标、战略的内容部署、阶段安排和具体目标，持续深化高铁智能建造、智能装备、智能运营等关键核心技术攻关。

作为 2022 年冬奥会的配套工程，智能京张高速铁路工程目前正在稳步推进，成为我国第一条真正意义上的智能化铁路。这条铁路将采用云计算、物联网、大数据、人工智能、移动互联网等先进技术，推进以 BIM+GIS 为支撑的智能建造，实现铁路工程建设过程的精益、智慧、高效、绿色协同发展，构建全生命周期一体化的智能铁路设施，打造智能车站、智能列车、智能线路，全面提升工程建设、安全生产、运营管理、客运服务的现代化水平。整条铁路建成后，将实现车站 WiFi 全覆盖、旅客与随身行李同步安检、电子检票、"刷脸"进站、车内交互终端自助查询等一系列人性化、智能化的旅客服务。

京张高速铁路采用智能进站安检仪（见图 7-4），只要将车票和身份证同时放入仪器，仅需 1.7s 即可完成人脸与身份证信息的比对，完成旅客安检进站流程，比目前的人工安检速度提升了数倍。同时，针对冬奥会赛事的特殊需求，京张高速铁路列车设置了媒体专用包厢，可以通过智能显示屏实时展示赛事情况，配合覆盖全车的 WiFi 系统，可让记者随时编辑发送赛事报道。

图 7-4 智能进站安检仪

7.3 智慧港口应用案例

2017 年，交通运输部启动了辽宁、河北、天津、山东、江苏、上海、浙江、福建、广东、安徽 10 个省（市、自治区）的智慧港口试点，以智慧物流、危险货物安全管理等为重点，着力创新以港口为枢纽的物流服务模式、安全监管方式，示范带动港口信息化、智能化水平的提升。

目前，各示范工程均在有序推进，已取得了较丰富的成果，在自动化码头、单证电子化等方面取得了较好的成绩，初步建成了一批安全、高效、智能、便捷、协同的智慧港口。

青岛港全自动化码头的作业采用"远程操控双小车岸桥+自动导引车（AGV）+自动操控轨道吊"的生产方案，在码头"大脑"TOS（Terminal Operation System）的指令下有序开展工作，不断提高码头作业效率，节省码头人力达 70%以上。青岛港全自动码头作业场景如图 7-5 所示。

上海港打造联通上海港码头、长三角码头、长江码头的物流信息网络，建立基于港口网络的集装箱江海联运供应链协作新模式，配合政企互动、港城联动的港口陆路集疏运体系建设，提升港口的通达性与临港服务业水平；优化码头整体作业调度，有效提高了集卡车队运输效率和港口码头作业效率，优化了港口集疏运体系。上海港港城联动的集装箱公路集疏运体系架构如图 7-6 所示。

图 7-5　青岛港全自动码头作业场景

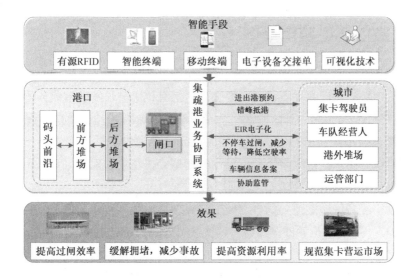

图 7-6　上海港港城联动的集装箱公路集疏运体系架构

天津港通过"一单到底、全程无忧"的全过程服务模式和通关物流"双优化"改革等方式，大幅度提升京津冀港口贸易便利化水平。其综合物流信息服务平台系统实现了政府、港口、物流企业三方的电子数据交换，并实现了舱单、放行、进出门等港口 18 种主要业务单证的电子化。天津口岸电子数据交换总览如图 7-7 所示。

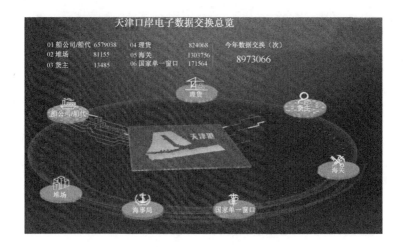

图 7-7　天津口岸电子数据交换总览（部分）

7.4　数字航道应用案例

"十二五"以来，长江航道局以打造航道数字化、服务智慧化为方向和目标，以数字航道建设为重点，不断促进现代信息技术与长江航道业务的深度融合，数字航道"一主六分七中心，一图一站三平台"的基础架构已经初具规模，航道信息采集和管理能力得到较大提升，航道维护信息化效果已初步显现，航道服务初步实现数字化和信息化的转型，长江航道现代化管理和服务水平不断提升。

长江干线各区域航道局的数字航道建设项目实现了长江全线 6529 座航标遥测遥控、154 座水位站遥测遥报；建成了 6 个区域航道分中心、81 个航道管理处航道监控室；基本实现了航道维护船舶导航监控系统的全覆盖；实现了上游 20 个控制河段全部安装自动指挥系统。长江干线基层航道维护管理将全面正式步入数字化、信息化管理时代。

目前，长江航道局已经建成了重庆、宜昌、武汉、南京数字航道分中心及其所辖的航道管理处航道监控室，初步形成了长江航道局-区域航道局-航道管理处-航道维护一线班组的数字航道管理模式，并通过大力推广数字航道运行维护 App，初步实现了航道一线作业台账、日志的在线记录，初步完成了现场对更换航标物资器材信息的实时记录，建立了多层级、多用户、集中统一的航道业务在线式管理体系，提高了航道养护管理的效率和业务生产信息化水平。

数字航道正立足长江航道公益服务职能，对外面向航行船舶、港航企业、社会公众等，实现长江航道信息资源的数字化；对内改变航道业务体系、维护管理模式、内部管理机制等，实现长江航道管理活动的数字化，初步实现了"远程看、坐着管、走着用"的工作方式，使长江航道图 App 取代了纸质航道图，航标遥测遥控取代了人工驾船巡查寻找航标，无人机、无人船测绘取代了部分人工外业测绘。

2019 年 6 月 28 日，在长江航道局机关 5 楼"数字航道"指挥主中心的 LED 大屏幕上，宜宾、泸州、重庆、宜昌、武汉、南京 6 个数字航道分中心的画面与主中心实现同步，屏幕上航道、航标、船舶等各项数据也由"0"变为实时数据，标志着长江干线数字航道全线正式联通，全面试运行。数字航道联通运行最重要的成果体现在公共服务上，其丰富了服务内容，提高了服务效率，增强了服务水平。联通后，长江航道局网站、长江航道在线、长江电子航道图、长江信息台、航行参考图、网络信息服务接口、微信公众号、航道直通车 QQ 群、航道微服务等组成了长江航道人面向服务用户的数字航道信息服务网络，可实现每年长江干线全线航标数据更新不少于 10 万条，电子航道图数据更新不少于 1500 幅，水位数据年交换传输不少于 40 万条次，为沿江地方政府、港航管理单位、航运企业、营运船舶、社会公众等提供及时、顺畅、便捷的航道信息服务。数字航道的信息化优势也进一步提高了管理效率，缩短了"统筹管理-调度指挥-现场执行"工作链的信息传递时间，精简了无效工作流程和环节，汇聚了大量数据，将为管理决策带来科学有力的支撑。

7.5 数据开放共享——出行云平台案例

7.5.1 整体架构

2016 年 11 月 17 日，在第三届世界互联网大会上，作为交通运输行业数据资源共享开放应用的创新举措，综合交通出行大数据开放云平台（以下简称出行云平台）正式上线运行。出行云平台是由交通运输部采用政企合作模式建设、基于公共云服务的综合交通出行服务数据开放、管理与应用平台，旨在汇聚开放综合交通出行优质数据资源与服务技术，支撑相关机构创新开发应用，促进交通运输行业的科学决策与管理创新，为社会公众提供高品质、差异化、多层次的综合交通出行信息服务。出行云平台的管理主体是出行云平台联席会议（简称联席会议），按照"开放共享、互利共赢、多方协商、共建共管"的

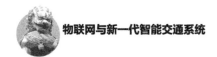

原则建立。联席会议成员由参与出行云平台共建的相关单位组成，召集单位为交通运输部科技司，下设联席会议办公室，设在交通运输部公路科学研究院，由联席会议各成员单位相关人员组成。

自上线以来，出行云平台推动交通运输行业政府、企业、事业单位的出行信息资源开放，支撑各类出行信息服务产品的研发推广，鼓励各类主体利用开放信息资源开展出行服务、决策服务创新。

出行云平台的内容框架如图 7-8 所示。

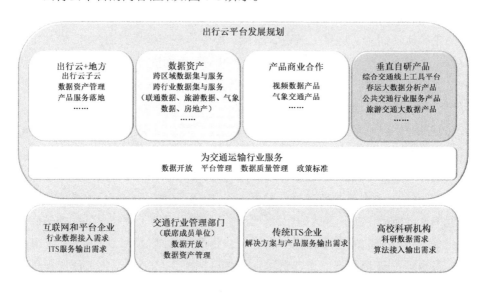

图 7-8　出行云平台的内容框架

1. 出行云平台定位

出行云平台是面向政府（2G）或面向企业、科研单位及高校（2B）的平台。出行云平台兼具公益性和市场性两种属性。公益性体现在政府数据开放层面；市场性则是出行云平台自造血、生存的需要，体现为数据产品、数据服务、数据交易等内容。在发展初期，出行云平台以公益性为主，建立出行云平台规模和行业地位，同时储备并打造市场能力；发展到一定阶段后，出行云平台以市场性为主，兼顾公益性。目前，出行云平台还处在以公益性为主、市场能力储备阶段。

2. 出行云平台愿景

出行云平台的愿景是，出行云平台成为综合交通运输领域权威性的数据平台，汇聚多个专业的高价值数据，并可以提供独有的、跨界的、高质量的数据分析环境、数据分析服务，在多个专业方向上国内领先，得到政府机构、相关企业的认可。

3. 出行云平台产品

（1）出行云平台本身。合作方可利用出行云平台已有的市场资源渠道，提高面向交通行业的能力，创新其服务产品。

（2）地方"出行云"服务。通过与地方相关企业合作、借助合作方已有渠道等方式，使出行云平台的数据资源和技术产品资源落地。

（3）以软件、网页或报告为载体的交通大数据服务。通过多种合作模式进行高价值数据和高价值产品的开发，向各地交通运行监测调度中心和行业管理部门进行输出。

（4）专题数据集产品。数据集的储备周期长、工作量大、更新维护工作量大，而市场对数据集内容的需求也较多变，因此可选择性打造优质数据集产品。

（5）交通大数据系列算法与工具集。其直接客户是高校、科研机构，间接用户是高新技术企业。

7.5.2　数据开放共享成效

自建立以来，出行云平台联席会议办公室按照"开放共享、互利共赢、多方协商、共建共管"的原则，秉持"服务行业，促进开放，优化管理，创新服务"的宗旨，制订年度工作计划，围绕《综合交通出行大数据开放云平台联席会议章程》《综合交通出行大数据开放云平台管理办法》修订和完善、数据资源持续接入、政企合作项目落地实施、交通大数据应用创新大赛支持、平台技术架构不断优化、数据开放与服务理念宣传、出行云可持续发展模式探索、成员单位合作工作推进、出行云平台数据可视化展示、系统功能升级、出行云平台云端资源购买、后台资源管理等方面开展了一系列工作，取得了较好的社会反响和合作成果。

截至 2021 年 4 月 9 日，出行云平台已接入政府、企业 196 项共 12TB 开放数据集，平台累计注册用户达 5437 人，数据累计查看次数近 96 万次，数据累计下载次数超过 16000 次。截至 2021 年 4 月 9 日，联席会议成员单位共计68 家，其中含 30 家政府部门或事业单位、29 家企业、9 家高校；观察员单

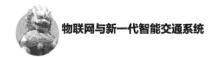
位共 17 家。

　　未来，出行云平台联席会议办公室坚持出行云平台"数据开放、信息服务、决策支持"三大功能定位，以打造综合交通运输领域权威的数据开放与服务平台为导向，按照以项目带动平台发展的思路，在数据集建设与共享开放、数据服务与数据产品、行业获得感、线上大数据实验环境等方面再创新局面，重点解决制约出行云平台发展的团队建设、成员单位共治机制、可持续发展模式等关键问题，形成公益和市场相辅相成的局面，推动出行云平台进入良性发展轨道。

7.6　智慧物流——京东电商平台应用案例

7.6.1　建设背景

　　京东电商平台自建物流，在物流基础设施建设和运作方面始终紧跟技术前沿并应用于物流实践，不断优化物流运作管理。近年来，京东从技术层面突破创新，开始探索物流无人化、智能化发展。2008 年，京东建成首个全自动化无人仓库。2009 年，京东启动大型智能化、自动化物流中心——"亚洲一号"项目，于 2014 年建成上海"亚洲一号"物流中心并投入使用，通过在入库、存储、分拣、包装等物流环节应用物流自动化设备和智能管理系统，有效促进了物流中心运作降本增效。2016 年，京东成立了负责京东智能物流技术发展与应用的 X 事业部，着眼于通过实际应用推动智能物流发展，开启了自主研发物流无人化技术设备的征程。近年来，京东无人仓、配送机器人、无人重卡、无人机纷纷成功落地应用。2016 年，京东配送机器人路测，并于 2017 年 6 月实现了首单无人化配送，从此配送机器人开展常态化配送。2017 年 10 月，京东首个无人仓投入运行，该仓库实现了货物从入库、分拣、存储到包装的物流全流程的自动化、无人化作业。2018 年 5 月，京东 X 事业部在 CUBE 大会上发布了自主研发的 L4 级别无人重卡。2018 年 11 月，京东自主研发的第一家重型无人机——京东"京鸿"大型货运无人机完成首飞。目前，京东在物流无人化方面已经覆盖从仓储、运输到配送的全流程，促进了我国物流行业实现"无人化"。

7.6.2　总体框架

　　京东聚焦物流仓储及配送智能化，针对无人物流体系构建了"4+N"的组织架构，其中，4 代表四大无人科技，即无人仓、无人机、无人车和无界零售，而 *N* 则代表京东将持续创新物流硬件技术，鼓励通过内部创新，加快孵化创新项目，如京东智能柜、京东 X 未来餐厅、京东农场等。

无人仓即全智能化无人仓库。2016 年，京东建设了无人仓原型。2017 年 10 月，京东建成昆山无人分拣中心，这是我国第一个投用运行的无人仓，该项目采用了京东自主开发、集成的无人仓智能控制系统，以及高速交叉带分拣机、输送系统、AGV、自动卸载设备、单件分离设备等物流设备，实现了包裹从卸车、供件、分拣到装车等全流程作业的完全无人化。2019 年，京东已有 16 座"亚洲一号"投入使用，不同层级的无人仓数量达到 50 个，仓内投用的分拣 AGV、交叉带分拣机、机械臂等自主研发设备达到十多种。

在无人车方面，京东旨在实现城市"最后一公里"的自动化无人配送。2016 年，京东自主研发的配送机器人开始进行路测。2018 年，京东配送机器人在北京开启城市配送全场景的常态化运营；同年，京东首个智能配送站在长沙投入运行，以支撑配送站应用配送机器人来完成配送业务。目前，京东无人车已经成功升级到 3.5 代，在全国 20 多个城市投入城市末端"最后一公里"的配送测试运营。2018 年，京东发布了自主研发的 L4 级别无人重卡。据悉，未来京东将专注于高速公路上 L4 级别无人重卡智能驾驶的研发和推广，在国内建立基于 L4 级别的自动驾驶重卡网络，实现在北上广和京东七大区域中心间的高速公路上的运行，完成干线上的货运中转和长途运输任务。

在无人机方面，京东致力于打造干线、支线、末端三级"无人机+通航"的智慧物流体系，其中，干线无人机是第一层级，干线无人机有效载荷为 20 ~ 60t，无人机起飞重量超过 100t；支线无人机是第二层级，支线无人机有效载荷为 1 ~ 20t；负责末端的旋翼无人机是第三层级，相比于大型固定翼无人机对机场、跑道等保障设施的高要求，旋翼无人机可以实现垂直起降、自由悬停，在无人机控制方面较为灵活，适合应用于一些偏远地区的物流配送服务。目前京东已经在福建、广东、陕西、江苏、青海等 8 个省份开展了无人机常态化应用，无人配送距离已超过 12 万千米。

在无界零售的发展下，2017 年，首家京东 X 无人超市在京东总部开业，随后京东在烟台、西安、雄安新区、天津、成都、重庆等多个城市投入运营的无人超市超过 30 家，并在印度尼西亚的雅加达市开设了东南亚地区的首个无人超市。

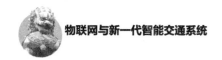

7.6.3 技术应用

物流无人化需要采用多种软/硬件及算法，而正是对物流的高度重视及对技术的持续投入，京东在无人仓、无人车、无人机等智能物流领域取得了领先行业的成果。

1. 无人仓

无人仓是物流无人化发展的一个重点领域，无人仓并不是指仓库内全部实现智能设施设备作业，其核心目标是提高物流系统的运作效率和工作人员的作业效率，实现降本增效。

2018年5月，京东公布无人仓建设标准，提出了详尽的无人仓建设相关技术。无人仓指的是货物从入库、上架、拣选、补货，到包装、检验、出库等物流作业流程全部实现无人化操作，是指高度自动化、智能化的仓库。京东提出的无人仓建设标准包括"三极""五自""一优"原则。"三极"指极高技术水平、极致产品能力、极强协作能力；"五自"指自感知、自适应、自决策、自诊断、自修复；"一优"指实现成本、效率、体验的最优。传统仓库需要经历5个层次的演变才能发展成无人仓形态。

无人仓的智能主要体现在作业无人化、运营数字化和决策智能化方面。一是围绕作业无人化，无人仓通过使用自动立体式存储、可视化识别、自动化包装、人工智能、物联网等前沿技术，实现了设施、设备和系统之间运作的高效协同。二是围绕运营数字化，无人仓需要具备自感知等能力，在运营过程中，要靠系统采集和感知与面单、包装物、条码有关的数据信息，要能够自己判断异常；基于数据的人工智能算法需要在货物的入库、上架、拣选、补货、出库等各环节发挥作用，同时要随业务量及业务模式的变化不断调整优化作业。三是围绕决策智能化，无人仓能够同时实现成本、效率、体验的最优，可以大幅度减少工作人员的工作量，提高运作效率。目前，无人仓涉及的很多设备，如输送机、AGV、分拣系统、拆/码垛机器人等已经使用很多年。此外，仓储机器人、机器人分拣系统等产品不断普及应用，日益发挥重要作用。相比传统仓库，无人仓的设备之间、设备与工人之间需要通过智能控制系统实现调度与指挥，以完成高效、协同作业。可以看出，数据感知技术和人工智能算法对无人仓的建设与发展起到了至关重要的作用。

2. 无人车

近年来，无人车受到互联网行业和汽车领域的高度关注，物流无人车更是受到各类车企，以及电商、快递、外卖龙头企业的重点关注。物流无人车主要有无人重卡、无人配送车两种类型。其中，无人重卡比较适合于公路干线和港口这两个作业场景，目前国内已有无人重卡落地公路干线、港口场景的实例；无人配送车不仅适用于开放密集的楼宇、城市中心商务区，而且可以在居民社区、校园、工业园区等封闭或半封闭的环境内运行，以减少配送员的工作量。

无人车配送必须依赖高精度地图数据和高精度智能导航系统对其运行提供可靠的行动指引。除此以外，行驶感知的大数据能够给无人车带来以往调度模式无法实现的技术创新。在安全措施方面，无人车还要建立物流调度与监控系统，并采用多重验证方式，确保准确地把货物送至目标用户。

3. 无人机

2018 年 8 月，京东发布的《世界物流无人机产业发展年度报告（2017—2018）》指出，世界物流无人机产业呈现美国全面领跑、欧洲积极跟随、中国几近同步、其他国家开始布局的格局。目前，我国的无人机在物流领域仍处于尝试探索阶段，各大电商、物流快递龙头企业、专业无人机制造企业纷纷涉足该产业，虽然短期内还难以创造较大的经济价值，但具有广阔的发展前景。我国由干线级、支线级、末端级组成的三级智能物流体系成为物流无人机产业的发展方向，其中，末端级物流无人机配送产业化进程加快，支线级物流无人机将成全球竞争焦点。

在人工智能的技术环境下，无人机实现了自主识别、自主编队、深度学习、自主判断等功能。京东研发了天马飞控系统，在无人机航线规划、导航、远航程、多架次无人机自动识别和编队等方面提前开展技术研发与布局；在破解续航能力问题方面，除了提高电池续航能力，在无人机气动外形、总体布局、产品系统集成等方面也进行了不断的优化。

 **本章小结**

物联网技术和产业的发展引发了新一轮信息技术革命与产业革命，正在有力地推动我国新一代 ITS 的蓬勃发展。以智慧高速公路、智能铁路、智慧港口、数字航道、出行云平台及智慧物流为代表的新一代 ITS，彻底颠覆了交通

运输行业的传统管理与服务模式，日益形成"智能、安全、便捷、和谐、绿色"的交通运输新局面。新一代 ITS 在全国范围内的有序推进和示范应用，实现了我国新一代信息技术与交通运输的深度融合和创新发展，向世界展示了我国的交通实力，助力我国向"交通强国"的宏伟目标迈进。

参 考 文 献

[1] 杨利强，张宁，陶志祥.3G 移动通信技术在城市交通信息系统中的应用研究[J]. 公路交通科技，2007(12): 132-135.

[2] 孙巍，张捷，穆文浩，等. 典型国家和地区自动驾驶汽车发展概述[J]. 汽车与安全，2016(2): 86-89 .

[3] 张纪升，李斌，王笑京，等. 智慧高速公路架构与发展路径设计[J]. 公路交通科技，2018(1): 88-94.

[4] 智能交通系统技术发展趋势[EB/OL]. [2016-01-25]. http:// www. caam. org.

[5] 国际电信联盟（ITU）.ITU 互联网报告 2005：物联网[R]. 突尼斯：信息社会世界峰会（WSIS），2005.

[6] 迈锐数据. 交通流量检测的主要数据有哪些[EB/OL]. [2015-08-04]. http://tranbbs.com/application/collection/application_169654.shtml.

[7] 几种车辆检测技术的简介与比较[EB/OL]. [2017-11-13]. http://www. elecfans.com/baike/qichedianzi/qichefangdaoyuanquan/20171113578721. html.

[8] 交通流检测技术与分析[EB/OL]. [2017-10-30]. https://wenku.baidu.com/ view/3ed88b0dbc64783e0912a21614791711cc7979cf.html.

[9] FLIR. Thermal traffic detector[EB/OL]. [2020-01-01]. https://www.flir.com/ products/trafisense/.

[10] ITS 中的交通流检测技术[EB/OL]. [2015-08-08]. https://wenku.baidu.com/ view/ff4d4a9e52ea551810a687e6.htm.

[11] 孔强强. 基于视频图像处理的交通流量检测技术研究[D]. 太原：太原科技大学，2012.

[12] 海康威视. "雷视合一"、融合感知的交通检测神器——评测海康威视雷视事件检测一体机[J]. 中国公共安全，2019，325(10): 116-117.

[13] 徐迎春. 基于"云大物智"的城市桥梁智慧管理系统的设计[J]. 信息技术与信息化，2020(12): 204-206.

[14] 彭博，吴涤. 运营公路隧道结构安全无损自动化监测方法浅析[J]. 西南公路，2020，153(1): 38-42.

[15] 白建市. 基于物联网的既有公路隧道监测技术研究[J]. 黑龙江交通科

技，2018(8): 175-176.

[16] 陈湘生，徐志豪，包小华，等. 隧道病害监测检测技术研究现状概述[J]. 隧道与地下工程灾害防治，2020，7(3): 5-16.

[17] 黄富禹，刘春，李萌. 基于物联网的隧道智能安全监测系统研究现状分析[J]. 科学技术创新，2020(24): 131-132.

[18] 贾巧志. BIM 技术在边坡变形监测中的应用研究[D]. 桂林：桂林电子科技大学，2019.

[19] 朱宝柱. GNSS 技术在怀新高速公路高边坡监测中的应用研究[D]. 长沙：长沙理工大学，2018.

[20] 俞钧耀. 基于光纤光栅技术的坡内变形信息获取方法及应用研究[D]. 成都：西南石油大学，2019.

[21] 甘涛. 基于数字图像测量的边坡稳定性监测及其分析[D]. 广州：广州大学，2017.

[22] 邢向楠，崔岩梅，张富根，等. 能见度测量技术现状及发展趋势综述[J]. 计测技术，2010，30(5): 15-20.

[23] 桂康. 路面气象状态识别关键技术研究[D]. 武汉：华中科技大学，2019.

[24] 自动气象站及气象传感器发展现状和前景分析[EB/OL]. [2019-04-08]. https://wenku.baidu. com/view/8a5405f18f9951e79b89680203d8ce2f006665ff.html.

[25] 汤筠筠，李长城，马雪峰. 基于热谱地图的京沈高速公路气象监测试验系统[J]. 公路，2010，12: 108-112.

[26] 彭莲，高建平，张续光. 基于热谱地图技术的高速公路气象传感器选址研究[J]. 西部交通科技，2012，58(5): 1-4.

[27] 服务器在线. 非结构化数据"飞"入云中 企业如何应对[J/OL]. [2011-08-05]. http://www. dostor.com/p/28171.html.

[28] 大数据究竟是什么？一篇文章让你认识并读懂大数据[J/OL]. [2013-11-04]. http://www. 199it.com/archives/167397.html.

[29] 罗恩韬，胡志刚，林华. 一种大数据时代海量数据抽取的开发模型研究[J]. 计算机应用研究，2013，30(11): 3269-3271.

[30] 叶鸥，张璟，李军怀. 中文数据清洗研究综述[J]. 计算机工程与应用，2012，48(14): 121-129.

[31] 张建中，方正，熊拥军，等. 对基于 SNM 数据清洗算法的优化[J]. 中南大学学报（自然科学版），2010，41(6): 2240-2245.

[32] 余肖生，胡孙枝. 基于 SNM 改进算法的相似重复记录消除[J]. 重庆理工大学学报（自然科学），2016，30(4): 91-96.

[33] FOSTER I, ZHAO Y, RAICU I, et al. Cloud computing and grid computing 360-degree compared[C]. 2008 IEEE Conference on Proceedings of the Grid Computing Environments Workshop, 2008: 1-10.

[34] 罗军舟，金嘉晖，宋爱波，等. 云计算：体系架构与关键技术[J]. 通信学报，2011，32(7): 3-21.

[35] 陈康，郑纬民. 云计算：系统实例与研究现状[J]. 软件学报，2009，20(5): 1337-1348.

[36] 李成华，张新访，金海，等. MapReduce：新型的分布式并行计算编程模型[J]. 计算机工程与科学，2011，33(3): 129-135.

[37] BURROWS M. The Chubby lock service for loosely-couple systems[C]. Proceedings of the Symposium on Operating Systems Design and Implementation 2006, 2006: 335-350.

[38] 王宏宇. Hadoop 平台在云计算中的应用[J]. 软件，2011，32(4): 36-38，50.

[39] 黄晓云. 基于 HDFS 的云存储服务系统研究[D]. 大连：大连海事大学，2010.

[40] 全球有哪四大卫星定位系统？谁更胜一筹？[EB/OL]. [2020-08-05]. https://www. 21ic.com/ article/835787.html.

[41] 中国卫星导航系统管理办公室. 北斗卫星导航系统发展报告（3.0 版）[R/OL]. [2018-12-27]. http://www.beidou.gov.cn/xt/gfxz/201812/po2018 1227529525428336.pdf.

[42] 刘健，曹冲. 全球卫星导航系统发展现状与趋势[J]. 导航定位学报，2020，29(1): 1-8.

[43] 郭丽芳，游雪辉，苏志鑫，等. 无人驾驶智能车导航定位系统设计研究[J]. 中国管理信息化，2019，408(18): 174-176.

[44] 朱峰，孙长虹. 北斗高精度定位技术与智能交通[J]. 信息技术与标准化，2014，358(10): 24-27.

[45] 于渊，雷利军，景泽涛，等. 北斗卫星导航在国内智能交通等领域的应用分析[J]. 工程研究——跨学科视野中的工程，2014，6(1): 86-91.

[46] 郭树人，刘成，高为广，等. 卫星导航增强系统建设与发展[J]. 全球定位系统，2019，44(2): 1-12.

[47] 王德俊，郑争兴，孙喜庆，等. 基于车载 IMU 与差分 RTK 系统组合定位技术研究与实现[C] // 2019 中国汽车工程学会年会论文集（1）. 潍坊，2019:7.

[48] 邵搏，耿永超，丁群，等. 国际星基增强系统综述[J]. 现代导航. 2017(3): 157-161.

[49] 石卫平. 国外卫星导航定位技术发展现状与趋势[J]. 航天控制，2004 (4): 30-35,41.

[50] 王同军. 智能建造技术引领高铁建设发展新征程[J]. 铁路计算机应用，2019，28(6): 3.

[51] 秦勇，孙璇，马小平，等. 智能铁路 2.0 体系框架及其应用研究[J]. 北京交通大学学报，2019，43(1): 138-145.

[52] 王同军. 中国智能高铁发展战略研究[J]. 中国铁路，2019(1): 9-14.

[53] 蒋丽丽，刘国梁，王英杰，等. 基于多源信息融合的高铁智能安全保障技术研究[J]. 中国铁路，2019(11): 24-30.

[54] 夏华夏. 无人驾驶在末端物流配送中的应用和挑战[J]. 电子科学技术，2018(6): 78-87.

[55] 黄志明. 好酷炫的"无人"科技[J]. 科学大众（小学版），2017，9: 4-6.

[56] 李媛红. 智能集装箱物联网系统关键技术解析[J]. 中国自动识别技术，2019，5: 48-52.

[57] 李继春，赵洁婷，王婧. 智能集装箱运输面临的标准化问题[J]. 中国标准化，2013(9): 66-70.

[58] 张晶，胡泽波，张洁，等. 宁波港：智能集装箱的国际化视野[J]. 物流技术，2015: 17-20.

[59] 佚名. 韩国一种智能集装箱 2012 年投入使用[J]. 港口经济，2012，1:38.

[60] 李继春. 全球智能集装箱产业联盟在深圳成立[J]. 广东交通，2017，4(190): 23.

[61] 陆化普，李瑞敏. 城市智能交通系统的发展现状与趋势[J]. 工程研究——跨学科视野中的工程，2014，6(1): 6-19.

[62] Senate Department for Urban Development and the Environment. Traffic Control Centre (VKRZ) [EB/OL]. [2013-08-10]. https://www.stadtentwicklung.

berlin.de/umwelt/umweltatlas/e_ text/ekh606.pdf.

[63] Verkehrs Management Zentrale Berlin. Verkehrsinformation szentrale Berlin[EB/OL]. [2013-08-10]. https://www.onacademic.com/detail/journal_ 1000040340218210_c09a.html.

[64] Greater Houston Transportation and Emergency Management Center. About Houston TranStar [EB/OL]. [2013-08-13]. http://www.houstontranstar.org/ about_transtar/.

[65] 谢振东，吴金成，常振廷，等. 中国交通电子支付发展模式及趋势的探讨与思考——以城市交通一卡通为例[J]. 科技与金融，2018(10): 79-82.

[66] 李平安. 移动支付在城市公共交通发展中的应用研究[J]. 海峡科技与产业，2017(3): 61-62.

[67] 中国智能交通协会. 中国智能交通行业发展年鉴[M]. 北京：电子工业出版社，2014.

[68] 交通运输部：年底前实现高速公路人工收费车道移动支付全覆盖[EB/OL]. [2019-01-24]. https://baijiahao.baidu.com/s?id=162353575480 5546354&wfr=spider&for=pc.

[69] 中国交通通信信息中心. 全国交通一卡通互联互通项目介绍[EB/OL]. [2015-03-10]. https://www.cttic.cn/site-3/info/2305.

[70] 孙玲，高剑，范青蓝. 交通信息服务系统建设和发展新模式[J]. 交通运输研究，2015(1): 8-13.

[71] 中国智能交通协会. 中国智能交通行业发展年鉴（2017）[M]. 北京：电子工业出版社，2018.

[72] 邓黎黎，丁同强，成卫. 高速公路交通事件管理智能决策支持系统[J]. 昆明理工大学学报（理工版），2004，29(6): 118.

[73] 马万达，冷兆华，李涛，等. 基于智能车载终端的公交事件应急响应系统设计[J]. 城市公共交通，2010(3): 36-39.

[74] 《中国智能运输系统体系框架》专题组. 中国智能运输系统体系框架[M]. 北京：人民交通出版社，2003.

[75] 岑晏青，宋向辉，王东柱，等. 智慧高速公路技术体系构建[J]. 公路交通科技，2020，37(7)：111-121.

[76] 岑晏青. 智能交通助力交通强国建设[R]. 青岛：中国智能交通协会年会，2019.

[77] 交通运输部公路科学研究所. 杭绍甬高速公路（G92N 杭州湾地区环线并行线）杭州至绍兴段智慧高速公路可行性研究报告[R]. 杭州：杭绍甬智慧公路专家咨询会，2019.

[78] 刘语馨，陈姝，钟章队. 边缘云技术在智能铁路中的应用[J]. 铁道通信信号，2019(55): 7-12.

[79] 交通运输部公路科学研究院，交通运输部规划研究院. 数字交通发展报告（2018）[M]. 北京：人民交通出版社股份有限公司，2019.

[80] 李红，王大成，刘婷. 我国智慧港口建设中的问题及发展建议[J]. 水运管理，2020，42(1)：23-25.

[81] 陈宇. 长江干线数字航道全线联通[EB/OL]. (2019-07-01)[2020-09-09]. https://cjhy.mot.gov. cn/hydt/zhxw/201907/t20190701_90365.shtml.

[82] 吴静，包芸，章志瑶."数字航道"6.30 联通 追梦"数字革命"[N]. 中国水运报，2019-07-01(4).

[83] 任芳，江宏. 京东无人科技引领物流行业发展——访京东集团副总裁、X 事业部总裁肖军[J].物流技术与应用，2019,24(2): 94-97.

[84] 江宏. 物流无人化发展状况与趋势展望[J]. 物流技术与应用，2019(6): 100-103.

反侵权盗版声明

电子工业出版社依法对本作品享有专有出版权。任何未经权利人书面许可，复制、销售或通过信息网络传播本作品的行为；歪曲、篡改、剽窃本作品的行为，均违反《中华人民共和国著作权法》，其行为人应承担相应的民事责任和行政责任，构成犯罪的，将被依法追究刑事责任。

为了维护市场秩序，保护权利人的合法权益，我社将依法查处和打击侵权盗版的单位和个人。欢迎社会各界人士积极举报侵权盗版行为，本社将奖励举报有功人员，并保证举报人的信息不被泄露。

举报电话：（010）88254396；（010）88258888

传　　真：（010）88254397

E-mail:　dbqq@phei.com.cn

通信地址：北京市万寿路 173 信箱

　　　　　电子工业出版社总编办公室

邮　　编：100036